W0266004

DANS LA MÊME COLLECTION

Georges Barbarin : **Le Livre de la mort douce.**
Claude Darche : **Initiation pratique au Tarot.**
Nerys Dee : **Comment interpréter vos rêves.**
Yves Gaël : **Talismans dévoilés.**
Josephine Harper et Michael Miller : **Comment développer votre énergie psychique.**
Paul-Clément Jagot : **Comment développer votre magnétisme personnel.**
Paul-Clément Jagot : **L'Influence à distance.**
Paul-Clément Jagot : **Comment guérir par le magnétisme.**
Paul-Clément Jagot : **Méthode pratique de magnétisme, hypnotisme, suggestion.**
Paul-Clément Jagot : **Théorie et pratique de l'hypnotisme.**
Jean-Pol de Kersaint : **Toute la numérologie.**
Jean-Pol de Kersaint : **Tout par la radiesthésie.**
Kurt Tepperwein : **Méthode de training mental.**
René Lacroix à l'Henri : **Manuel de radiesthésie.**
Joanne Leslie : **La Cartomancie pour tous.**
Antoine Luzy : **La Radiesthésie moderne.**
Papus (Dr Gérard Encausse) : **La Réincarnation. Ce que deviennent nos morts.**
Papus (Dr Gérard Encausse) : **Comment on lit dans la main.**

Comment interpréter vos rêves

collection Initiation

Nerys Dee

Comment interpréter vos rêves

Tous les éléments pratiques pour décrypter le symbolisme de vos songes

Traduit de l'anglais par Carole Messieux

Deuxième édition

Éditions Dangles
18, rue Lavoisier
45800 ST-JEAN-DE-BRAYE

TITRE ORIGINAL ANGLAIS :

THE DREAMER'S WORKBOOK
A Complete Guide to Interpreting and Understanding Dreams

Édition originale anglaise :

© by Nerys Dee, 1989.

Publiée par The Aquarian Press/Thorsons Publishing Group
Wellingborough.

Traduction française :

ISSN : 0763-8566
ISBN : 2-7033-0358-0

© Éditions Dangles, St-Jean-de-Braye (France) - 1991

Tous droits de reproduction et d'adaptation
réservés pour tous pays.

L'AUTEUR :

Née en 1927 en Angleterre, Nerys Dee a successivement exercé les professions d'enseignante, d'infirmière, de radiologue puis de journaliste indépendante.

Depuis son enfance, elle se passionne pour tout ce qui touche au domaine du rêve et à son symbolisme. Elle a collaboré avec de nombreuses publications anglaises et étrangères dans lesquelles elle tenait une rubrique d'interprétation des songes *(Sunday Times, Prediction, Every News, Every Standard, Swedish Daily...)* et est l'auteur d'un autre livre : *Complete Book of Predictions* (édité par Dragiam Group et non publié en français à ce jour).

Son objectif, dans cette démarche, a toujours été d'essayer d'apprendre aux autres à se servir de leurs rêves pour résoudre leurs problèmes et s'auto-assumer.

Encre Michel Mille.

Préface

J'écris ce préambule afin de justifier le choix d'un tel sujet (le rêve) qui, bien qu'encore mal connu, hante les nuits de l'humanité depuis des milliers d'années. Étant des expériences très personnelles, leur interprétation est aussi délicate que la lecture du courrier intime d'autrui.

Tout commence il y a trente ans avec la découverte suivante : mes rêves se réalisaient très souvent. Très vite, je constatai que cette observation s'applique à chacun de nous, même si nous n'en sommes pas toujours conscients. Vous comprendrez mieux ce que je veux dire à la prochaine allusion : c'est exactement comme dans mon rêve !

Vous vous êtes probablement déjà aperçu qu'il suffit de s'intéresser à un sujet pour qu'abonde l'information. C'est ainsi que je découvris à ma porte un groupe d'étude jungien, des conférences et même une librairie du rêve (*le Week-End du rêve* ainsi qu'elle fut baptisée par la suite). De plus, travaillant dans un hôpital psychiatrique, de nombreux récits marquants — de patients mais aussi de membres du personnel — me furent contés.

Je ne tardai pas à écrire sur ce sujet dans des quotidiens et des magazines anglais et étrangers. J'en parlai de même à la radio ainsi qu'à la télévision. Puis, il y a quinze ans, je devins interprétateur de rêves pour le magazine *Prediction*. Je profitai de cette occasion unique pour étudier une multitude de rêves, allant de l'allusion à des intrigues purement domestiques jusqu'aux cauchemars les plus effrontés. J'en ai à ce jour réuni plus de vingt mille !

Le rêve étant un message du rêveur à lui-même, son créateur (à savoir le rêveur lui-même) est la seule personne capable d'en saisir le sens profond. L'interprétateur ne peut que livrer la clef des signes et des symboles (traditionnels, culturels et sociaux) qui jalonnent les rêves. Cette connaissance, associée à celle personnelle du rêveur (sa situation, ses circonstances individuelles...), lui permet de décoder immédiatement le message ainsi transmis.

Quant à l'expérience, j'estime en avoir suffisamment pour reconnaître une mise en garde d'un encouragement, une réprimande d'une prédiction. Certes, leurs apparentements spécifiques sont une autre affaire ; c'est le rêveur qui en détient le secret, l'interprétateur ne pouvant — et à juste titre — que formuler une hypothèse. Il me reste à souhaiter que cet ouvrage vous aide à sonder vos secrets les plus intimes.

Introduction

Se comprendre soi-même, ainsi que les autres, constitue le sens même de la vie. Mais pour mener à bien cette mission, encore faut-il déchiffrer les messages et les instructions de nos rêves.

La vie est une succession d'expériences dont les deux tiers se produisent au cours des seize heures de veille moyennes par jour, et le tiers restant pendant la nuit. Nos expériences diurnes (1) sont des leçons pratiques pour apprendre à gérer des événements susceptibles de se reproduire ultérieurement. Quant aux expériences nocturnes (tout aussi essentielles), elles nous offrent l'opportunité d'une approche psychologique, psychique et spirituelle de la vie, spécifique à l'univers du rêve, et dont les moyens d'expression sont le langage littéral, les symboles, les analogies et les métaphores.

Les multiples impressions que nous captons — de jour comme de nuit — surgissent d'images intérieures. Les contacts avec des objets et des événements extérieurs (perçus par nos cinq sens) sont à l'origine des images réalistes. Ce sont des stimuli extérieurs, transformés en images puis décodés par la vue, l'ouïe, le goût, l'odorat et le toucher. Ces images sont ensuite stockées sous forme de mémoires accessibles ultérieurement. Les reproductions de ces images-mémoires portent le nom d'*images non réalistes* ou *conceptuelles*, et peuvent correspondre à des objets, des sons, des goûts, des odeurs... réels, de même qu'à des ima-

1. *Diurne* signifie au cours de la journée. Synonyme : *de jour*. Antonyme : *nocturne*.

ges abstraites, symboles d'émotions, de souffrances, de désirs, de peurs, d'amour ou de haine.

Chaque rêve est un kaléidoscope de toutes ces images, dont les plus abstraites (symboles ou métaphores) posent habituellement un problème d'interprétation. Prenons des exemples : une simple forme peut représenter une peur, un arbre (avec des branches tombantes) des problèmes familiaux, un oiseau la voie à suivre... Toutefois, une fois admis que les rêves recourent à un langage différent de celui utilisé à l'état de veille, ces images se lisent aisément.

Il n'est dès lors pas surprenant qu'au réveil nombreux soient les rêves sans apparente signification. La prise de conscience de *notre* responsabilité dans l'élaboration de ces scènes (riches en personnages et en événements inconnus, sans relation évidente avec notre passé) laisse songeur. Cela excuse peut-être notre inclination à croire que nous ne sommes que des marionnettes, temporairement manipulées pendant le sommeil. L'influence des autres existe certes, néanmoins nous seuls détenons le pouvoir de nous contrôler à ce moment-là. Cet ouvrage fournit d'ailleurs des explications sur la manière de se protéger de ces influences extérieures.

Les rêves que nous créons nous sont destinés. Certains de leurs messages littéraux sont évidents, alors que d'autres (riches en symboles) doivent être préalablement traduits en termes usuels pour nous servir de guide sur la voie de l'épanouissement (paix de l'esprit, guérison, acception, compréhension et accomplissement) bénéfique à nous-mêmes comme à autrui. Ainsi, en agissant de manière désintéressée nous pouvons recevoir trois fois plus de grâce en retour.

Le décodage de ces messages est évidemment fondamental. Il ne s'agit toutefois que d'un premier pas ; leurs identités une fois révélées, ils doivent être mis en pratique afin que le sens de leur véritable mission (à savoir contribuer à l'amélioration et à l'évolution de notre existence) ne nous échappe pas. Car le changement, c'est le jeu de la vie.

L'analyse finale montre que cette application pratique est essentielle et que nous devons maîtriser nos rêves pour nous en souvenir au réveil. A cet effet, des exercices vous seront régulièrement proposés afin d'encourager le bon rêve au bon moment.

Les rêves étant fragiles et éphémères, c'est véritablement un art de les analyser. Néanmoins, en les examinant avec soin et détermination, ces scènes nocturnes s'avèrent des sources uniques d'images passées, présentes et futures.

PREMIÈRE PARTIE

Le monde des rêves

CHAPITRE I

Définition des rêves

Définir les rêves comme des visions décrit certes l'événement, mais ne l'explique pas. Ce sont des expériences suffisamment réelles pour engendrer des modifications psychologiques et physiologiques. Le cauchemar, par exemple, provoque une réaction de fuite ou de combat qui se traduit par une élévation de la pression artérielle et du rythme cardiaque, et peut accessoirement s'accompagner de somnambulisme. Quant au rêve passionné, ses répercussions, aussi bien émotionnelles que biologiques, le rendent célèbre. Néanmoins ces rêves ne correspondent pas à la réalité.

L'imagination (ces scènes intérieures responsables de chacun de nos pensées, émotions, paroles, actes...) constitue le phénomène sous-jacent au rêve. En fermant les yeux, nous pouvons en effet évoquer à volonté certaines scènes ou images. Ce mécanisme se fait consciemment et porte le nom de *rêve éveillé*. Pendant le sommeil, notre conscient *ne contrôle plus rien*, scènes et images se produisent spontanément.

Parfois, en sombrant dans le sommeil, nous nous remémorons des événements de la veille. Leur reproduction littérale dans nos rêves (dans l'espoir d'en approfondir la compréhension) n'est donc pas surprenante. Toutefois, il ne s'agit que d'un aspect du rêve qui n'explique pas ceux de contrées inconnues, ou encore de cette mystérieuse et somptueuse demeure dans laquelle le rêveur se retrouve chaque nuit.

Les rêves, comme la vie, peuvent être complexes ou simplistes, mais aussi mystérieux ou pragmatiques, ce qui n'est pas étonnant puisqu'ils en reflètent les multiples facettes. Toutefois, leurs apports multiples et inédits (inspirations, solutions, informations...) vont beaucoup plus loin : ils orientent de nombreuses destinées, de même que l'histoire des nations, et c'est en cela qu'ils sont puissants et prophétiques.

1. Le pouvoir des rêves

La Bible fournit un excellent exemple du pouvoir des rêves et de leurs influences subséquentes dans les songes de Pharaon. Il en eut deux : celui des sept vaches grasses et des sept vaches maigres, suivi par celui des sept épis pleins et des sept épis grêles. Sans ces rêves, et si Joseph (un des douze fils de Jacob emprisonné par Pharaon) ne les avait pas interprétés comme sept années d'abondance suivies de sept années de famine, celui-ci serait certainement mort en prison.

Cette interprétation prophétique, ainsi que la libération de Joseph en récompense, permit aux douze fils de Jacob (futurs pères des douze tribus d'Israël) de se retrouver. Sans elles, l'Ancien Testament (l'Exode, la Terre promise, les dix commandements), de même que le Nouveau (la naissance du christianisme) n'auraient jamais existé et le monde actuel serait certainement très différent.

Ces rêves et leur interprétation déclenchèrent incontestablement des événements qui — aujourd'hui encore — ont des conséquences sur nos vies. A ceux-là s'en ajoutent d'innombrables autres (de personnages célèbres : Alexandre le Grand, Jules César, Jeanne d'Arc, Napoléon, Bismarck... comme d'illustres inconnus) qui ont influencé l'histoire nationale et internationale.

Adolf Hitler, autre exemple, fit un étrange cauchemar qui allait décider de l'avenir et amener aux événements dévastateurs que l'on sait (la guerre de 39-45). En novembre 1917 (alors que les armées françaises et allemandes s'affrontaient de part et d'autre de la Somme), le caporal Hitler fit un rêve terrifiant : des débris, ainsi que de la terre en fusion, s'abattaient sur lui en l'asphyxiant. S'éveillant en sursaut, il se rua hors de l'abri, dans la nuit froide, pour constater avec soulagement que ce n'était qu'un mauvais rêve. A quelques secondes de là, un obus s'abattit sur le bunker, tuant tous ses occupants. Sans ce rêve cauchemardesque (qui sauva Hitler de la mort), le monde actuel serait encore une fois très différent.

2. Le message des rêves

Qu'ils soient prémonitoires ou de simples allusions à des événements ordinaires, tous les rêves ont un point commun : **transmettre un message.** Leur seule interprétation, toutefois, ne suffit pas ; il faut ensuite s'y conformer pratiquement en prenant certaines dispositions pour améliorer sa propre destinée, ou approfondir son savoir et sa sagesse.

Les effets de certains rêves de dirigeants (celui d'Hitler en est un bon exemple) peuvent être — dans certains cas — rétrospectivement observés sur eux-mêmes mais aussi sur de nombreux tiers. Vu sous cet angle, un rêve peut être comparé aux ondulations successives (à amplitude variable) provoquées par la chute d'une pierre dans un étang. Ainsi, même si leurs répercussions ne sont pas toujours immédiates, ni toujours aussi universelles que celles de certains rêves illustres, nos rêves ont une influence sur nous-mêmes ainsi que sur notre entourage.

Tout rêveur est un inventeur potentiel, et nombreux sont les rêves de créateurs (devenus réalité) ayant révolutionné notre manière de vivre. La machine à coudre, le plomb, le roulement à billes, les conserves, la bombe atomique... toutes ces inventions naquirent de rêves d'anticipation dont les empreintes restent gravées — pour le meilleur comme pour le pire — dans la société et l'histoire.

Que nous soyons des inventeurs ou de puissants personnages, un simple rêve suffit parfois pour modeler notre destinée.

Certains songes gratifiants de cette nature (apportant succès, accomplissement, bien-être, guérison...) se produisent spontanément, bien qu'en réalité le rêveur ait déjà inconsciemment œuvré à cette fin. Leur mûrissement consiste en pensées et en élaborations conscientes, soigneusement contrôlées, auxquelles l'inconscient ajoute la touche finale.

Pour faire un rêve significatif et utile, une collaboration étroite est nécessaire entre le conscient et l'inconscient. En d'autres termes, nous devons connaître nos différentes aspirations (désir de créer, d'aboutir, de vaincre...) avec précision.

Prenons un exemple : quelle perte de temps si — au XIXe siècle — un non-scientifique avait rêvé d'un serpent qui court après sa queue. Pour le chimiste allemand Kekulé (auteur de ce rêve), ce fut la réponse qu'il cherchait depuis des années. Cette scène du serpent représentait symboliquement le maillon manquant de sa recherche : la formule hexagonale du benzène, une découverte qui marqua l'entrée dans l'ère de l'automobile et de l'aéroplane.

Cette partie de nous-même, qui connaît avec précision nos véritables besoins, provoque nos rêves pour révéler ce qui doit l'être car, comme le dit le proverbe, *la nuit porte conseil*. Les rêves peuvent aussi répondre à des appels à l'aide, à la guérison ou au bien-être. Néanmoins, pour que ce type de songes survienne, il faut en faire la demande.

*

* *

3. Exercice n° 1 : vos soucis, peurs, besoins et objectifs

Cet exercice — conscient et intellectuel — est essentiel, car sans une réelle prise de conscience de vos aspirations profondes vous ne comprendrez pas l'utilité d'inventorier, d'analyser et d'interpréter vos rêves.

Pendant un songe, l'inconscient est capable de retransmettre au conscient toutes sortes d'informations. Toutefois, pour qu'il favorise le bon rêve au bon moment, la reconnaissance préalable de son existence et de ses pouvoirs est primordiale. Des instructions et des requêtes sont dès lors nécessaires. Le premier pas est de savoir qu'un rêve peut aider. Ensuite, dès qu'un but (une ambition, un espoir, une peur ou un désir) est clairement formulé, faites-en la demande à votre conscient. C'est le signal attendu par votre inconscient.

*

* *

A partir de la liste suivante, indiquez vos sentiments, vos soucis, vos peurs, vos besoins et vos objectifs (positifs et négatifs) les plus secrets. Essayez de même de vous trouver un objectif à court terme et un autre à long terme.

— Problèmes et soucis...
— Peurs et angoisses...
— Manque de confiance...
— Relations houleuses...
— Conditions difficiles...
— Problèmes de santé...
— Besoin d'amour...
— Ambitions futures...
— Objectifs à court terme...
— Objectifs à long terme...

Puis récrivez cette liste par ordre d'importance :

1.
2.
3.
4.
5.
6.
7.
8.
9.
10.

Résumé :

Les rêves...

— sont des messages du rêveur à lui-même ;
— sont créés par lui-même et pour lui-même ;
— sont aussi importants que des événements réels ;
— provoquent des modifications physiologiques pendant le sommeil ;
— peuvent guérir ;
— même mauvais, peuvent être bénéfiques ;
— élucident certains problèmes et certaines circonstances ;
— mettent en garde, éclairent, renforcent émotionnellement et informent ;
— influencent le rêveur et, par son intermédiaire, autrui ;
— laissent espérer ;
— doivent être souhaités, reconnus et respectés.

CHAPITRE II

Le sommeil et les rêves

Nous dormons en moyenne huit heures par nuit, ce qui représente un tiers de notre vie (c'est-à-dire 25 ans en 75 ans d'existence). En une vie, toutefois, la proportion de nos rêves est certainement supérieure, même si nous ne nous en remémorons qu'une partie.

Au terme d'une journée de travail, nous aspirons tous à nous allonger dans un lit chaud et douillet pour nous glisser dans le sommeil (cet état de conscience particulier). Jusqu'à ce siècle, le peu de connaissances disponibles à ce sujet provenait de légendes et de récits. Il fallut attendre l'introduction du *monitorage* (1) électronique pour que soient observés — pendant l'endormissement — des ondes cérébrales, des mouvements oculaires rapides ainsi que des modifications physiques.

1. Sommeil et système immunitaire

La mise en évidence du lien biochimique entre le sommeil profond et un système immunitaire sain est récente. En effet, les molécules chimiques, qui provoquent ce sommeil profond et régénérateur (qui s'oppose au sommeil léger), contribuent aussi au renouvellement des mécanismes de défense.

---

1. En médecine, le *monitorage* caractérise l'ensemble des techniques utilisées en réanimation pour surveiller différents paramètres au moyen d'appareils automatiques.

La série d'événements qui induit cet état et met le système immunitaire en action commence dans le système digestif, et plus précisément dans l'intestin où des bactéries produisent des molécules aux vertus anesthésiantes du nom de peptides muramyl.

Leur puissance est telle, qu'un billionième de gramme suffit pour prolonger une nuit de sommeil de sept heures.

Ces peptides se rendent ensuite au cerveau où ils déclenchent la production d'interleukins qui, à leur tour, stimulent les lymphocytes du système immunitaire (ces cellules défensives qui détruisent les virus, ainsi que toutes les cellules indésirables ou cancérigènes).

A l'origine, on pensait que pendant le sommeil le corps se reposait et réparait ses forces. Néanmoins, cette croyance fut bientôt réfutée par la découverte suivante : 24 heures de repos, tout en restant éveillé, procuraient les mêmes bienfaits. D'autres expériences montrèrent par la suite que le manque de sommeil troublait la santé mentale d'un sujet. On en déduisit donc que le sommeil était essentiel au repos cérébral, ce que des chercheurs ne tardèrent pas à contester.

Le monitorage électronique révéla en effet une activité cérébrale plus intense pendant l'endormissement qu'à l'état de veille, bien que la nature des ondes entre ces deux états soit différente. Des électroencéphalogrammes permettent aujourd'hui de les identifier en termes d'ondes alpha, bêta, gamma, delta, thêta, mu, vertex et « k ».

Deux états de sommeil distincts furent aussi mis en évidence, que des chercheurs individuels baptisèrent des qualificatifs suivants : *léger* et *profond*, *passif* et *actif*, *paisible* et *actif*, *synchronisé* et *désynchronisé*, *faible* et *intense*, dont les plus communs furent (au cours des années soixante) : *orthodoxe* et *paradoxal*.

2. Le sommeil paradoxal

Des expériences supplémentaires sur des volontaires amenèrent aux observations suivantes : en fermant les yeux le sujet interrompt le flux d'images visuelles qui arrive à son cerveau, ce qui provoque une modification des ondes cérébrales. Ultérieurement, on s'aperçut que le sommeil pouvait être divisé en six phases distinctes : A, B, C, D, E et F ; chaque nuit, nous progressons de A à F.

En phase F, des mouvements oculaires rapides et inhabituels furent relevés, et ce niveau fut appelé *paradoxal.* Des sujets réveillés pendant cette phase rapportèrent avoir été interrompus en plein rêves visuels. On en conclut donc, provisoirement, que les rêves ne se produisaient qu'à ce moment-là. Néanmoins, cette même expérience en phase non paradoxale aboutit aux mêmes résultats, quoique les rêves ne soient pas toujours visuels.

3. Objectifs du sommeil

Il est aujourd'hui admis que le repos physique et mental du corps ne constitue pas l'unique objectif du sommeil. La privation de sommeil — et par conséquent des rêves — fut démontrée comme dangereuse. De plus, **rêver est essentiel à notre bien-être** (que nous nous en souvenions ou pas) ; le sommeil nous permet d'envisager nos problèmes, nos peurs et nos espoirs sous un autre angle. L'esprit endormi recourt à des scènes, des actions ou des symboles pour communiquer ses messages, et c'est ce langage particulier que nous devons apprendre à déchiffrer afin de le traduire (si nécessaire) en langage conscient.

Nous avons coutume de croire que l'évaluation, puis la solution, de nos problèmes ne sont possibles qu'à l'état de veille, grâce à notre seule intelligence ainsi qu'au seul raisonnement logique. Nous ne reconnaissons pas le pouvoir de l'intuition, de l'inspiration et de la vision symbolique pendant que nous dormons. Pourtant, le vieil adage *« la nuit porte conseil »* est fondé sur la croyance que quelque chose d'extraordinaire se déroule pendant la nuit. Nous sommes nombreux à en avoir fait l'expérience : après nous être endormis angoissés et indécis, nous nous réveillons, au matin, apaisés et optimistes. Cette nouvelle perspective des choses n'est pas le fruit d'un hasard, mais découle simplement d'une complète réévaluation de nos valeurs à partir d'un autre point de vue.

4. La source originelle

Pendant l'endormissement notre conscience visite des royaumes inconnus : la « source ». Celle-ci constitue peut-être le premier stade de l'existence ; en effet, une fois endormi nous n'acceptons pas seulement la réalité et l'inconcevable, mais percevons également les choses avec beaucoup plus d'acuité qu'à l'état de veille. Parfois, nous réussissons même à voir jusque dans l'avenir.

Lorsque nous sommes malade, ou las du quotidien, nous nous endormons. On pourrait dès lors s'interroger sur l'intervalle qui sépare une bonne nuit de repos du sommeil éternel. William Shakespeare exprima cette interrogation en ces termes : *« Dormir, dormir, peut-être rêver... eh oui ! Là est la difficulté, car que deviennent nos rêves, une fois nos corps démunis de leurs enveloppes mortelles ? »*

Les nouveau-nés (qui viennent juste de revêtir leurs enveloppes terrestres) dorment et rêvent environ vingt-deux heures par jour. Certains chercheurs prétendent même qu'ils rêvaient déjà avant la naissance. En grandissant et en se familiarisant avec le monde extérieur, ils se détournent peu à peu d'un si long repos. Cette période consacrée au sommeil (et pendant laquelle ils entrent en contact avec la source originelle) se réduit, une fois adulte, à huit heures par jour.

La nuit, lorsque nous retournons à nos origines (le pays des rêves), nous pénétrons dans une dimension intérieure, beaucoup plus expansive que le monde extérieur, où nous nous rechargeons de vitalité. Cependant, si notre rendement physique journalier est supérieur à ce renouvellement psychique nocturne, cela occasionne un déficit appelé *fatigue chronique*. Cet état de fait est fréquemment attribué au stress de notre époque survoltée. Néanmoins, le vrai problème est de ne plus pouvoir surmonter ce stress.

On a constaté que les sujets dépressifs étaient souvent amorphes, insomniaques et constamment fatigués. Avant l'apparition des médicaments modernes, la dépression nerveuse (c'est-à-dire l'incapacité de faire face) se traitait *par le sommeil* provoqué, dans certains cas, par un somnifère léger. A son réveil, le patient reprenait goût à la vie et le monde lui paraissait un peu plus hospitalier. Il lui était ensuite conseillé de recourir à cette méthode simple dès l'apparition d'une nouvelle crise.

De nos jours, la relaxation et la méditation sont des recours fréquents au stress ambiant ; ces pratiques sont néanmoins insuffisantes. Le stress est le fruit de circonstances. Ces modes de détente ne sont que des excuses, des tentatives compensatoires, dans une société où le style de vie ne privilégie pas un rythme de sommeil régulier. Peu d'adultes dorment suffisamment chaque nuit, excepté en période de week-end et de vacances, lorsqu'ils en prennent le temps. Le sommeil manque à beaucoup de gens mais, malheureusement, peu s'en rendent compte. L'état de veille, en effet, ne nous permet pas de nous recharger ; nous devons retourner au pays des rêves pour puiser l'énergie essentielle à notre survie.

Seule une minorité d'entre nous se satisfait de moins de huit heures de sommeil par nuit. Le dicton (apparemment désuet) : *« Tôt levé, tôt couché, voilà le secret de l'homme sage, riche et sain »* est pourtant de bon conseil, mais nous préférons l'ignorer, à notre péril. Le remède le plus naturel aux innombrables bouleversements émotionnels, c'est tout simplement *plus de sommeil.* Une nuit de sommeil se compose de cinq ou six cycles périodiques de 90 minutes, divisés chacun en une phase de sommeil léger et une phase de sommeil paradoxal. Vers le matin, les périodes de sommeil léger diminuent au profit de celles paradoxales (2). Sachant cela, il est plus facile de comprendre combien il est délicat d'interrompre cet important programme avant l'accomplissement de tous les cycles. Nous avons tous vécu ce choc brutal au moment du réveille-matin.

*
* *

2. Voir l'ouvrage de Pierre Fluchaire : *Bien dormir pour mieux vivre* (Éditions Dangles).

5. Exercice n° 2 : votre rythme de sommeil

L'amélioration qualitative de votre sommeil constitue le but premier de cet exercice. Vous vous réveillez automatiquement à la fin de votre programme de sommeil ; néanmoins, il vous arrive certainement d'éprouver quelques difficultés à vous endormir ou à vous rendormir lorsque vous êtes dérangé au milieu de la nuit. L'angoisse, mais aussi la surexcitation, expliquent habituellement les cas d'insomnies au coucher. Ces deux réactions (positives et négatives) engendrent de puissantes images (sortes de réflecteurs de l'activité extérieure) qui éclipsent les images passives (préludes au sommeil) et empêchent leur manifestation en imagination.

Dormir pendant la journée (ce à quoi une majorité de personnes âgées s'adonne volontiers) provoque une autre forme d'insomnie. Hormis qu'il supprime la fatigue, le sommeil diurne bouleverse leurs rythmes nocturnes jusqu'à un point tel que le jour se transforme en nuit et la nuit en cauchemar éveillé.

Se rendormir au milieu de la nuit peut être contrariant, et plus particulièrement lorsque la coupure survient à la moitié d'un cycle de 90 minutes. Des pensées extérieures tentent à nouveau de s'imposer et, en prenant le dessus, nuisent à l'expression des pensées passives (ces guides vers le royaume intérieur du sommeil et du rêve).

Les exercices suivants vous aideront à bénéficier pleinement de votre sommeil.

Si vous êtes de ces dormeurs *satisfaits* qui se lèvent sans réveille-matin et jouissent de leur précieux sommeil jusqu'à la dernière minute, profitez de ces exercices pour en observer la qualité, en vue d'une meilleure récupération.

L'hyperactivité mentale perturbe aussi l'endormissement, même lorsque vous êtes fatigué. A l'heure du coucher, il n'est plus temps de réfléchir sur les problèmes du monde ; ces réflexions intelligentes sont des activités spécifiques de l'état de veille. Toute pensée tournée vers l'extérieur inhibe le sommeil jusqu'à épuisement du mental. En focalisant votre esprit sur un symbole passif, vous triompherez aisément de cette insomnie mentale.

On a coutume de rendre le fromage, ainsi que les repas copieux, responsables des mauvais rêves. Pourtant, certaines personnes dorment très bien après un banquet alors que d'autres passent une nuit agitée. C'est en fait la capacité digestive du sujet qui est en cause ; certaines personnes, en effet, assimilent mieux les matières grasses de certains aliments que d'autres. En conséquence, c'est l'hyperactivité digestive, plus que l'alimentation, qui trouble les rêves.

Le secret du sommeil parfait, c'est d'**avoir de bonnes habitudes** et de les cultiver. En pratiquant régulièrement les exercices proposés (et en vous efforçant de vous coucher plus tôt lorsque vous manquez de sommeil), vous découvrirez bientôt que vous pouvez contrôler votre rythme de sommeil. En retour, vous vous sentirez plus productif, plus harmonieux et plus heureux au cours de la journée.

Les suggestions suivantes vous permettront de régulariser votre rythme de sommeil et d'en améliorer la qualité :

— Si les repas copieux perturbent vos nuits, essayez de dîner plus tôt.

— Le soir, évitez les desserts trop riches. Préférez un fruit et buvez un verre d'eau.

— Évaluez avec précision le nombre d'heures de sommeil dont vous avez besoin chaque nuit.

— Fixez-vous une heure de coucher, de même qu'une heure de réveil.

— Réglez votre réveille-matin à l'heure précise à laquelle vous devez vous lever, puis déduisez votre nombre d'heures de sommeil ; vous obtiendrez votre heure de coucher.

— Mettez-vous au lit trente minutes avant de vous endormir.

— Prenez un livre afin de distraire vos pensées des angoisses et des excitations extérieures.

— Préparez-vous à vous endormir en vous concentrant sur vous-même, et oubliez l'agitation extérieure.

— Répétez-vous le message suivant : « *Aujourd'hui, j'ai fait de mon mieux pour résoudre mes problèmes intelligemment. Je vais donc profiter de cette nuit de repos pour les envisager différemment, à la lumière de ma conscience endormie.* »

Une fois ces divers exercices accomplis, vous êtes prêt à vous endormir. C'est le moment pour vous de sélectionner une des images passives suggérées : une *croix en or,* un *arbre,* ou un *oiseau en vol.* Celle-ci vous emmènera au pays des rêves.

Résumé :

Le sommeil...

— vous permet de rêver ;
— vous détend ;
— se déroule en plusieurs phases et à différents niveaux ;
— est réglé par un rythme précis qu'il est délicat d'interrompre ;
— occupe un tiers de notre vie ;
— vous recharge physiquement et émotionnellement ;
— est guetté par l'insomnie lorsque vos pensées se laissent piéger par l'angoisse et le monde extérieur ;
— est troublé par l'hyperactivité digestive ;
— est une échappatoire ;
— est un excellent guérisseur naturel ;

CHAPITRE III

Rappel et journal des rêves

Tout le monde rêve, mais peu d'entre nous s'en souviennent. En effet, sans un intérêt réel et une bonne préparation pour nous remémorer nos rêves au réveil, ils tendent à s'effacer très vite de notre mémoire ; c'est d'ailleurs pour cette raison qu'une majorité de gens s'imaginent ne pas rêver. En conséquence, nous devons porter un intérêt sincère aux messages dont ils sont porteurs. Voici un excellent moyen pour vous remémorer vos rêves : **faites appel à la puissance créatrice de votre imagination** et programmez-vous positivement chaque soir en vous couchant. En visualisant intérieurement votre réveil, le moment où vous revoyez chaque détail de votre nuit et enfin leur remémoration claire, vous dévoilez avec exactitude vos intentions à votre préconscient (1). Celui-ci étant réceptif à toute suggestion et à toute instruction, vous créez à ce moment-là un lien entre cet aspect de vous-même et votre conscience éveillée, et favorisez la mise en place d'un système de communication bilatéral.

Ensuite, il ne vous restera plus qu'à veiller à la bonne retranscription de ces souvenirs. Leur récit à un tiers peut aider, néanmoins une trace permanente est essentielle. La meilleure méthode consiste à les écrire immédiatement au réveil, ou encore à les enregistrer sur cassette. Cette dernière solution vous contraint cependant à les recopier ultérieurement dans un cahier.

1. Le *préconscient* est une instance caractérisée par son aspect dynamique (les souvenirs qui y sont présents ne sont pas refoulés et restent à la disposition du sujet, même si celui-ci n'en a pas tout de suite conscience).

1. Le journal de vos rêves

C'est Hugues Lynn (le fils d'Edgar Cayce) qui a dit un jour que le plus instructif des ouvrages, en fait de rêves, était celui *du rêveur lui-même,* ce journal intime consciencieusement élaboré par un passionné, de ceux qui croient en ces messages uniques (véhiculés par les rêves) ainsi qu'en leur recours. Toutefois, les surestimer s'avère délicat car, même s'ils sont souvent prophétiques, la preuve de leur réalisation effective n'est souvent apportée que bien des années plus tard.

a) Le journal proprement dit

Hormis sa signification et sa valeur ritualistes, tenir le journal de ses rêves requiert un peu de sens pratique. L'achat d'un cahier et d'un stylo attractifs (lui étant exclusivement consacré) importe beaucoup. En effet, ce premier pas constitue un engagement, un acte de foi, devant rappeler à votre préconscient (cet aspect de vous-même responsable de vos songes) le sérieux de votre démarche : vous connaître vous-même par vos propres moyens, à partir de vos rêves.

Ce précieux matériel sera déposé à votre chevet et y restera coûte que coûte, car vous pourriez être amené à l'utiliser à tout moment.

b) Jour, date, heure et numéro

L'élaboration du journal de vos rêves implique d'autres préoccupations pratiques : le jour, la date, l'heure et le numéro du rêve. Le jour comme la date seront notés en haut de la page, car certains rêves se produisent essentiellement le lundi ou le samedi. Ces inscriptions se feront chaque soir avant de vous coucher.

La datation met plus fréquemment en évidence les rêves-feuilleton (beaucoup plus fréquents qu'on ne le croit), mais aussi la fantastique horloge et l'excellent calendrier que constitue le préconscient, dont les souvenirs remontent jusqu'à des anniversaires et des événements mémorables du passé. De surcroît, ce système de dates facilite la comptabilité des rêves reproduits à intervalles réguliers.

L'heure de vos songes coïncide habituellement avec l'heure du réveil, aussi notez-la si vous la connaissez. Leur numérotage, par ordre d'apparition et sur un temps donné, est aussi important, et s'applique plus particulièrement aux séries de rêves sur une ou plusieurs nuits consécutives. Les rêves-feuilleton peuvent être encouragés, et profitent surtout aux écrivains et aux poètes.

2. La retranscription immédiate de vos rêves

Au réveil, retranscrivez immédiatement, et aussi lestement que possible, toutes les images de la nuit avant qu'elles ne s'évanouissent. Si vous ne vous souvenez plus de rien, notez vos impressions ou votre humeur du moment. Ces états d'âme sont les fruits de vos rêves (même si vous les avez oubliés).

Tout retard dans cette retranscription vous privera d'informations précieuses, alors ne vous souciez pas de l'ordre des événements (conversations, sentiments, couleurs...) ; ceux-ci se replaceront d'eux-mêmes lorsque vous les recopierez pour les analyser. Ce premier récit n'étant qu'une ébauche, inscrivez-le sur un brouillon prévu à cet effet dans votre cahier.

a) Ambiance, humeur et impressions

Une des principales particularités des rêves, c'est l'ambiance, l'humeur ou les impressions qu'ils laissent au réveil. Ces indications laissent paraître la nature des rêves et en tissent leurs toiles de fond. Il importe donc de les définir au moment du compte rendu écrit.

La spécificité de cette atmosphère (qu'elle soit obsédante, joyeuse, lugubre, romantique, animée...) vous renseignera considérablement sur le thème ainsi que l'origine du rêve. Si vous êtes d'humeur joyeuse et satisfaite à votre réveil, vos songes ont certainement dû vous redonner confiance et assurance afin de vous soutenir face aux circonstances à venir. Par contre, se réveiller déprimé et mal à l'aise signifie que des problèmes, propres à une situation particulière, vous ont été révélés pendant la nuit.

b) Les objets et les symboles

Relevez de même tous les objets et tous les symboles présents : personnes, animaux, créatures, plantes... ainsi que les maisons, les cars, les trains, les bicyclettes, les tables, les vases, etc. N'omettez pas les formes géométriques, les nombres et les symboles archétypaux, représentatifs d'idéaux et porteurs de messages religieux ou mystiques.

c) Les voyages et les déplacements

Des déplacements plus ou moins longs sont courants dans les rêves. Ils évoquent votre chemin de vie (votre destinée) et sont symbolisés par le moyen de transport utilisé. Prenons des exemples : marcher témoigne d'efforts actuels, entièrement autonomes et indépendants, alors que recourir aux transports publics suggère plutôt un comportement de suiveur. Le rêveur qui se trouve dans une gare ou à un arrêt de bus doit décider de sa prochaine destination. Un bus ou un train manqués indiquent en réalité une certaine inertie ; en conséquence, le succès et les opportunités échappent au sujet.

d) Les couleurs et les conversations

La plupart des rêves sont en couleur, toutefois (comme le songe lui-même) elles perdent très vite de leurs éclats et beaucoup de gens croient ne rêver qu'en noir et blanc. Les ambiances grises ou les scènes languissantes témoignent d'une situation particulièrement sombre et triste. En conséquence, la couleur d'un rêve dépend de sa spécificité.

Les conversations peuvent être métaphoriquement très colorées et se traduire, dans le rêve, par des jeux de mots, des poèmes, des rimes, des chansons, des mots clés... ainsi que des messages apparemment sans signification. Ceux-ci sont généralement codés, et seul le rêveur (leur créateur) peut en élucider le sens, une fois tous les indices démasqués.

e) Associations antérieures

Étant le reflet d'un but (d'un problème ou d'une situation) sérieux et spécial, un rêve se reporte souvent à des événements passés. Ses sources peuvent être multiples (programmes télévisés, articles de journaux, rencontres...), et ses informations précieuses au moment de l'assemblage de toutes les pièces de ce rêve-puzzle.

3. Le rêve lui-même

En réunissant tous les détails et tous les aspects d'un rêve, vous obtenez l'ébauche d'une de vos aventures nocturnes. Attendez le lendemain pour le recopier en vue de son interprétation. Veillez à ce que le format de cette version finale corresponde à celui des exemples suivants.

Les éventuels titres de vos rêves seront en rapport avec leurs thèmes.

Exemple n° 1 : « la leçon »

Jour et date : Vendredi 2 mars 1990.
Heure : Entre 6 et 7 heures du matin.
Numéro : 125.
Ambiance : Mentale.
Humeur : Éveillée et alerte.
Objets et symboles : Une conférence. Un couloir ou une salle de classe. Quelques personnes insignifiantes.
Voyages, déplacements : Aucun.
Couleurs, conversations : Endroit clair et lumineux. Une conférence.
Associations passées : Une émission télévisée sur l'éducation.

Le rêve : j'assistais à une conférence dans un couloir ou une salle de classe, sans comprendre vraiment ce qui était dit. Je me sentais très concernée par le sujet et, même dans le rêve, me concentrais sur chaque mot, en essayant de leur donner un peu de sens.

Exemple n° 2 : « la cave »

Jour et date : Mardi 3 avril 1990.
Heure : 4 heures du matin.
Numéro : 201.
Ambiance : Sombre, qui fait froid dans le dos.
Humeur : Effrayante.
Objets et symboles : Des escaliers, une cave, une table, une tasse.
Voyages, déplacements : Descente d'escaliers.
Couleurs, conversations : Aucune.
Associations passées : Aucun souvenir.

Le rêve : un escalier s'enfonçait jusqu'à une cave. Je l'empruntai ; il y régnait une atmosphère effrayante, à vous faire froid dans le dos. Dans la pénombre, je distinguais une table, ainsi qu'une tasse vide posée au milieu. A mon réveil, un sentiment d'inquiétude et de trouble m'envahit, pour me poursuivre toute la journée.

* * *

4. Exercice n° 3 : remémorez-vous vos rêves

Avant d'étudier vos rêves, prenez soin d'en recueillir un grand nombre. Procurez-vous un cahier et un stylo exclusivement consacrés à cette étude, puis concentrez-vous sur leur retranscription.

Leur langage étant essentiellement pictural et symbolique, l'usage de la visualisation créatrice facilite la remémoration des rêves. Elle vous permet de communiquer vos besoins au préconscient qui peut ainsi y répondre et, à votre réveil, vos souvenirs de la nuit seront clairs et précis. Néanmoins, notez-les sans attendre, avant que vos préoccupations diurnes ne les éclipsent.

Les suggestions suivantes vous permettront de vous programmer positivement, afin de mieux vous souvenir de vos rêves :

— Installez-vous confortablement dans votre lit.

— Fermez les yeux et soyez prêt à faire appel au pouvoir créatif de votre imagination.

— Détendez-vous : inspirez, comptez jusqu'à *trois* ; expirez, comptez jusqu'à *dix*. Répétez cet exercice deux fois.

— Sans bouger, *imaginez* que c'est le matin et que vous émergez du sommeil.

— Les yeux toujours fermés, essayez de vous imaginer les sensations que procurent le rappel d'un rêve.

— Visualisez-vous en train d'écrire le récit de vos aventures nocturnes.

— Relaxez-vous quelques instants : visualisez un très bel *arbre*.

— A votre réveil, le matin suivant, efforcez-vous de ne pas penser à ce qui vous attend, et évoquez vos rêves de la nuit.

— Prenez sans attendre votre stylo et votre cahier, puis faites-en un compte rendu aussi détaillé que possible.

Résumé :

Les rêves...

— ne laissent pas toujours de traces, bien que tout le monde rêve ;

— sont des sources uniques de sagesse et de compréhension ;

— peuvent être retranscrits au réveil, si le rêveur se programme positivement pour cela en se couchant ;

— peuvent être recueillis dans un *journal des rêves* ;

— perdent de leur intensité au matin ;

— ressemblent quelquefois à des feuilletons et se prolongent sur plusieurs épisodes ;

— se caractérisent par des ambiances spécifiques qui en tissent la toile de fond ;

— imprègnent l'humeur ou les impressions du rêveur, à son insu ;

— évoquent de multiples thèmes qui vous permettent de les titrer.

CHAPITRE IV

L'incubation des rêves

Autrefois les rêves étaient considérés comme des oracles, et les interpréter constituait une forme de divination. De nos jours — à la lumière de la psychologie moderne — ils sont toujours regardés comme des sources uniques d'éclaircissements mais, de plus, ils sont reconnus comme des expériences psychiques et personnelles susceptibles d'élargir la conscience du rêveur de même que sa compréhension de la vie. Ce n'est peut-être là qu'une évolution de terminologie ; après tout, un rêve reste un rêve, doté de pouvoirs défiant toute logique.

1. La préparation du rêve dans l'Antiquité

Afin d'obtenir de leurs rêves des réponses claires à leurs problèmes, les Anciens les incubaient. Cette incubation (du verbe latin *incubare* : être allongé sur quelque chose) nécessitait d'être étendu sur un lit du rêve dans un sanctuaire consacré. Le rêveur, une fois assoupi, était visité par des anges ou des messagers des dieux qui lui destinaient un rêve particulier lui procurant des solutions (aide, bien-être, guérison...).

La mythologie grecque évoque des pèlerinages de citoyens en difficulté jusqu'en ces lieux sacrés, où ils laissèrent des inscriptions votives (1) témoignant de l'exaucement de leurs priè-

1. *Votif* se dit d'une chose qui commémore l'accomplissement d'un vœu, ou qui est offerte comme gage d'un vœu.

res, et dont certaines peuvent aujourd'hui encore être admirées. Le temple d'Apollon à Delphes, celui d'Épidaure en Grèce, ainsi que l'asclêpieion (2) de Memphis en Égypte, sont quelques-uns de ces lieux renommés pour leurs sanctuaires du rêve.

Les littératures de l'Inde et du Japon font état de semblables hauts lieux. En effet, bien avant l'arrivée du bouddhisme en Orient, un tel temple shinto s'élevait à Oussa, sur l'île de Kyushu. C'est là que des empereurs japonais venaient incuber leurs rêves pour résoudre des problèmes d'État. L'oniromancie (3) constituait un des devoirs pieux du souverain, et ce palace abritait une salle des oracles, comportant un lit exclusivement réservé à l'incubation et connu sous le nom de *kamudoko*. C'est sur cette construction de pierre polie, particulièrement inconfortable, que les empereurs s'allongeaient pour recevoir des messages prophétiques.

Entre 4000 et 2000 avant Jésus-Christ, invoquer le pouvoir des dieux pour rêver était une pratique courante. A Abousir (au sud du Caire et en bordure du désert) fut autrefois édifié le grand temple d'Imhotep, le dieu guérisseur. Le récit d'un explorateur, daté du Xe siècle, donne une description détaillée de ce lieu saint et plus particulièrement de la caverne des oracles. Selon cet explorateur, une statue de Joseph aurait été érigée à cet endroit, 900 ans plus tôt. A son avis, ce lieu sacré aurait servi de prison à ce fils de Jacob incarcéré par Pharaon. Joseph aurait en effet interprété correctement — en ces lieux — les rêves prémonitoires de deux codétenus (un maître d'hôtel et un boulanger) et, grâce à cette prouesse, éveillé la curiosité de Pharaon. C'est ainsi qu'il interpréta les songes de Pharaon et fut libéré.

L'incubation des rêves était une pratique admise par les pères des Hébreux. Le livre de la Genèse (XXVIII, 10-22) fournit à ce propos des détails sur un ancien sanctuaire cananéen, découvert par Jacob et où il se retira pour communiquer avec les forces divines par l'intermédiaire de ses rêves. Son oreiller de pierre

2. L'asclêpieion est le temple d'Asclépios, dieu de la Médecine chez les Grecs. Dans la Grèce antique, c'est aussi un foyer de médecine placé sous le patronage d'Asclépios.

3. L'oniromancie définit l'art de deviner au moyen des rêves.

(semblable à celui du kamudoko japonais) semble avoir considérablement influencé l'incubation de ses songes.

Son rêve le plus célèbre, « l'échelle » (fait à Canaan et antérieur à la construction du Temple de Dieu), témoigne de l'importance de la pierre lors de l'incubation rituelle et explique comment elle devint plus tard la pierre angulaire du Temple. *« Levé de bon matin, Jacob prit la pierre qui lui avait servi d'oreiller, la dressa comme une stèle, et répandit de l'huile sur son sommet* (...) *Et cette pierre que j'ai dressée comme une stèle sera une maison de Dieu, et de tout ce que tu me donneras, je te payerai fidèlement la dîme. »* (Livre de la Genèse, XXVIII, 18, 22.)

Le chapitre III du premier livre de Samuel nous révèle que celui-ci, fréquemment, *« dormait dans le temple de Silo, devant l'arche de Dieu pour recevoir sa parole »*. Dans le premier livre des Rois (Rois, I, 3, 5), Salomon perpétue cette coutume. Il fit un rêve à Gabaôn, haut lieu de sacrifice : *« A Gabaôn, Dieu apparut la nuit en songe à Salomon. Il lui dit : " Demande ce que je dois te donner. " »*

2. Les messagers des rêves

La Bible spécifie clairement que Dieu s'adresse à nous par l'intermédiaire des rêves. *« Dieu parle d'une façon, et puis d'une autre, sans qu'on prête attention. Par des songes, par des visions nocturnes, quand une torpeur s'abat sur les humains, et qu'ils sont endormis sur leurs couches, alors il parle à leurs oreilles, il les épouvante par des apparitions. »* (Job, XXXIII, 14-16.) Selon la légende grecque, c'est Hypnos (dieu du Sommeil) et Morphée (dieu des Songes), aidés de leur messager Hermès, qui envoyaient des avertissements, des inspirations et des prophéties aux mortels, lorsque ceux-ci dormaient dans des sanctuaires ou des temples du rêve.

De nos jours on ne considère plus ces temples comme des lieux propices aux rêves, et leur incubation ne constitue plus une pratique religieuse pour invoquer le secours divin. Néanmoins, l'ère du rêve miraculeux et des messagers divins n'est pas révolue. Ces lieux sacrés, auxquels nous aspirons, n'ont toujours pas été dévoilés ; ils sont **à l'intérieur de nous-mêmes** et pas à l'extérieur. Les dieux de jadis aussi sont présents (même s'ils ont aujourd'hui été repris par le courant jungien) et reconnus comme des principes universels et des forces archétypales.

Ainsi les anges divins n'ont pas disparu. Toutefois, semblables à ceux d'antan, ils n'apparaissent qu'à ceux qui s'efforcent de communiquer avec eux. Car s'il est vrai que les rêves transmettent des messages, il est aussi vrai que nous devons adresser une prière spécifique au Divin pour capter le bon rêve au bon moment. En conséquence, incuber un rêve c'est accomplir cette requête.

3. L'incubation d'un rêve

A notre époque, incuber un rêve signifie simplement faire le vœu d'un rêve en relation avec un problème (un but, un souhait, une peur...) particulier, et porteur d'un conseil, d'une réponse ou d'une solution. La contribution divine demeure cependant essentielle lors du processus d'incubation lui-même, qui débute par une programmation auto-hypnotique (influence d'Hypnos) et se termine par le rêve proprement dit (réponse de Morphée).

Le meilleur moment pour l'incubation d'un rêve se situe juste avant l'endormissement, dans un lit chaud et confortable. Toutefois, avant d'adresser votre demande, veillez à vous détendre physiquement tout en maintenant votre esprit vigilant. En plus de l'intérêt porté aux sanctuaires du rêve, les Anciens vouaient une attention particulière à cet état privilégié de concentration et, à cet effet, se livraient préalablement à une série de rituels.

Ce rituel consistait principalement en un acte sacrificiel de purification et de consécration. L'initié devait s'abstenir de viande, de poisson, de volaille, de même que de relations sexuelles pendant les deux jours précédant l'invocation, et ne boire que de l'eau. Il devait aussi faire une offrande à la divinité, sous la forme d'un présent ou d'un service. En termes actuels, ce rite caractérise un conditionnement psychologique ; c'est un engagement, l'acquittement d'une dette par une donation charitable ou par une implication personnelle au service d'autrui.

L'inconscient joue un rôle primordial lors de l'élaboration, puis de la réponse, d'un rêve. Néanmoins, l'intervention de sa contrepartie consciente n'est pas moins déterminante. Dès lors, vous collaborez consciemment au succès de l'incubation d'un rêve en vous relaxant, en vous programmant positivement et en formulant clairement votre demande avant de vous endormir.

4. Prière ou affirmation positive

Les principes de base de l'incubation une fois admis, la maturation d'un rêve (de même que son succès) dépend, d'une part de vos croyances individuelles et, d'autre part de la sincérité de votre dévotion et de votre investissement personnel dans cette démarche. Si vous êtes croyant et accordez toute votre confiance à Dieu pour vous exaucer, votre requête correspondra à une prière. Par contre, si vous êtes persuadé que Dieu n'aide que ceux qui s'aident eux-mêmes, adressez-vous directement à votre préconscient (cet aspect de vous-même capable de recourir à des forces archétypales, et responsable de la projection de vos rêves).

Quelle que soit la nature de votre problème (ou de votre question), puis sa formulation, plus votre appel sera concis et plus la réponse sera précise ; à demande imprécise, réponse imprécise. Aussi, après avoir choisi le thème de votre requête, vous l'incorporerez succinctement à une prière ou à une affirmation personnelle.

Voici un exemple de prière : « *Dieu tout-puissant, qui pourvoit à tous mes besoins, adresse-moi, s'il te plaît, un rêve qui m'aide à accepter la situation. Éclaire-moi, aide-moi à m'améliorer, à rendre autrui plus heureux ; montre-moi le chemin. J'accepterai tes conseils et m'y conformerai au mieux de mes possibilités. Merci Seigneur. Amen.* »

L'affirmation positive sera plus autoritaire et plus instructive, ainsi que le suggère la proposition suivante : « *Préconscient, s'il te plaît, communique-moi un rêve qui m'éclaire sur ma situation et m'aide à l'accepter. Aide-moi à me rétablir* (à rendre autrui plus heureux ou à trouver le bon chemin). *Je suis prêt à recevoir cette information. Je l'écrirai en détail à mon réveil, et m'y conformerai dans l'avenir. Merci préconscient.* »

Mettez votre prière ou votre affirmation positive par écrit le jour précédant l'incubation de votre rêve. De cette manière vous n'omettrez aucun détail. Cette requête représente également la contrepartie intellectuelle et consciente de l'aspect inconscient et créatif du rêve. Vous déposerez ensuite cette déclaration écrite sous votre oreiller, la nuit de cette incubation.

*

* *

5. Exercice n° 4 : comment incuber vos rêves

A partir de la liste (établie par vos soins) de l'exercice n° 1 (vos soucis, vos angoisses, vos besoins et vos buts), sélectionnez votre préoccupation du moment.

Lisez votre déclaration (prière ou affirmation positive), puis placez-la sous votre oreiller.

Accomplissez les exercices de remémoration des rêves au réveil, puis passez à la relaxation progressive suivante. Vous serez dès lors prêt à incuber un rêve utile et optimiste.

— Approfondissez votre détente en vous allongeant bien à plat sur le dos, contractez vos orteils, puis relâchez.

— Tirez vos pointes de pieds vers votre buste, puis relâchez.

— Maintenant, serrez vos deux poings, puis détendez-les.

— Inspirez sur trois temps, puis expirez sur dix temps. Répétez cet exercice trois fois.

— Votre physique est détendu, mais votre esprit reste vigilant ; prenez conscience de cet état particulier qui vous permet de vous focaliser sur vos pensées et de les contrôler.

— Vous pouvez maintenant réfléchir à votre problème (votre but, votre souhait, votre angoisse...) avec détachement. Examinez-le comme s'il s'agissait d'une scène de votre imagination.

— Puis, récitez-vous silencieusement — mais positivement — votre prière (ou votre affirmation positive).

— Ensuite, inspirez profondément, étirez-vous et préparez-vous à vous endormir.

— Ne pensez plus au thème de votre demande jusqu'au lendemain. A partir de maintenant, la balle n'est plus dans votre camp.

Résumé :

Les rêves...

— étaient autrefois incubés dans des sanctuaires sacrés ;

— peuvent l'être de nos jours par l'intermédiaire d'une invocation ou d'une affirmation positive ;

— ne peuvent pas exister sans une contribution consciente ;

— répondent à des requêtes écrites ;

— constituent des sources uniques d'information dont nous pouvons bénéficier si nous le demandons ;

— sont incubés avec succès lorsque vous vous relaxez et vous autoprogrammez avant de vous endormir ;

— répondent en fonction de la demande ; aux indications concises correspondent des réponses concises, alors que des indications décousues aboutissent à des rêves décousus ;

— sont les fruits de votre propre création.

CHAPITRE V

Le rêve lucide

1. La conscience de rêver

C'est un Hollandais du nom d'Eeden qui introduisit pour la première fois — au début de ce siècle — le terme de *rêve lucide* : rêves pendant lesquels le rêveur prend conscience qu'il est en train de rêver. Jusqu'à récemment, on croyait cette lucidité si exceptionnelle et si insignifiante que même des psychiatres passionnés d'onirologie (1) négligèrent de l'étudier. Le manque d'intérêt presque total de Freud, de Jung et d'Adler à ce sujet en témoigne. Pourtant, à l'issue d'un sondage populaire, 73 % des personnes interrogées reconnurent avoir effectivement observé ce genre de phénomène sur elles-mêmes.

Van Eeden (lui-même un rêveur lucide) fit deux découvertes majeures sur ce type de rêve. D'une part il observa qu'ils étaient parfois précédés — quelques nuits auparavant — par des *rêves d'envol,* mais surtout il réalisa que le rêveur lui-même pouvait dire pendant un rêve : « *C'est un rêve.* »

Dans les années 80, le docteur Keith Hearne entreprit une vaste étude sur les rêves lucides ainsi que sur leurs auteurs. Dans son laboratoire du rêve, il mit au point un dispositif pouvant mesurer les clignements oculaires rapides (lien de communication précieux entre le sujet endormi et le chercheur) du sommeil paradoxal. De plus, il conçut une machine du rêve destinée à encourager les rêves lucides au moyen de stimulations externes.

---

1. En psychologie, l'onirologie consiste en l'étude des rêves.

Cette étude fournit des informations supplémentaires sur la fonction électrophysiologique du cerveau, de même que sur le type de sommeil correspondant au rêve lucide. Les répercussions de ces découvertes sont physiologiques, psychologiques et psychiques. De plus, elles n'étaient pas seulement la compréhension intellectuelle des rêves, mais offrent de nouvelles perspectives d'exploration.

D'autre part, les rêves lucides se caractérisent par une netteté inhabituelle des couleurs et des détails ; c'est d'ailleurs souvent leurs scènes invraisemblables qui font dire au rêveur : « *C'est impossible, je dois rêver !* »

Dès l'instant où nous admettons nos songes comme l'expression d'une partie de nous-même qui nous échappe, que pouvons-nous faire de mieux que chercher à nous familiariser avec eux ? La devise « *Connais-toi toi-même* », règle d'or de tous les inconditionnels de l'illumination, anime aussi l'élan du cœur de ceux qui désirent simplement se comprendre eux-mêmes, les autres, ainsi que le sens de la vie en général. En conséquence, qui d'autre que l'instigateur intime de nos rêves pourra-t-il mieux guider cette quête ?

2. Transformer et contrôler un rêve

D'abord, prenez conscience que vous êtes en train de rêver. Ensuite, vous réussirez à *transformer* un rêve. Par conséquent, la maîtrise de soi constitue le but premier de ce type de songe. L'identité de leur auteur n'importe plus (c'est vous-même et vous le savez) ; ce qui compte, c'est votre aptitude à les *contrôler*.

Les rêves attirent notre attention sur des événements de notre vie que nous avons négligés à l'état de veille. Ils nous signalent nos erreurs, nous préviennent contre des dangers, nous réprimandent pour nos mauvaises actions, nous mettent en garde contre la maladie, nous prédisent l'avenir... A cet égard, ils nous sont indispensables et leur rôle est inestimable (2). Certes, nous

2. Voir l'ouvrage de Pierre Fluchaire : *La Révolution du rêve* (Éditions Dangles).

n'avons aucun pouvoir sur eux, cependant les maîtriser nuirait au traitement psychologique et naturel de leur contenu.

Les rêves lucides possèdent de surcroît trois autres particularités. Premièrement, en prenant conscience de cette instance inconsciente qui suggère nos songes, nous approfondissons notre connaissance de nous-même. D'autre part, si nous pouvons consciemment modifier la scène d'un rêve en dormant, cela nous aide à améliorer notre vie par l'examen attentif de ce que nous voyons, de nos pensées, de nos actions... Troisièmement (et c'est une fonction essentielle du rêve lucide), la nature prémonitoire de certains rêves, susceptibles de se réaliser, permet d'envisager la création — en rêve — d'une situation qui puisse devenir réalité.

Les implications de ce qui précède sont multiples. En plus du lien étroit qu'ils tissent entre le conscient et l'inconscient (leitmotiv des adeptes de la méditation assidue), les rêves lucides bouleversent complètement notre vision de la vie et du destin. En théorie comme en pratique, cette nouvelle perspective des choses nous ouvre la voie du succès, et surtout celle de l'autoassistance et de l'autoguérison.

Ce type de rêve incite à la réflexion. En effet, si un tel rêve peut avoir des conséquences positives, il peut aussi servir certains esprits mal intentionnés. L'individu qui tente de programmer un rêve hostile ou nuisible à autrui nourrit déjà de sombres pensées à l'égard de cette personne et, de toute manière, les mettra à exécution dès son réveil. Néanmoins, en vertu du proverbe : *« On récolte toujours ce qu'on a semé »*, de telles intentions — à l'état de veille comme pendant le sommeil — se retourneront tôt ou tard contre leur instigateur.

3. Le succès d'un rêve lucide

Le succès d'un rêve lucide résulte d'une combinaison subtile de lucidité, de programmation positive et d'incubation du rêve. Vous devez procéder point par point. Toutefois, avant de vous engager, interrogez-vous sur la sincérité de votre ambition puis sur la nature de vos intentions.

Le rêve lucide en lui-même n'est pas unique, puisque 73 % des personnes interrogées se souviennent d'en avoir fait l'expérience. Sa spécificité, c'est de réussir à le provoquer volontairement, puis à le modifier.

Si vous êtes confronté à un problème ou à une situation difficile qu'un rêve lucide pourrait résoudre, incubez ce projet avant de vous coucher. Le premier essai n'apporte pas toujours satisfaction, il vous faudra probablement un peu de pratique. Néanmoins, si votre désir est sincère vous réussirez et serez entraîné dans un univers qui vous est propre. Je me souviens personnellement avoir été quelques fois effrayée par ces scènes ultra-réelles et en même temps irréelles. Toutefois, aussitôt envoûté par cette ambiance, l'angoisse disparaît.

Au début, vous ne serez que le spectateur lucide d'un monde créé sans but. Une fois cette impression cristallisée en vous, vous pourrez vous livrer à quelques exploits afin de vous prouver à vous-même que vous disposez de certains pouvoirs dans cet univers particulier. Ne vous illusionnez pas, vous ne réussirez ni à casser un verre de vin, ni même à allumer ou éteindre une lumière. Cependant, n'hésitez pas à en faire l'expérience pour vous en persuader.

Une fois convaincu de vos ressources créatives dans cet état privilégié, vous pouvez commencer à envisager de transformer le décor, de même que l'action du rêve. Cette étape supplémentaire vous rapproche de votre libération et de votre envolée astrale. C'est à ce moment-là que vous vous verrez objectivement, assis ou debout. Si vous souhaitez guérir, par exemple, c'est une bonne raison pour tenter cette expérience.

Pourtant, les rêves lucides ne résolvent pas uniquement les problèmes de santé. Imaginez-vous, par exemple, au cours d'une entrevue en vue d'un poste très intéressant. En visualisant cette rencontre dans un rêve lucide, en inventant des circonstances et des personnages, puis en imaginant que ce rendez-vous se déroule dans une ambiance chaleureuse et vous procure satisfaction, vous programmez simplement votre inconscient au succès.

4. La maîtrise de soi

Vous pouvez vous voir en train de rêver, puis vous permettre de manipuler vos rêves et de les contrôler. L'exercice proposé vous procurera des bases solides pour mieux vous connaître, pour découvrir cette partie toute-puissante de vous-même qui dirige tout, pour développer votre confiance. Il favorisera aussi vos ressources naturelles d'autoguérison.

La maîtrise de soi constitue le but premier de ce travail sur les rêves. C'est un atout essentiel dans l'existence. Personne n'a le droit d'exercer un pouvoir sur son prochain, et la vie ne devrait pas peser sur des êtres jusqu'au point de nuire à leur équilibre. Si vous vous sentez menacé, profitez d'un songe lucide pour affronter objectivement — et sans agressivité — l'objet de cette angoisse. Vous serez surpris des résultats.

N'abusez jamais de votre pouvoir créatif, vous en pâtiriez. Prenez soin de ne nuire à personne, ni à aucune chose. Gardez cette règle simple en mémoire : intégrer, mais pas éliminer.

*

* *

5. Exercice n° 5 : développez vos rêves lucides

Si vous décidez de développer votre aptitude au rêve lucide, réfléchissez d'abord à l'éthique de cette démarche ainsi qu'au bien-fondé de votre décision. Souvenez-vous que vos agissements journaliers complètent votre activité onirique de la nuit (dont le succès dépend d'une collaboration étroite entre votre conscient et votre inconscient).

— Commencez par incuber un rêve dans lequel vous vous verrez en train de rêver.

— Dans cet état de lucidité, tentez l'expérience suivante : matérialisez une tasse et une sous-tasse sur une table ou un tableau accroché à un mur. Laissez-vous guider par votre créativité.

— Maintenant, utilisez vos facultés créatrices dans le but d'améliorer votre existence. Si vous écrivez des chansons, par exemple, voyez-vous en train d'en composer une. Sinon, voyez-vous réussir quelque chose.

— Si vous êtes en difficulté, voyez-vous résoudre positivement ce problème et sortir heureux de cette impasse.

— Pour vous guérir, visualisez-vous tel que vous souhaiteriez être (sain, vigoureux...).

— Restez toujours optimiste et désintéressé, et détournez-vous de toute pensée pessimiste et égoïste.

Résumé :

Les rêves lucides...

— vous permettent de vous voir rêver ;

— vous facilitent le contrôle de vos rêves ;

— aident ceux qui souhaitent se comprendre eux-mêmes, ainsi que les autres, grâce aux nouvelles perspectives qu'ils offrent ;

— combinés à l'incubation et à la programmation positive, reflètent des problèmes (des ambitions, des espoirs, des buts...) réels ;

— offrent à tous les créateurs (artistes, écrivains, musiciens...) l'opportunité de réaliser leurs talents cachés ;

— favorisent l'autoguérison ;

— peuvent devenir réalité.

CHAPITRE VI

Les rêves qui n'en sont pas

Pendant le sommeil, des modifications psychologiques et physiologiques surviennent : variations des ondes cérébrales, détente et contraction musculaires, ralentissement et accélération du rythme cardiaque, hausse et baisse de la pression sanguine, activité digestive ralentie (hormis lors de digestions lourdes). Parfois, ces changements sont incorporés dans un rêve et provoquent certains cauchemars. Une forte fièvre — et plus particulièrement chez les enfants — donne fréquemment lieu à des hallucinations dont la nature traumatisante est en relation avec la douleur.

En voici un exemple : une personne souffrant de maux de tête observa que, lorsque ceux-ci se produisaient pendant l'endormissement, ils se traduisaient par un rêve troublant : des oiseaux picorant dans une miche de pain.

1. Les expériences de paralysie et de sommeil léger

Une majorité de gens rêve, une fois dans leurs vies, qu'ils sont poursuivis par quelqu'un ou quelque chose sans pouvoir fuir ni même bouger. Cette sensation est réelle et ne correspond pas à un rêve ; en effet, pendant certaines phases de sommeil les réflexes musculaires associés aux membres n'obéissent plus et la personne est immobilisée. Or il suffit que cette information inconsciente soit communiquée au conscient (événement fréquent en période de sommeil léger) pour qu'elle se mêle à un rêve dans lequel le sujet éprouve le sentiment d'être cloué sur place, dans l'impossibilité totale de fuir tout éventuel poursuivant.

Habituellement, cette expérience réveille le rêveur qui constate sa paralysie, heureusement momentanée car, dès qu'il ouvre les yeux, il retrouve l'usage réflexe de ses muscles.

Se réveiller en sursaut avec l'impression d'avoir, par mégarde, franchi un trottoir constitue une autre expérience de premier sommeil. En fait, cette sensation s'explique par la soudaine contraction des muscles des membres qui suscite une myoclonie (1). En effet, lorsque nous descendons accidentellement d'un trottoir nous ressentons cette même crispation ; il n'est donc pas surprenant que cet événement corresponde à cette sensation et qu'il s'introduise dans un rêve qui nous le rappelle.

Le sentiment de tomber (à ne pas confondre avec l'enivrante impression de voler) survient aussi au moment de l'endormissement. Il évoque le passage de la veille au sommeil lorsque le conscient capte cette information. L'expression *« tomber de sommeil »* découle d'ailleurs de ce type d'expérience.

En période de sommeil léger, les bruits de la rue, comme ceux de la maison (et plus particulièrement la sonnerie du téléphone), peuvent envahir un rêve. Des cloches qui sonnent — au sens propre comme au sens figuré — sont le signal d'un danger et équivalent nécessairement à une mise en garde. Bien qu'un bruit ne transmette pas nécessairement un message, il intervient toujours dans le rêve qu'il imprègne.

2. Les faux réveils

Les rêves étant des mémoires, il est souvent rétrospectivement délicat d'en reconnaître l'origine avec certitude (événement réel ou rêve ?). Prenons un exemple : vous vous réveillez au milieu de la nuit et vous voyez une personne debout à votre che-

1. La *myoclonie* définit une contraction musculaire, consistant en une secousse brusque involontaire et non systématisée.

vet. Elle vous paraît si réelle qu'au matin vous êtes persuadé de l'authenticité de cette apparition. On parle de faux réveils et, bien qu'ils expliquent certaines de nos visions nocturnes, ils ne les justifient pas toutes.

3. Marcher et parler en dormant

Lorsqu'un sujet mime l'action de son rêve, il s'agit de somnambulisme. Du fait de leur spontanéité et de leur agilité, les enfants marchent plus souvent en dormant que les adultes. Autrefois, on attribuait cette spécificité au processus de vieillissement ; il semblerait plutôt que cela soit dû aux restrictions psychologiques et physiques des adultes. En effet, ceux-ci ne recourent à ce moyen d'expression qu'en cas d'angoisses, de maladies et plus spécialement de fortes fièvres. De plus, contrairement aux enfants qui peuvent descendre jusqu'à un étage, ils ne franchissent que quelques marches.

Parler en dormant est révélateur d'un effort pour exprimer consciemment et verbalement un rêve. Un dialogue peut être engagé avec une personne endormie, toutefois ses réponses ne sont pas entièrement fiables comme l'illustre l'exemple suivant : un monsieur murmura le prénom d'Anna en dormant. Son épouse, troublée, crut à l'adultère. Elle se mit à le questionner, mais ses réponses inintelligibles n'apportèrent aucun indice supplémentaire. Il lui fallut attendre le matin pour que son mari lui en explique l'origine : un personnage de roman.

4. Les rêves répétitifs

Certains rêves se reproduisent régulièrement et commencent même parfois dans l'enfance. D'autres reviennent fréquemment sur une durée de quelques mois (de quelques semaines ou simplement de quelques jours) dans le but d'éveiller l'attention du rêveur sur leur message, et ne cessent qu'une fois leur mission accomplie (et, si nécessaire, leurs conseils mis à exécution).

En voici un exemple : une femme rêvait depuis sa plus tendre enfance qu'elle se trouvait dans une antre de fauves et qu'un lion s'apprêtait à l'attaquer. On pensa qu'elle avait entendu parler d'un événement semblable alors qu'elle était enfant, et que cette image effrayante hantait sa mémoire depuis. Cependant, cette explication n'interrompit pas ses cauchemars qui ne cessèrent que le jour où lui fut exposée cette autre version : elle aurait fait partie de ces infortunées victimes jetées en pâture aux lions à l'époque des Romains.

5. Un rêve dans un rêve

De même que certains réveils sont de faux réveils, nous pouvons rêver que nous sommes endormis et que nous *rêvons*. Par conséquent, on émit l'hypothèse que ce type de songe amenait le sujet à un niveau de conscience plus profond. Cependant, le manque d'informations à ce sujet semble invalider cette théorie ; il semblerait plutôt qu'à cette occasion un point particulier soit mis en évidence, dans l'espoir d'éveiller la curiosité du rêveur.

6. Les rêves-feuilleton

A certains moments, les rêves-feuilleton développent un thème sur plusieurs rêves, et nous pouvons nous réveiller puis nous rendormir tout en continuant le même rêve. D'autres fois, ils persistent pendant deux à trois nuits (ou même plusieurs semaines), et contribuent fréquemment à l'élaboration de chefs-d'œuvre littéraires.

Dans son ouvrage *Un voyage dans les terres*, Robert Louis Stevenson raconte comment des intrigues entières lui furent inspirées au terme d'une succession de rêves. Chaque soir avant de se coucher, il relisait le texte de la nuit précédente puis s'endormait et, pendant la nuit, l'anecdote progressait. Graham Greene (autre écrivain connu) se réveille parfois quatre ou cinq fois en une nuit pour transcrire des inspirations que lui envoie son esprit déconnecté.

7. Télépathie et télékinésie dans les rêves

Certains témoignages démontrent l'existence de phénomènes télépathiques dans les songes. En voici un exemple : une personne rêva qu'elle gagnait aux courses et, le lendemain matin, elle reçut effectivement un chèque de 2 000 F (non pas suite à des paris, mais d'une source inattendue). Tous les rêves télépathiques ne sont néanmoins pas si réjouissants ; en témoignent ceux de proches parents ou amis nous apparaissant en difficulté qui se confirment le jour suivant.

La télékinésie est une extension de la télépathie. Un sujet A rêve d'une personne B qui voit A à un endroit précis (lors d'une vision ou d'un rêve réciproque). En voici une illustration : une mère, demeurant à Londres, rêve que sa fille, installée en Australie, est alitée. A son réveil elle appelle sa fille qui lui confirme ce pressentiment et avoue avoir vu sa mère debout à son chevet. Certes, cette apparition ressemble fortement à un faux réveil, cependant cette expérience surprenante montre que les rêves, de même que l'inconscient, détiennent des pouvoirs qui dépassent l'entendement.

8. Voler en rêvant

Sept personnes sur dix reconnaissent avoir, au moins une fois, volé dans un rêve. En sautant en l'air puis en battant des bras elles réussirent à quitter le sol. Certaines se souviennent même s'être promenées par-delà les rues, au-delà des maisons et jusqu'en province.

De l'avis de certains théoriciens, ces songes seraient l'expression d'une mémoire ancestrale remontant à l'époque où (selon Darwin) nos ancêtres étaient des oiseaux. Les psychiatres, eux, évoquent l'hypothèse d'une forme de dépersonnalisation du nom de *projection astrale* (un état dans lequel l'esprit du sujet quitte son corps pour s'envoler librement). Toutefois, cette expression n'élucide pas les mécanismes d'un tel phénomène.

Apparemment, des êtres quittent chaque nuit leurs corps pour voyager jusqu'en des lieux éloignés, en mission de guérison. Lors d'un séjour en Égypte, Tudor Pole (célèbre archéologue d'avant-guerre, écrivain et journaliste à la radio) fut victime d'une fièvre tropicale. Alors qu'il sommeillait sur une péniche, il rêva qu'un médecin anglais, vêtu d'un manteau noir, d'un pantalon rayé et coiffé d'un haut-de-forme (tenue classique d'un médecin dans les années 30), frappait à sa porte puis entrait dans sa cabine. Ôtant son chapeau, celui-ci le déposa sur une table (sous le regard fasciné de Tudor Pole) avant de prescrire quelque chose au malade. Il ajouta qu'il pratiquait en Grande-Bretagne et quittait souvent son corps pendant le sommeil pour aller soigner des malades.

Délire de fièvre, penseront certains. Quoi qu'il en soit, Tudor Pole se rétablit, convaincu que ce médecin l'avait sauvé. A son retour en Angleterre, il lança un appel radiodiffusé pour retrouver cet homme. Le médecin (généraliste écossais) répondit et reconnut recourir fréquemment aux voyages astraux pour secourir des malades. Il confirma aussi la description de Tudor Pole à propos de son habillement de fonction.

9. Les rêves et la santé

La spécificité de certaines maladies peut se manifester lors de mauvais rêves. Des fièvres peuvent susciter des hallucinations, une action ou un objet peuvent symboliser une douleur, etc. De plus, un sujet se réveille généralement troublé à la suite d'une accélération de son rythme cardiaque. Habituellement, cet incident n'augure pas d'une défaillance cardiaque ; il s'agit plutôt d'un conseil : prenez la vie du bon côté.

Traditionnellement, on pensait que dans les songes les infections des voies respiratoires se traduisaient par des combats ou des voyages éprouvants, que des canaux trop pleins révélaient des problèmes rénaux, que les troubles d'estomac étaient associés à des disputes, que les maladies hépatiques se manifestaient par une végétation verdoyante et, enfin, que l'anémie s'exprimait par des sensations de suffocation. De toute évidence ces expériences ne constituent pas des indicateurs sûrs ; toutefois, si ce genre de cauchemars persiste, n'hésitez pas à consulter un médecin.

10. Rêves prophétiques et prémonitions

Une partie des rêves se réalise vraiment mais, alors qu'une prophétie caractérise une réaction causale (2) qui résulte de déductions inconscientes à partir d'une perception subliminale (3), une prémonition découle d'une perception extrasensorielle non causale.

Les véritables prémonitions indiquent des noms, des lieux et, occasionnellement, des moments propres à un événement futur, dans lequel le rêveur n'est pas systématiquement impliqué. Même si elles sont couramment associées à des catastrophes, la majorité d'entre elles sont extrêmement banales et passent inaperçues. Ne vous est-il jamais arrivé de vous exclamer : *« C'est exactement comme dans mon rêve ! »* lorsqu'un mot ou un événement reproduisait quelque chose s'étant précédemment produit dans un de vos rêves.

Une prémonition fonctionne d'abord comme un avertissement ; elle n'acquiert son véritable sens qu'une fois réalisée. Chacune d'elles devrait permettre d'éviter des désastres, malheureusement peu de gens en tiennent compte. Une mère, dont le fils s'entraînait chaque week-end en vue d'une licence de pilote, rêva que l'avion de son garçon plongeait dans la mer, près d'une côte. Elle tenta de le prévenir, mais il lui certifia que, n'ayant jamais survolé la mer, ce rêve était irréalisable. Le samedi suivant son instructeur lui annonça qu'ils allaient survoler la côte. Feignant encore d'ignorer l'avertissement de sa mère, il décolla et son avion sombra dans la mer. Cette négligence lui fut fatale.

---

2. *Causal* se dit de quelque chose qui concerne la cause, lui appartient, ou la constitue. Exemple : un lien causal.
3. L'adjectif *subliminal* décrit ce qui est inférieur au seuil de la conscience.

11. Exercice n° 6 : identifiez vos rêves qui n'en sont pas

Cet exercice vous aidera à identifier les origines (ainsi que le rôle) physiologiques de vos rêves. En effet, toutes nos péripéties nocturnes n'étant pas d'authentiques songes, en reconnaître les éventuelles origines physiques peut être utile puisque ces causes suscitent toujours les mêmes expériences oniriques (telles que l'impression d'être cloué au sol ou de tomber dans le vide, la myoclonie, etc.).

Cela étant, ces modifications physiques surviennent chaque nuit. Pourtant, elles ne se mêlent aux rêves que lorsqu'elles peuvent favoriser la transmission d'un message spécifique (habituellement une mise en garde). Par exemple, la sensation d'être immobilisé exprime symboliquement une situation d'impuissance.

Les expériences de vol (qu'il s'agisse d'une réminiscence ancestrale, d'une dépersonnalisation psychologique ou d'une projection astrale) signifient que le rêveur peut dépasser ses problèmes. D'autre part, des observations ont montré que ces songes préservaient leurs auteurs de la dépression.

Aucune expérience onirique n'est vaine ; même les pires cauchemars ont une utilité, à laquelle le rêveur est libre de recourir.

— Interrogez votre entourage sur leurs expériences nocturnes (essentiellement des rêves dont ils se souviennent). Quels sont ceux qui volent la nuit, ceux dont les rêves se répètent, ceux qui connaissent les rêves-feuilleton, les rêves dans un rêve ?...

— Relisez votre journal et relevez les récits que vous attribueriez à des causes physiologiques.

— Souvenez-vous vous être senti cloué au sol pendant un rêve, puis comparez cette sensation à l'immobilisation normale conséquente à certaines phases de sommeil.

— Lorsque vous rêvez que vous êtes éveillé et que quelqu'un se tient à votre chevet, acceptez que ce ne soit qu'un faux réveil.

— Réinterprétez les rêves répétitifs afin de décoder leur insistant message.

— Si vous souhaitez écrire un roman, suggérez à votre préconscient qu'il vous communique un thème sous la forme d'un rêve-feuilleton.

— Soyez attentif aux rêves chroniques (qui révèlent parfois des problèmes de santé) et, si nécessaire, tenez compte de l'avertissement.

Résumé :

Les rêves...

— sont associés à des modifications physiologiques spécifiques, auxquelles ils recourent parfois pour transmettre un message ;

— appelés faux-réveils, ils justifient de certaines apparitions nocturnes ;

— mimés physiquement, ils engendrent le somnambulisme et les cas de bavardage nocturne ;

— périodiques, ils s'efforcent d'attirer l'attention sur leurs importants communiqués ;

— nous donnent parfois l'illusion d'être réveillé tant ils nous paraissent réels ;

— peuvent développer un thème ou une anecdote sous forme de feuilleton ;

— communiquent des messages télépathiques ;

— peuvent être réciproques ;

— de vol et de lévitation, ils révèlent l'aptitude du rêveur à surmonter ses problèmes ;

— signalent des problèmes de santé ;

— prémonitoires, ils nous avertissent de certains dangers et de certaines catastrophes à venir.

CHAPITRE VII

Le langage des rêves

Avant de déchiffrer les messages de nos rêves, nous devons comprendre leur langage. Ils ne s'expriment pas par des mots, mais recourent aux images visuelles et — dans une moindre mesure — à nos quatre sens : ouïe, odorat, goût et toucher. Le sachant, et en envisageant nos rêves comme des scènes métaphoriques dépeignant divers aspects de notre vie, nous pouvons commencer à éclaircir leurs véritables informations. Pour cela, il suffit de traduire leurs expressions symboliques en termes réels.

1. La puissance des images

Les images (qu'elles soient le fruit d'un esprit réveillé ou qu'il s'agisse de réminiscences oniriques) furent longtemps considérées comme un moyen d'expression primitif comparativement au développement ultérieur du verbe et de l'écriture. Ces dix dernières années cependant, cette imagerie fut non seulement reconnue fondamentale et supérieure au raisonnement logique et à la communication verbale, mais de plus acceptée comme leur *origine*. Par conséquent, il ne s'agit nullement d'une forme fruste (1) de langage, mais plutôt de la **source première de toute conscience**.

---

1. *Fruste* se dit de quelque chose qui est mal dégrossi, grossier, primitif. Exemples : un art fruste, des manières frustes. Antonymes : raffiné, cultivé, fin.

Alors que les images peuvent exprimer de profondes émotions comme la peur, la souffrance, l'espoir, la frustration, la joie... les mots n'illustrent que des formes ou des couleurs. Prenons un exemple : pour exprimer l'amour romantique, aucune phrase sentimentale ne peut rivaliser avec la puissance évocatrice d'une forme de cœur.

Ce langage imagé et onirique est aussi le moyen d'expression de l'inconscient.

Dans les rêves néanmoins, le sens de ces images — souvent symboliques et figuratives — ne correspond pas aux faits et aux personnages décrits. Les apparitions maternelles fréquentes, par exemple, évoquent plus souvent des qualités féminines que la mère du rêveur. De même, le comportement inhabituel d'un ami peut dépeindre quelqu'un d'autre. Quant à l'agent de police, il pose le problème de l'autorité dans la vie de cette personne.

2. Exemples de personnages symboliques

Pour saisir le sens des songes suivants, remarquez que certains personnages symbolisent plutôt des principes :

« L'excursion difficile. » *Je participais à une randonnée difficile et épuisante. Je parvins néanmoins, au prix de gros efforts, à suivre les personnes qui m'accompagnaient. Je craignais à tout moment que ma mère reste à la traîne.*

La lutte acharnée transparaissant dans cette scène peut correspondre au difficile cheminement de cette femme dans la vie. Elle témoigne aussi de ses efforts pour rivaliser avec ses collègues et se maintenir à leur niveau. Son inquiétude à l'égard de sa mère constitue un avertissement : son acharnement à réussir finira par masquer sa nature féminine.

« L'amie. » *Une très bonne amie, fiable et en qui je crois, avait un comportement inhabituellement méchant. Je souhaitais me confier à elle, mais ce spectacle me fit hésiter ; elle me décevait.*

Ce rêve souligne la question de l'amitié et de la lourde responsabilité qu'un être peut faire porter à autrui. L'image parfaite que le rêveur a de son amie est inobjective et ne peut aboutir qu'à son désenchantement. Par conséquent, il doit accepter son amie telle qu'elle est et ne jamais trop attendre de son prochain.

« L'agent de police. » *Alors que je roulais sur une route, j'aperçus un agent de police qui regardait dans ma direction. Je ralentis, mais il paraissait particulièrement intrigué par mon emploi du temps et ma destination.*

Cette voiture, conduite par le rêveur et sur cette route, décrit sa destinée, ainsi que son chemin de vie. Il doit aménager son existence, sinon il va se heurter prochainement à des difficultés et attirer l'attention d'une autorité, représentée par le gendarme. En rattachant cet avertissement à des circonstances réelles (une forme de culpabilité semble déjà exister), il peut encore éviter le pire.

3. Les rêves du passé

Les rêves du passé (comme ceux de la maison de notre enfance ou de précédents domiciles) peuvent aussi évoquer d'autres moments et d'autres lieux. Ce ne sont jamais de simples réminiscences d'autrefois ; leur rôle consiste à refléter une époque de notre vie sécurisante et sans inquiétude. En voici une illustration :

« La maison de mon enfance. » *Dans ce rêve joyeux, je me retrouvais dans la maison de mon enfance. Les meubles, le jardin, mes frères et sœurs, rien n'avait changé, tout était resté tel que je l'avais connu.*

Une maison est habituellement un endroit protégé et gai. La maison de notre enfance témoigne d'une période de notre vie libre de toute responsabilité. Par conséquent, ce retour est une fuite vers un passé plus rassurant. Ce souvenir doit tranquilliser le rêveur et lui permettre d'accroître sa confiance en lui-même. Il lui montre aussi qu'il doit cesser de vivre dans le passé et commencer à envisager un avenir meilleur.

4. Les modes d'expression verbale

Bien que ce langage de substitution puisse paraître curieux en ce qui concerne les rêves, il ressemble beaucoup à nos moyens de communication ordinaires. Les expressions comparatives (un ensemble de valeurs ou de règles servant à en décrire d'autres) constituent la majorité de nos conversations. La description verbale d'une journée de soldes l'illustre parfaitement : en effet, cet événement excitant et physiquement épuisant pourra être comparé à une mêlée de rugby afin que ceux à qui il sera conté s'en fassent une idée vivante. De cette manière, la touche dominante de cette journée sera transmise avec succès.

D'autre part, des scènes collectives ou ordinaires sont fréquemment sollicitées sous forme de métaphores, d'idiomes et d'expressions imagées : « *de Charybde en Scylla* », « *la charrue avant les bœufs* », « *le jour où les poules auront des dents* », « *tous dans la même galère* »... sont des tournures verbales cherchant à exprimer des impressions et à exposer des faits.

Les rêves font parfois appel aux jeux de mots, qu'il s'agisse d'expressions inspirées par le corps (perdre la tête, prendre les choses en main, mettre les pieds dans le plat...) ou de simples homonymes (non et nom, vert et verre, saint et sein, foie et foi, etc.).

Ceux qui s'expriment quotidiennement en argot retrouvent aussi régulièrement dans leurs songes des expressions telles que « *torchons et serviettes* », « *grenouille de bénitier* », « *les quilles* », « *le cafard* »... De plus, si des idiomes tels que « *montrer la voie* » ont hanté plus d'un rêve de garçons, celui de « *larmes de crocodile* » a troublé plus d'un songe de filles romantiques.

Vue sous cet angle, cette métamorphose onirique de situations par des métaphores, des idiomes et des calembours n'a rien d'exceptionnel.

Prenez conscience de l'ingéniosité de votre inconscient (capable de jouer avec l'univers entier pour doubler ses personnages et ses compositions symboliques), et vos rêves ne vous paraîtront plus si mystérieux.

5. Le décodage métaphorique personnel

Le décodage métaphorique d'un songe puis l'inventaire de ses jeux de mots sont essentiels au moment de son interprétation. Les mots étant eux-mêmes des symboles, l'art de lire puis de décoder un écrit consiste à reconnaître ce à quoi chaque mot-symbole fait allusion. Par exemple, C-H-A-T évoque l'image d'un chat, M-A-I-S-O-N celle d'une maison, A-R-B-R-E celle d'un arbre, etc.

Ce processus s'inverse pour expliquer un rêve. En effet, celui-ci (déjà saturé de signes, de symboles et d'images) doit être converti en un message verbal compréhensible.

La première question à se poser est la suivante : « *Que signifie ce rêve ?* » Le langage de vos rêves est unique puisque vous seul connaissez l'origine de vos métaphores. Les noms et lieux qui vous permettent de passer des informations sont le reflet d'expériences personnelles, et *vous* seul savez ce qu'ils représentent. Ces éléments (ainsi que leurs multiples associations) sont stockés dans votre mémoire avant d'être rappelés sous forme de symboles.

Admettez que ces expériences passées et mémorisées contribuent à l'élaboration d'images métaphoriques et que ce jeu porte le nom de substitution, et vous découvrirez facilement leurs mécanismes.

*

* *

6. Exercice n° 7 : familiarisez-vous avec le langage de vos rêves

Cet exercice a pour but de vous familiariser avec le langage de vos rêves. Commencez par sélectionner un songe récent, puis essayez de traduire verbalement ses signes, ses symboles et ses images avant de leur donner un sens.

— Établissez une liste des mots, des phrases et des conversations de ce rêve, de même que des jeux de mots, des homonymes et des métaphores.

— Relevez tous les personnages (y compris vous-même), tous les animaux et tous les objets.

— Maintenant, analysez vos impressions par rapport à ces éléments ; que vous inspirent-ils ? De l'effroi, de la peur, de la jalousie, du bonheur ?...

— Faites une liste de toutes les circonstances (problèmes, buts, exploits...) auxquelles ils pourraient être associés.

— Ressemblent-elles à vos préoccupations personnelles ?

— Envisagez ce rêve comme un message métaphorique, puis essayez de l'appliquer à une situation personnelle.

Résumé :

Les rêves...

— possèdent leur propre langage ;

— s'expriment au moyen d'images visuelles ;

— invoquent des scènes passées pour décrire des circonstances actuelles ;

— recourent à des expressions imagées, des jeux de mots et des idiomes ;

— sont des métaphores ;

— substituent des personnes à d'autres ;

— utilisent des personnages pour définir des principes ;

— doivent être traduits avant leur interprétation ;

— transmettent des impressions et des sentiments.

CHAPITRE VIII

L'identification des rêves

Chaque rêve étant différent et par conséquent unique, les classer par catégories est impossible. Néanmoins, leur nature fondamentalement *littérale, symbolique* ou *mixte* permet de les identifier avant d'élucider leurs messages (avertissement, encouragement, prophétie, rêve psychique, guérison, cauchemar, etc.) qui sont fonction de leurs causes premières.

La vie est une succession d'expériences qui soulèvent régulièrement des problèmes à résoudre, à accepter ou auxquels faire face. Dès lors, deux perspectives nous sont offertes : faire appel au raisonnement logique (la tête) ou laisser parler notre cœur. Nos choix sont aussi bien mentaux qu'intuitifs, toutefois nos meilleures décisions résultent d'un accord bilatéral entre ces deux instances.

Habituellement l'activité mentale prédomine à l'état de veille, puis s'éclipse pendant le sommeil au profit de l'écoute intuitive. Le proverbe *« la nuit porte conseil »* témoigne de ce moment privilégié qui laisse libre cours à notre cœur. Par conséquent, **être à l'écoute de ses rêves est essentiel**.

1. Les rêves littéraux

Les rêves littéraux sont mentaux et dépeignent la vie *conformément* à ce qu'elle est. C'est le cas des songes qui ravivent des souvenirs passés et les reproduisent dans leurs moindres détails : mêmes décors, mêmes personnages, mêmes dialogues. Reflets du monde extérieur et allusions à des problèmes pratiques appelant des réponses pratiques, leur signification n'a rien de mystérieux.

Scènes-miroirs plus que métaphores, ces images fournissent au rêveur l'opportunité de revivre et de revenir sur des événements sous-estimés et incompris au moment de leur déroulement. L'inconscient, en effet, enregistre une masse d'informations supérieure à celle du conscient et peut — si nécessaire — reconstituer des faits passés dans un songe, en vue d'une réestimation. D'autre part, ces reconstitutions sont parfaitement pertinentes et objectives puisqu'elles ne manifestent aucun parti pris (que ce soit à l'égard du rêveur ou d'un adversaire éventuel).

Le rêve de cet homme, au faîte de sa carrière, illustre très bien ce type de songe :

« Le différend. » *J'attendais un collègue dans mon bureau. A son arrivée, un sérieux différend politique nous opposa. Nous semblions notamment éprouver une antipathie réciproque et notre conversation dégénéra en échange d'insultes au lieu d'aboutir à un objectif entretien professionnel. Nous devons cependant nous être réconciliés, puisque nous nous retrouvons ensemble dans un café pour partager le verre de l'amitié.*

De l'avis de cet homme, ce rêve décrit la dispute qui l'aurait opposé, la veille, à un collègue. Toutefois, un fait sépare ces deux versions ; dans la réalité, cette querelle s'est soldée par une rupture de dialogue, alors que dans le rêve elle se termine amicalement au café.

Cette reconstitution cherche à faire prendre conscience à cet homme que la situation actuelle est insatisfaisante et que son rêve lui propose une alternative. Or, en étant le propre créateur, cela signifie qu'il songeait déjà à cette réconciliation. Sa fierté a sans aucun doute contenu cet élan, néanmoins le message *du rêveur à lui-même* est clair : réconcilie-toi !

Les rêves littéraux préventifs, dont voici un exemple, recourent à des scènes réelles, mais sous forme figurative et métaphorique :

« **La cuisine.** » *La scène se déroulait dans ma cuisine. Tout était à sa place, même mes plantes sur le rebord de la fenêtre. Ce fut pourtant leur apparence flétrie et moribonde qui attira plus particulièrement mon attention. De plus, une curieuse odeur, que je ne réussissais pas à identifier, emplissait la pièce.*

Cette cuisine et son décor domestique composent la toile de fond de ce rêve, son thème. Quant aux plantes, elles symbolisent la santé, l'énergie et la vitalité. Leur aspect maladif témoigne d'une perte d'énergie et suggère un éventuel problème de santé. L'odeur étrange renforce ces soupçons. Par conséquent, cette scène conseille une vigilance accrue et un examen médical à la moindre défaillance physique. Cet avertissement peut concerner la ménagère elle-même ou un membre de sa famille (y compris un animal domestique) ; il doit donc être rattaché à ses circonstances personnelles (connues d'elle seule) avant d'être clairement compris.

2. Les rêves symboliques

Les rêves symboliques reflètent de préférence notre univers intérieur (celui du cœur), peuplé par nos émotions et nos sentiments. Ces sensations, verbalement autant que littéralement intraduisibles, se manifestent dans nos songes sous forme de signes et de symboles, qui sont à notre cœur ce que les mots sont au mental.

Cet univers intérieur, imagé et imaginaire, nous est beaucoup moins familier que le monde extérieur. A certains égards, et dès notre plus jeune âge, les adultes nous empêchent de trop nous aventurer dans ce royaume et nous conseillent de ne pas se faire des idées, ce qui sous-tend que tout ce qui se déroule dans notre tête doit être tenu pour suspect, voire même parfaitement absurde. Cette attitude soupçonneuse explique notre méfiance à l'égard de nos rêves les plus symboliques, ainsi que notre refus d'en tenir compte (sans parler de les exploiter !).

C'est la conversion des images symboliques en termes logiques et sensés qui pose habituellement le plus de problèmes.

Toutefois, en différenciant l'univers du cœur de celui de l'intellect, cette tâche se simplifie considérablement.

Les rêves abstraits dévoilant des sentiments, il n'est pas surprenant qu'une majorité d'entre eux révèlent des problèmes émotionnels ou relationnels, des angoisses... ainsi que des émotions profondes (ambitions, inspirations, idées géniales...). Le décodage du songe symbolique suivant est assez aisé :

« La balade en bus. » *Je me hâtais vers un arrêt de bus, mais manquai la correspondance de justesse. Je dus attendre près d'une éternité avant qu'un autre bus arrive enfin. Bien qu'il fût déjà complet, je réussis à monter à bord, aux côtés d'autres personnes que je ne connaissais pas. Comme le chauffeur nous donnait des ordres, je me réveillai avant d'arriver à destination ; je n'appréciai guère d'être commandée par cet homme.*

La hâte de cette personne souligne ses efforts pour atteindre un but qu'elle manque presque toujours. L'attente interminable dénonce sa passivité à attendre qu'une autre opportunité se présente qui, d'ailleurs, ne la contentera pas. Le chauffeur symbolise simplement son animus (1), son moi dominant qui tente d'introduire un peu d'énergie positive et d'ambition dans son existence.

En d'autres termes, la symbolique signale un manque de sens, d'ambition et d'énergie positive. La solution de cette impasse repose sur la fixation d'un but (même modeste au début), avec la ferme intention — métaphoriquement parlant — de ne pas manquer le bus.

Le songe symbolique suivant porte sur la question du choix :

« Les serpents. » *Je devais choisir un serpent parmi deux spécimens déposés dans une cage. Ils se ressemblaient énormément et je ne réussissais pas à me décider.*

Dans toutes les langues, le serpent symbolise une progression lente mais sûre. Le choix à faire indique que cette personne sera prochainement confrontée à un dilemme délicat entre deux

---

1. En psychanalyse, et selon la terminologie de C. G. Jung, l'*animus* est un archétype figurant la fraction masculine de l'âme du sujet, par opposition à l'*anima*.

approches, deux aspects ou même deux personnes. Le peu de différences entre les deux serpents peut augurer d'un choix difficile, ou signifier que l'issue de cette décision est de moindre importance et constitue une perte de temps, dans la mesure où la décision s'imposera d'elle-même.

3. Les rêves mixtes

Mosaïque d'événements réels (avec des personnages et des lieux reconnaissables) et de symbolisme, la plupart des rêves sont mixtes et témoignent d'une collaboration étroite entre le cœur *et* l'intellect, lors de leur élaboration.

Les heures de veille sont propices aux rencontres multiples, du fait de nos nombreux déplacements (à pied, en train, en métro, en avion, etc.). Ces éléments sont souvent intégrés dans les rêves mixtes pour nous transmettre des messages non seulement pratiques, mais également émotionnels et sentimentaux.

Le rêve de cette femme, se vantant d'être une cavalière expérimentée, illustre ce qui précède :

« Le cheval de chasse. » *Je m'apprêtais à enfourcher mon cheval de chasse gris. A peine en selle, il se mit en mouvement (avant même que je réussisse à saisir les rênes correctement) et s'emballa sans que je parvienne à le maîtriser ; je compris que je ne pourrais plus l'arrêter.*

D'un point de vue littéral, ce rêve conseille à cette cavalière de prendre ses précautions avant de monter à cheval. Symboliquement d'autre part, le cheval incarne la puissance du rêveur : son dynamisme et son énergie dans la vie. Son galop incontrôlé lui indique qu'elle doit s'appliquer à étudier chacun de ses projets (plans, ambitions, idées...) à venir. En d'autres termes, elle doit s'assurer d'avoir les rênes bien en main, afin d'éviter tout emballement.

Les bâtiments (et plus particulièrement les maisons) apparaissent couramment dans les rêves mixtes. Le plus souvent, ces demeures figurent la maison du rêveur ou une mosaïque de domiciles anciens et présents. Néanmoins, elles ne sont pas ordinaires ; on les appelle les « résidences de l'âme », les lieux de pèlerinage quotidien du rêveur endormi.

Cette demeure comporte de nombreuses pièces, dont certaines débordent d'éléments et d'autres demeurent fermées à clef et inexplorées : des greniers bourrés d'objets, des caves sombres et mystérieuses, d'interminables couloirs, des volées d'escaliers et des chambres hantées dépeignant des vertus, des traits distinctifs, des talents cachés... qui attendent d'être dévoilés.

Saisir le sens de cette imagerie littérale ou symbolique contribue à nous éclairer sur ce que nous sommes et sur la vision que les autres ont de nous-même. La traduction de ces images en métaphores nous permet d'envisager nos angoisses, nos regrets, nos haines, nos espoirs... sous un autre angle.

4. L'influence de votre Moi inconscient

L'identification des images oniriques littérales et symboliques est primordiale, car elle vous renseigne sur l'origine et la motivation première d'un rêve.

Bien qu'à certains moments des faits anciens soient reproduits sous une forme littérale et semblent dater de la veille, les reconstitutions oniriques précises surviennent habituellement sitôt après l'événement réel. Néanmoins, qu'elles soient récentes ou passées, ces reproductions émanent de souvenirs conscients et réalistes.

Il se peut que chaque fois qu'un manque de dialogue nuit à des échanges d'idées, ou qu'une affaire échoue, un rêve littéral vous expose les faits avec exactitude. Ces songes sont souvent spontanés (et plus particulièrement lorsqu'ils sont déjà exploités) ; toutefois leur incubation en facilite la reconstitution puis la compréhension.

D'origine inconsciente, les rêves symboliques cherchent à communiquer ouvertement au moi conscient des impressions intérieures, relatives à un problème (une relation, un souhait, un but...). Leur langage étant très différent , ces images abstraites paraîtront parfaitement étrangères (et parfois même, absurdes) au conscient.

Admettez que les sentiments et les émotions sont des choses intraduisibles par des mots, que leur conversion préalable en termes sensés s'impose et vous parviendrez à expliquer vos rêves les plus hermétiques. De plus, au moment de traduire leurs symboles (aussi effrayants, mystérieux, laids... soient-ils), n'oubliez pas que votre Moi inconscient en est l'instigateur et souvenez-vous du proverbe : « *Connais-toi toi-même !* »

Patchwork d'images réelles *et* fictives, les rêves mixtes illustrent les richesses de vos ressources conscientes et inconscientes fusionnées.

5. Exercice n° 8 : identifiez vos rêves

Cet exercice vous aidera à différencier un songe émanant d'événements extérieurs d'un songe motivé par des émotions intérieures, puis vous permettra de reconnaître sa nature : symbolique, littérale ou mixte.

a) Identification des rêves littéraux

— Remémorez-vous des événements récents, puis mettez par écrit un conflit (une rencontre désagréable ou une situation) que vous n'avez pas bien compris.

— Réfléchissez à un problème pratique non résolu et qui vous préoccupe.

— Maintenant, parcourez votre journal des rêves et recherchez des actions littérales susceptibles de correspondre à ces préoccupations.

— Comparez les événements réels à leurs versions oniriques, puis voyez si celles-ci vous fournissent des indications supplémentaires pouvant éclaircir la situation.

b) Identification des rêves symboliques

— Évoquez un souci (une angoisse, une ambition ou un espoir) secret et intérieur et notez-le.

— Empruntez à votre journal un récit symbolique sous forme de symboles personnels, de signes et de scènes abstraites.

— Ensuite, essayez de convertir ces images en sentiments et en émotions.

— Enfin, rattachez-les à vos propres impressions ; ces analogies vous fourniront peut-être des éclaircissements, ainsi que des conseils.

Résumé :

Les rêves...

— peuvent être littéraux, symboliques ou mixtes ;

— *littéraux*, ils correspondent à des faits extérieurs ;

— reproduisent fréquemment des événements passés sous forme de songes littéraux, afin de les clarifier ;

— *symboliques,* ils dépeignent des sentiments et des émotions intérieurs ;

— *intuitifs,* ils recourent aux abstractions ;

— sont le fruit de l'intellect (le mental) et de l'intuition (le cœur) ;

— quelle que soit leur nature, ils peuvent mettre en garde, informer, encourager, récompenser, réconforter, guérir...

CHAPITRE IX

L'origine des rêves et leurs pouvoirs

De tout temps, les rêves ont intrigué l'humanité et de multiples causes et origines leur ont été attribuées. La réponse à la question « *Qui ou qu'est-ce qui est à l'origine d'un rêve ?* » semble s'imposer : nous-même. Néanmoins, il est prouvé que des influences extérieures (la sonnerie du téléphone, un chien aboyant au loin, le claquement d'une portière, aussi bien qu'un message télépathique) peuvent s'incorporer dans un songe ou même le provoquer.

Les civilisations anciennes du monde entier pensaient que les rêves étaient des messages divins (de divinités, d'anges ou même de Dieu lui-même), et la Bible constitue une des sources oniriques ancestrales la plus riche et la plus instructive. L'Ancien et le Nouveau Testament renferment au moins vingt-huit récits précis de songes, allant du rêve littéral direct (dont le message ne nécessite aucune interprétation) au rêve symbolique complexe (requérant l'intervention d'un interprète).

1. Les rêves de l'Ancien Testament

Le premier rêve évoqué dans l'Ancien Testament est un exemple de communication directe avec Dieu. Ses indications littérales sont extrêmement claires et se satisfont, en guise d'éclaircissement, de l'examen autocritique du rêveur (Genèse, XX, 3) :

« Mais Dieu visita Abimélek en songe, pendant la nuit, et lui dit : " Tu vas mourir à cause de la femme que tu as prise, car elle est une femme mariée. " »

Le symbolisme prophétique des deux célèbres songes de Pharaon contraste avec le réalisme du rêve précité. En voici un extrait (Genèse, XLI, 1-7) : *« Il se tenait près du Nil et vit monter du fleuve sept vaches de belle apparence et grasses de chair, qui pâturèrent dans les joncs. Mais voici que sept autres vaches montèrent du Nil derrière elles, laides d'apparence et maigres de chair, et elles se rangèrent à côté des premières, sur la rive du Nil. Et les vaches laides d'apparence et maigres de chair dévorèrent les sept vaches grasses et de belle apparence. Alors Pharaon s'éveilla, puis se rendormit et eut un second songe : sept épis montaient d'une même tige, gros et beaux. Mais voici que sept épis grêles et brûlés par le vent d'est poussèrent après eux. Et les épis grêles engloutirent les sept épis gros et pleins. Alors Pharaon s'éveilla ; voilà que c'était un rêve ! »*

Leur interprétation par Joseph est bien connue (sept années d'abondance suivies de sept années de famine) et s'applique aux deux songes qui, en dépit de leurs dissemblances symboliques, expriment la même chose.

De nos jours — et rétrospectivement — l'impact de ces songes (non seulement sur Pharaon et sur l'Égypte d'alors, mais également sur des millions de personnes depuis) peut être clairement mesuré et témoigne de ce pouvoir subtil des rêves, capable de mettre en œuvre une succession d'événements aux répercussions quasiment éternelles.

Cette suite d'actions et de réactions commence au moment de l'emprisonnement de Joseph. En effet, c'est à cette époque qu'il interprète correctement les songes de deux de ses codétenus (le boulanger et le maître d'hôtel de Pharaon), prédisant au premier sa condamnation à mort et au second sa réhabilitation. Deux ans plus tard, lorsque Pharaon eut ses deux songes, son maître d'hôtel (effectivement réhabilité) se souvint de Joseph (cet interprète talentueux et précis) et persuada son maître de recourir aux facultés de cet homme pour éclaircir ses visions.

On peut supposer que si Pharaon n'avait pas fait ces deux rêves, Joseph ne les aurait pas interprétés et que, par conséquent, cet incroyable enchaînement de causes à effets n'aurait jamais débuté. De plus, Joseph serait certainement mort en prison. Or, grâce à cette interprétation convaincante il fut relâché et, pendant les sept années d'abondance, fut responsable du stockage du grain en Égypte. C'est au cours des sept années de famine suivantes qu'il rejoignit ses onze frères et son père Jacob (ultérieurement rebaptisé du nom d'Israël). Sans ces retrouvailles, les douze tribus d'Israël n'auraient jamais été fondées, les événements déterminants qui leur succédèrent (l'Exode, l'installation en Terre promise, la descendance de David, la naissance du Christ...) ne se seraient jamais produits et, par conséquent, la vie actuelle serait très différente.

Les répercussions de ces prophéties oniriques à court terme dépassèrent indéniablement les quatorze années prévues, symbolisées par les sept vaches et les sept épis.

2. Nabuchodonosor et Daniel

Les songes de l'Ancien Testament sont, pour la plupart, symboliques et prophétiques, comme l'illustre le fameux rêve du roi Nabuchodonosor. Daniel, décrit dans la Bible comme un captif judéen possédant le discernement des visions et des songes, fut convié auprès du roi, afin non seulement d'interpréter un de ses songes troublants, mais également de refaire ce même rêve, car Nabuchodonosor en avait oublié l'essentiel. Voici un extrait de l'appel lancé par le roi aux Chaldéens (Daniel, II, 5) : « *Que mon propos vous soit connu ; si vous ne me faites pas connaître le songe et son interprétation, on vous mettra en pièces et vos maisons seront changées en bourbiers.* »

Les versets 19-20 du chapitre IV du livre de Daniel décrivent comment le songe lui fut révélé, ainsi que le récit qu'il en fit au roi (Daniel, II, 31-35) : « *Tu as eu, ô roi, une vision. Voici : une statue, une grande statue extrêmement brillante, se dressait devant toi, terrible à voir. La tête de cette statue était d'or fin, sa poitrine et ses bras étaient d'argent, son ventre et ses cuisses de bronze, ses jambes de fer, ses pieds partie fer et partie argile. Tu regardais : soudain une pierre se détacha, sans que main l'eût touchée, et vint frapper la statue, ses pieds de fer et d'argile, et les brisa. Alors se brisèrent tout à la fois, fer et argile, bronze, argent et or, devenus semblables à la bale (1) sur l'aire (2) en été.* »

Bien que ce rêve soit habituellement attribué à Nabuchodonosor, son récit biblique évoque plutôt la vision de Daniel et reflète la force et la fragilité du roi. Lors de son interprétation, Daniel (en prédisant au souverain la stabilité éternelle de son royaume) semble avoir sciemment atténué l'interprétation des pieds d'argile. Peut-être souhaitait-il apaiser ce souverain tyrannique et sauver ainsi sa vie et celle de ses compagnons ; toutefois, symboliquement, des pieds d'argile (un cliché hérité de cette vision) ne suggèrent guère la stabilité.

3. Les songes du Nouveau Testament

Les visions oniriques sont moins fréquentes dans le Nouveau Testament, et une majorité d'entre elles sont des songes littéraux dont les prédictions sont exprimées sous forme d'instructions précises et pratiques. Par exemple, l'ange qui apparaît en songe à Joseph lui annonce clairement son futur mariage avec Marie (Matthieu, I, 20) : « *Joseph, fils de David, ne crains pas de prendre chez toi Marie, ta femme, car ce qui a été engendré en elle vient de l'Esprit-Saint.* »

Plus tard, les trois Rois mages (après avoir offert leurs présents d'or, d'encens et de myrrhe à l'enfant nouveau-né) reçoivent de la même manière des instructions explicites (Matthieu, II, 12) : « *Après quoi, avertis en songe de ne point retourner chez Hérode, ils prirent une autre route pour rentrer dans leur pays.* »

---

1. La *bale* s'écrit aussi balle et, dans l'agriculture, désigne l'enveloppe du grain des céréales que l'on détache au cours du battage et du vannage.
2. Anciennement, l'*aire* correspondait au terrain aplani où l'on battait le grain.

Ces songes (comme ceux de l'Ancien Testament) déclenchèrent une série d'événements décisifs dans l'histoire de l'humanité, ainsi que l'illustre plus particulièrement le second songe de Joseph (Matthieu, II, 13) : « *Lève-toi, prends avec toi l'enfant et sa mère, et fuis en Égypte ; et restes-y jusqu'à ce que je te dise. Car Hérode va rechercher l'enfant pour le faire périr.* »

Si Joseph n'avait pas eu ce songe et si, par ailleurs, il ne s'était pas conformé à ces conseils, Jésus n'aurait certainement pas échappé au Massacre des Innocents perpétré par Hérode. Certes, refaire l'histoire sur cette base est — une fois encore — purement hypothétique, néanmoins on peut affirmer sans risque d'erreur que les choses se seraient déroulées bien différemment.

4. Les points de vue psychologiques

Les premiers chrétiens considéraient les rêves, d'une part comme des messages divins et, d'autre part, comme des reflets de l'esprit du rêveur ou de son moi intérieur. Au IVe siècle après Jésus-Christ, Grégoire de Nysse les envisageait comme des miroirs de l'âme, révélant la personnalité de leurs auteurs. Dans son ouvrage *Genèse de l'homme*, il écrit qu'un être peut découvrir ses mérites personnels, de même que sa nature profonde, à partir de ses propres rêves. Saint Augustin incubait ses rêves afin d'entrer en contact avec son esprit et les forces surnaturelles. Quant au rêveur inspiré, saint Thomas d'Aquin, il disserta abondamment sur l'essence divine et prophétique des songes. Il émit même l'hypothèse d'une cause commune au rêve et à l'événement, un concept repris par C. G. Jung, 700 ans plus tard, et baptisé du nom de *synchronisme*.

L'étude purement psychologique des rêves débuta au XIXe siècle. En 1861, Scherner introduisit le terme de « sommeil comateux », un état caractérisé par la transformation des pensées en quelque chose d'autre. Dans les rêves — selon lui — les sensations, de même que les objets, deviendraient des symboles ; le corps se transformerait en une maison, les membres deviendraient des moulins à vent, le pénis une flûte et le vagin une cave. En dépit du dogmatisme de son symbolisme, c'est un des principes encore généralement admis aujourd'hui.

En 1877, Strupell affirma que tous les rêveurs se complaisaient dans l'évasion et que des stimuli de peur réveillaient en eux des pensées se matérialisant visuellement dans les rêves. Celles-ci évolueraient ensuite selon une succession d'idées, appelée la *loi des associations* ou (ainsi que Freud la décrivit plus tard) la *libre association d'idées*.

D'autres psychologues de cette période comparèrent les songes à des organes biologiques comme les intestins et la vessie ; en effet, ils les considéraient comme des processus physiques présidant à l'élimination des pensées inutiles. Au début du XXe siècle, Maury, Stricker, Delage et Radestock (éminents psychologues) décrivirent séparément les rêves comme des signes d'accomplissement de désirs, de peur, de culpabilité, de pulsions sexuelles, de déception, de substitution... et comme des symboles d'objets et de sentiments. Sigmund Freud s'inspira de ces réflexions, en fit la synthèse, puis fonda sa propre école de pensée.

A l'origine, Freud pensait que les rêves témoignaient essentiellement d'expériences conscientes. Néanmoins, l'identification de symptômes d'hystérie (ainsi que d'autres troubles émotionnels) sous forme de projections symboliques l'amena à conclure que ceux-ci révélaient un contenu inconscient sous-jacent au conscient. Exigeant de ses patients un récit détaillé de leurs rêves et des pensées parasites engendrées par ceux-ci, il réussit à perfectionner sa technique de la réaction en chaîne (ou libre association d'idées) qui, à bien des égards, ressemble à une extension de la loi des associations énoncée par Strupell quelques années plus tôt.

Freud fut surnommé le sexologue viennois parce qu'il prétendait que l'énergie psychique émotionnelle (qu'il baptisa du nom de *libido*) représentait la force agissante de l'être humain et que cette force était d'origine sexuelle par essence. Les symboles des rêves (même ceux n'ayant aucun lien direct avec le sexe) correspondraient — selon lui — à des projections de pulsions sexuelles associées à des frustrations et à de la culpabilité. De nos jours de telles affirmations paraissent ridicules, néanmoins elles semblent parfaitement refléter la société européenne du XIXe siècle, faussement modeste et superficiellement puritaine.

En reconnaissant la véracité des concepts mystiques, philosophiques, religieux ou scientifiques de *chacun* (les Anciens, les croyants, Freud, les premiers psychologues, les scientifiques...) en matière de rêve, C. G. Jung, un disciple de Freud, sépara le bon grain de l'ivraie.

De nos jours, il est admis qu'un songe reflète un être dans sa globalité et évoque ses souvenirs, ses espoirs, ses convictions, etc. Les rêves d'un humble croyant abonderont d'images saintes et d'anges, alors que ceux d'un croyant scientifique dépeindront le Divin (Il ou Elle) sous forme d'énergie pure et de lumière, un concept cher aux métaphysiciens et aux philosophes (qui évoquent aussi la Lumière). Ainsi, qu'il soit croyant philosophe ou scientifique, le rêveur projette toujours l'image de Dieu dans ses songes (cet élément de la psyché humaine véhiculé depuis le commencement de l'humanité) ; néanmoins, sa représentation individuelle est toujours unique et personnelle.

*
* *

5. Exercice n° 9 : l'origine et le pouvoir de vos rêves

Vous êtes le propre instigateur de vos songes et ce sont vos convictions, de même que vos expériences dans la vie, qui participent à leur création. L'objectif de cet exercice est que vous parveniez à élucider un rêve et, en même temps, que vous reconnaissiez sa source d'inspiration, qu'elle évoque un souvenir récent, une réminiscence passée ou encore l'inconscient collectif. D'autre part, cette démarche vous révélera vos systèmes de pensée conscient et inconscient.

Vous commencerez dès lors à entrevoir votre génie intérieur. En vous familiarisant avec vos pensées inconscientes (très différentes de celles de votre conscient), vous comprendrez le *pourquoi* de votre rêve, le *moment* de son déroulement et, probablement, ce qui motiva le choix de son imagerie.

Dans cet exercice, vous vous apercevrez que la majorité des rêves — du moins en principe — sont similaires à ceux de l'Ancien et du Nouveau Testament. En effet, ils sont ou bien littéraux et peu compliqués, ou bien extrêmement symboliques. Vous rechercherez également d'autres rêves ayant modifié le cours de l'histoire (ceux d'Hitler, de César, de Jeanne d'Arc et de beaucoup d'autres personnages célèbres ou inconnus).

— Dans l'Ancien Testament, relisez le fameux songe littéral d'Abimélek (Genèse, XX, 3).

— Ensuite, relevez le caractère symbolique des deux songes de Pharaon, également décrits dans l'Ancien Testament (Genèse, XLI, 1-7).

— Recherchez les multiples autres récits oniriques de l'Ancien Testament.

— Lisez les rêves littéraux du Nouveau Testament.

— Sélectionnez trois de vos rêves, parmi ceux des mois derniers, et analysez-les similairement aux rêves bibliques. A votre avis, lesquels sont littéraux et lesquels sont symboliques ?

— Essayez d'identifier leurs sources inconscientes.

— Quels sont ceux qui ont changé votre vie ?

Résumé :

Les rêves...

— proviennent de diverses sources, certaines intérieures, d'autres extérieures ;

— intriguent, passionnent et renseignent l'humanité depuis toujours ;

— étaient particulièrement précieux à nos ancêtres et sont retranscrits depuis des siècles ;

— ont le pouvoir de façonner l'histoire et d'influencer des destinées individuelles et collectives ;

— dépendent de l'inconscient et du subconscient du rêveur, de ses expériences et de ses convictions ;

— bibliques, ils fournissent d'excellents exemples de rêves littéraux et symboliques, ainsi que de leurs répercussions à long terme ;

— témoignent des convictions religieuses du rêveur, aussi bien que de son profil psychologique et de ses qualités intellectuelles ;

— constituent des sources inépuisables d'auto-inspiration.

CHAPITRE X

Signes, symboles et archétypes des rêves

Nous savons maintenant que, d'une part les rêves reproduisent des événements du monde extérieur en se servant de la réalité comme toile de fond et, d'autre part, qu'ils sont le reflet de dimensions intérieures, composées de symboles. Le langage des rêves littéraux étant celui de la conscience elle-même, leur interprétation est relativement directe. Elle est principalement fonction de l'identification de l'action à laquelle elle fait allusion, ainsi que de son rapport à un événement particulier. Quant à l'interprétation des rêves symboliques, elle requiert leur traduction préalable du langage de l'inconscient en langage conscient, les moyens d'expression du premier étant les signes, les symboles et les archétypes.

1. Les signes

Par définition, un « signe » — dans un rêve comme partout ailleurs — est une marque (ou une forme) par l'intermédiaire de laquelle une personne (ou une chose) peut être identifiée. Il s'agit toujours d'une forme atténuée de l'objet représenté (en rapport avec notre quotidien), même si elle peut apparaître parfois dans un rêve. Une signature personnelle, une marque de fabrique sont des signes. Quant au logo S.N.C.F., il illustre très bien l'utilisation des signes à des fins publicitaires. Dans ce domaine, les publicistes savent parfaitement utiliser le langage de l'inconscient pour faire passer un message.

Dans le rêve suivant, le signe évoque une issue. Vous remarquerez que — comme dans la réalité — il s'agit de la forme atténuée d'une issue. En d'autres termes, le signe n'en est pas une copie conforme :

« Une issue. » *Je semblais égaré et commençais à paniquer. Je ne reconnaissais aucun visage familier dans cette rue, personne que je puisse appeler à l'aide. Sur un mur étaient griffonnées quelques lettres : je crus reconnaître le mot* **issue** *; à côté, une porte qui n'était pas verrouillée et que je poussai. A mon grand soulagement, je retrouvai tout seul mon chemin.*

2. Les symboles

Un symbole représente quelque chose d'autre qui interpelle l'esprit ; il évoque toujours plus que sa signification évidente et immédiate. C'est un code pour exprimer l'intraduisible, bien qu'un mot (lorsque sa signification dépasse sa définition première) puisse devenir un symbole. L'analyse d'un symbole peut amener à des considérations qui dépassent notre entendement et même notre logique. Dans les rêves, les maisons sont souvent des symboles de la « résidence de l'âme » : le corps et l'esprit du rêveur. Les arbres jouent aussi ce rôle ; l'arbre symbolise l'arbre généalogique de la famille avec ses racines et ses embranchements divers.

Une vague océanique constitue le principal symbole du rêve suivant. Un mur d'eau (tel que celui-ci) est fréquemment utilisé pour exprimer des sentiments ou des émotions fortes. C'est sa manière de décrire, en le suggérant, quelque chose de plus qu'une simple vague (à savoir une vague d'émotion susceptible de submerger le rêveur en l'exposant au danger) qui lui donne sa valeur symbolique :

« L'énorme vague. » *Je suis au sommet d'une colline surplombant la mer. Je distingue au loin une vague un peu plus ample que les autres qui — alors que je la regarde — commence* *à s'acheminer vers le rivage en s'amplifiant au fur et à mesure qu'elle se rapproche. Elle atteint enfin la colline et s'écrase à quelques mètres de l'endroit où je me trouve. Je suis sauf (bien que j'aie l'impression que d'autres personnes aient été englouties).*

3. Les archétypes

L'archétype (de *arche* : l'origine, la cause, et *type* : qui implique une copie) est le modèle à partir duquel sont tirées les copies. C'est un concept, ou un principe, unique (dont l'origine est une source primordiale) rendu manifeste par des symboles qui forment une image dans l'œil (ou un son dans l'oreille) de l'observateur. Dieu, le Créateur, est la lumière archétypale. Ainsi, au sens le plus strict du mot, il n'existe qu'un seul archétype (à savoir Dieu) dont sont issus tous les autres.

Le concept des archétypes de Carl Gustav Jung en donne la définition psychologique. Il tire son origine de la psyché (ou de l'inconscient collectif) et constitue un vestige archaïque, hérité d'une mémoire ancestrale.

Les formes biologiques de la vie (en tant que caractéristiques physiques remontant à une époque primitive) constituent aussi un héritage ; il s'agit d'une mémoire héritée sous forme d'archétypes (originels) primordiaux.

Les rêves archétypaux sont rares, incroyables et inoubliables. Leur nature symbolique (sans équivalence consciente) amène souvent le rêveur — au moins le temps du rêve — à la conviction que ce type de rêves révèle des secrets de l'univers. Hélas ! au réveil ils échappent au rappel (et, plus encore, à toutes définitions) ; toutefois, une impression ésotérique demeure malgré tout gravée.

Dans le rêve suivant, l'archétype possède différentes significations (à différents niveaux) qui sont fonction des expériences, des croyances et du degré d'initiation du rêveur. L'image mythologique du dragon (archétype primordial) symbolise son énergie et son pouvoir, tout aussi bien que les ressources naturelles de la planète :

« Le dragon. » *Le ciel rougeoyait, comme animé par des forces surnaturelles. Soudain, à l'horizon, j'aperçus une énorme créature volante (un dragon plus exactement) qui vint se poser près de moi. Je n'avais pas peur, au contraire. Je me sentais plus fort que jamais.*

Une importante partie de l'imagerie symbolique utilisée par l'inconscient constitue la pierre angulaire de chacun de nos mots (pensées ou actions) ; toutefois, ces images (étant pour la plupart éclipsées — au moment du réveil — par nos conversations) passent inaperçues. En conséquence, la compréhension du pouvoir des images (et des symboles) reste au mieux superficielle. En dehors des médias et agences de publicité qui connaissent l'impact de certains motifs (slogans, mots clés, types de musique...) sur des individus même rebelles, la majorité des symboles qui nous entourent restent muets. En fait, il est tout à fait possible que les campagnes publicitaires nous aient involontairement trop désensibilisés (au niveau conscient) au symbolisme ambiant.

Bien que la symbolique archétypale révèle les sens les plus profonds des rêves, elle agit aussi bien à des niveaux exotériques (1) qu'ésotériques, et peut aussi bien garder ses secrets que les dévoiler. Toutefois, un rêve qui — selon toute apparence — recourt au symbolisme pour occulter quelque chose, montre en vérité au rêveur qu'il connaît déjà inconsciemment la signification de ce rêve sans l'accepter (y croire, en prendre conscience).

4. La valeur du symbolisme

L'influence des signes, symboles et archétypes est souvent méconnue ; de la signalisation routière en passant par les slogans publicitaires, jusqu'aux subtils symboles et archétypes des rêves, leurs effets sur le conscient comme sur l'inconscient sont indéniables. Découvrir de tels signes autour de soi au cours de la journée est aussi important que de les déceler dans ses rêves ; c'est la raison de l'exercice n° 10.

---

1. *Exotérique* se dit de doctrines enseignées en public (vulgarisées). Synonyme : *profane*. Antonyme : *ésotérique*, occulte, obscur.

La vie abonde de toutes sortes de choses (excepté peut-être de sens), et il est parfaitement possible que le symbolisme nous masque de nombreuses réponses à ce sujet. Étant donné que c'est aussi un langage international et interculturel, le comprendre (dans les rêves comme dans le quotidien) c'est s'aider à se comprendre soi-même ainsi que les autres. La croix, le cercle, l'arbre, le roi, la reine, tout comme les créatures mythologiques... tous ces symboles (qui existaient déjà dans des civilisations anciennes) apparaissent encore dans la société contemporaine.

Un symbole n'est pas quelque chose de statique et sa signification peut varier beaucoup d'une culture à l'autre. Prenons l'exemple du serpent : dans les cultures orientales le serpent est un symbole d'énergie et de sagesse (ce qu'il fut autrefois pour les Occidentaux), alors que pour la chrétienté occidentale d'aujourd'hui il incarne le mal.

En analysant les superstitions, on s'aperçoit qu'elles sont issues d'anciens symboles (aujourd'hui dépouillés de leurs significations originelles et spirituelles). Prenons par exemple l'histoire du père Noël ; on vous a tous raconté, étant enfants, l'histoire de ce père Noël qui sillonne le ciel sur son traîneau et distribue (par la cheminée) de nombreux cadeaux, et pas n'importe lesquels puisque ce sont ceux que les enfants eux-mêmes lui ont demandés ! Traditionnellement et symboliquement, la cheminée était l'ouverture par laquelle l'âme humaine pouvait s'élever de la Terre jusqu'au Ciel et le père Noël glisser — par voie divine et non pas terrestre — des cadeaux à ses enfants.

Dès l'instant où vous comprenez que l'image d'un symbole, ou d'un archétype, sert de révélateur à quelque chose de supérieur, la quête de son véritable sens devient aussi gratifiante et excitante que la quête du Saint-Graal du roi Arthur et de ses chevaliers. Que furent leurs expériences sinon des confrontations avec leurs propres symboles et archétypes (en des mondes n'appartenant qu'à eux) ?

*

* *

5. Exercice n° 10 : distinguez entre signes, symboles et archétypes

Cet exercice a pour but de vous aider à faire la distinction entre les signes, les symboles et les archétypes qui vous entourent. Ils ne sont pas exclusivement du domaine des rêves ; on les retrouve également dans les légendes, la publicité, les villes, les campagnes... (dans le passé comme dans le présent).

— Faites l'inventaire de tous les signes que vous relèverez dans le prochain journal ou magazine que vous lirez.

— Décodez-les et remarquez que ce ne sont que des formes atténuées des objets qu'ils représentent.

— Cherchez des symboles dans votre quotidien ; on ne les rencontre pas seulement dans les contes de fées (les mythes et les légendes...), mais également dans tous les domaines de l'activité humaine : science, religion, mathématiques, architecture...

— Faites une analyse aussi fine que possible de leur message symbolique.

— Certains de ces symboles sont-ils des archétypes ?

— Remarquez que tous les archétypes sont des symboles, mais que tous les symboles ne sont pas des archétypes.

Résumé :

Les rêves...

— communiquent littéralement et verbalement, aussi bien par l'abstraction que par le symbolisme ;

— recourent à l'imagerie (le langage de l'inconscient) ;

— utilisent les signes, qui sont des formes atténuées de ce qu'ils représentent ;

— font usage de symboles qui servent de révélateur à quelque chose de supérieur ;

— disposent d'archétypes qui sont des principes fondamentaux et universels.

CHAPITRE XI

Thèmes, mises en scène et messages des rêves

De tout temps, les interprètes des rêves ont analysé le contenu du rêve et non pas la situation ou les états d'âme du rêveur. Pour interpréter les deux songes de Pharaon (les sept vaches grasses et les sept vaches maigres, ainsi que les sept épis pleins et les sept épis grêles) comme sept années d'abondance, suivies de sept années de famine, il importait peu à Joseph de connaître l'état d'esprit du Pharaon. De même, lorsque Daniel fut contraint de révéler à Nabuchodonosor la signification de la grotesque statue aux pieds d'argile, il n'eut pas besoin d'analyser la personnalité avide de pouvoir du roi.

1. Vos rêves vous appartiennent

Considérez-vous comme un interprète de rêves (un analyste de songes) et pas comme un psychanalyste. En effet, ce dernier s'intéresse à la psychologie d'une personne, utilisant ses songes dans le but de comprendre ses réactions, ses phobies, ses angoisses… alors que l'analyste se concentre sur le rêve proprement dit. De nombreux soi-disant interprètes commettent l'erreur d'élucider les rêves du point de vue du rêveur plutôt que de celui des rêves. En d'autres termes, ils privilégient l'introspection du psychisme de leurs patients et l'examen de leurs circonstances, avant d'examiner le rêve et son contenu, ce qui a pour conséquence de développer des idées préconçues qui nuisent à son véritable message et le déforment.

Après son décodage symbolique et l'analyse minutieuse de ses images, un songe peut être rattaché à la situation d'un individu et — éventuellement — à ses états d'âme, puis son message sera transformé en informations personnelles.

C. G. Jung enseignait la nécessité de faire du rêve l'élément central de son étude afin de bien le comprendre. Il suggérait également de recourir à la question : *« Que signifie ce rêve ? »* comme à un leitmotiv puisque, dans son analyse finale (car l'ayant lui-même élaboré), le rêveur seul détient le fin mot de cette interrogation. Toutefois, en se focalisant essentiellement sur ces images oniriques, sans s'égarer dans des réflexions trompeuses, son thème, ses signes et ses symboles peuvent être élucidés.

2. Thèmes et mises en scène

Le thème d'un rêve correspond à son sujet dominant. Un voyage en train, l'attente dans une gare, des rencontres, puis l'arrivée dans un lieu inconnu, tous ces éléments expriment symboliquement le parcours de vie du rêveur ; ainsi le thème d'un tel songe sera le destin. De même un arbre immense, une forêt ou du bois correspondent au thème de la famille car, traditionnellement, l'arbre représente le tableau généalogique d'une famille. Un hôpital avec des infirmières et des médecins traduit un besoin d'aide et d'hospitalité et, par conséquent, l'aide au sens le plus large définira le thème de ce décor.

Un rêve se caractérise aussi par une atmosphère ou une impression spécifique. Parfois même, c'est la seule chose qui nous reste d'une nuit de sommeil, mais néanmoins cette sensation est assez puissante pour influencer notre humeur du jour. Lorsqu'une personne se plaint de s'être réveillée déprimée, avec le pressentiment qu'une mauvaise journée s'annonçait pour elle, son attitude découle assurément du rêve oublié. Cette ambiance, ou cette impression, fixe le décor du rêve ou en tisse la toile de fond, un peu comme au théâtre, et c'est dans ce cadre que se dérouleront tous les événements du rêve.

Regarder un rêve comme une pièce de théâtre en facilite l'étude et la compréhension. Les objets du décor figurent les accessoires et les personnages, les figures archétypales ainsi que les animaux miment les acteurs. Se souvenir des conversations compte beaucoup car, bien que les actions (et plus particulièrement dans les rêves) nous frappent plus que les mots, ce dialogue peut être poursuivi ultérieurement, au moment de l'analyse détaillée du songe.

3. L'artiste intérieur

En plus de son rôle de producteur de théâtre, cette partie de nous-même qui enfante nos songes est également un artiste talentueux. Jonglant habilement avec les couleurs, des nuances de noir ou de lumière, il exprime les ambiances des rêves. Une atmosphère sombre dépeint des circonstances malheureuses et malcomprises, alors qu'un cadre ensoleillé éclaircit considérablement une situation et redonne espoir. Bien qu'une majorité de gens croient ne rêver qu'en noir et blanc, on sait aujourd'hui que tous les rêves sont en couleurs, mais que celles-ci (à l'image des rêves eux-mêmes) perdent rapidement de leur éclat. Par conséquent, nous ne nous souvenons souvent que des images de base, apparemment dépourvues de couleurs.

Les couleurs véhiculent aussi des informations spécifiques et représentent diverses facettes de notre dynamisme. Le rouge, par exemple, évoque les énergies associées à l'effort physique, aux travaux difficiles, aux activités sportives et aux pulsions sexuelles. D'un point de vue médical, un rouge particulièrement dominant dans un rêve révèle parfois une maladie du sang (y compris une hypertension artérielle). D'autre part, dans certaines circonstances, le rouge peut être synonyme de colère (pensez à l'excitation suscitée par un chiffon rouge chez un taureau).

La signification des couleurs et leurs associations proviennent de l'inconscient collectif et ne s'appliquent pas seulement au symbolisme onirique, mais également au symbolisme traditionnel du monde entier. L'apparition dans un songe des dernières composantes du spectre des couleurs (le bleu, l'indigo et le violet) témoigne d'altruisme, d'intuition et de spiritualité. Le vert possède aussi ses correspondances spécifiques et, à une certaine époque, cette couleur détenait la vertu de tranquilliser émotionnellement. Dès lors, il n'est pas surprenant que notre inconscient, étroitement lié à l'inconscient collectif, connaisse la signification des couleurs et les intègre dans son symbolisme (1).

Dans le rêve suivant, une relation subtile entre une couleur et des mots passe presque inaperçue et nous rappelle les jeux de mots qui se glissent occasionnellement dans nos songes :

« L'accident. » *Je regardais, par la fenêtre de ma chambre, la route qui passe devant ma maison et, comme elle était couverte de sang, je pensai qu'un accident avait eu lieu. Pourtant, rien ne témoignait d'une collision, aucun blessé.*

Ce rêve, de toute évidence littéral, conseille ouvertement à son auteur une prudence toute particulière en voiture comme à pied. Néanmoins, en tenant compte de l'adresse de cette personne : « rue du Chemin-Rouge », on peut en affiner l'explication. En effet, cette femme avoua ultérieurement n'avoir compris son antipathie à l'égard de ce nom de rue que le jour où sa correspondance avec un événement sanglant lui fut clairement exprimée dans ce rêve.

L'analyse littérale d'un songe, destinée à mettre en évidence ses avertissements ou ses conseils, devrait toujours précéder son interprétation symbolique. Certes, certains rêves sont parfaitement réalistes et reproduisent des faits banals, d'autres sont abstraits et peu conformes à la réalité, mais les songes mixtes existent, comme d'ailleurs ceux dont les messages sont en même temps littéraux et symboliques.

4. Réalisme ou abstraction

Comparer un rêve à une peinture permet de faire la distinction entre le réalisme extérieur et l'abstraction intérieure. Dans

1. Voir l'ouvrage de René-Lucien Rousseau : *Le Langage des couleurs* (Éditions Dangles).

une galerie de peinture, les œuvres réalistes se reconnaissent aisément à leur manque de fantaisie. Prenons l'exemple d'une peinture littérale de l'Assemblée nationale, soulignant chaque détail de cet édifice et se confondant presque avec une photographie. La création d'une telle toile (chef-d'œuvre ou non) ne fait appel à aucune originalité, ni à aucun symbolisme ; c'est une œuvre minutieuse, peinte avec maîtrise, mais sans spontanéité.

Maintenant, imaginez une peinture abstraite de ce même bâtiment. Sur la toile, un mélange subtil d'architecture, de tradition, de pouvoir, de politique et de nationalisme peut offrir une vision pittoresque de cet édifice, alliant une structure à une action et à des idéaux. Un tel tableau éveillera des impressions et des réactions beaucoup plus puissantes que n'importe quelle reproduction réaliste de l'Assemblée nationale. La différence entre un rêve littéral et un rêve abstrait est la même qu'entre une œuvre réaliste et un tableau abstrait.

En abordant ses songes comme des tableaux, le rêveur (devenu artiste) peut se détacher de leurs contenus et leur porter un regard plus objectif. Par contre, le titrage d'un rêve diffère de celui d'une toile en ce sens qu'il ne peut s'accomplir que rétrospectivement, *après que* l'inconscient ait conçu le scénario onirique.

5. Le décodage d'un songe

Le décodage d'un songe est une expérience progressive ; plus vous interpréterez de songes plus vous deviendrez expert, et plus vous serez chevronné plus vos rêves vous transmettront d'informations. C'est une juste récompense d'une étude sur ses rêves.

En élucidant le thème d'un rêve vous évoquez son sujet. Plusieurs thèmes se détachent parfois d'un même songe, cependant ils désignent toujours des faits en corrélation.

L'impression laissée par un rêve, ou son ambiance, sert de toile de fond aux événements. Parfois, nous ne nous remémorons guère plus que le décor et l'atmosphère d'un songe, ce qui signifie que son message est à l'intérieur. Les couleurs peuvent dépeindre le climat d'un songe et contribuer ainsi à la divulgation de son thème. L'impression, ou l'atmosphère, laissée par un rêve, de même que son thème, sont des facteurs essentiels de son interprétation ; une fois décelés, le décor est posé.

*

* *

6. Exercice n° 11 : thèmes, mises en scène et messages de vos rêves

Avant d'interpréter un rêve, il faut en définir le thème, en s'aidant pour cela de ses impressions dominantes. Habituellement, son titre se déduit logiquement du thème.

— Trouvez le thème d'un de vos songes en lisant et relisant son récit dans votre journal.

— Quel sentiment ce rêve éveille-t-il en vous ? Si vous ne parvenez pas à préciser vos impressions, interrogez-vous : ce rêve me rend-il joyeux, triste, inquiet, impatient, etc. ?

— Est-ce le jour ou la nuit ? Établissez un lien entre les couleurs, les nuances de noir ou de clair, et ce qui se dégage de ce songe (vos impressions ou l'atmosphère ambiante).

— Cherchez des références métaphoriques aux couleurs : par exemple rouge de colère, vert de jalousie, des joues roses (signe de bonne santé), un teint jaune...

— Titrez minutieusement votre rêve.

— Regardez-le comme vous regarderiez une pièce de théâtre ou une de ses intrigues. Écrivez-en le récit.

— Portez sur votre rêve le regard objectif d'un peintre ; est-ce une description littérale, symbolique ou mixte ? Décrivez-en le sujet.

Résumé :

Les rêves...

— doivent toujours être l'élément-clef de leur analyse ;

— s'expliquent à partir de l'étude de leur contenu et non pas en fonction du psychisme du rêveur ;

— s'associent à des thèmes qui reflètent leurs sujets ;

— laissent des impressions précises qui correspondent à leurs toiles de fond et évoquent ainsi l'ambiance du rêve ;

— peuvent être regardés comme des pièces de théâtre jouées sur la scène de la vie ;

— peuvent également être contemplés comme des tableaux et révéler de cette façon leur nature littérale, symbolique ou mixte.

CHAPITRE XII

Les personnages des rêves

Les rêves ressemblent à d'invraisemblables mises en scène où tout est possible. Mais qui est ce génie capable de composer des dialogues et des scénarios originaux, de concevoir des décors exceptionnels, de diriger l'action, de mimer le rôle de chaque personnage et de chaque animal et, finalement, de s'asseoir dans le public pour contempler son œuvre ? Ce n'est autre évidemment que cet être apparemment modeste, **le rêveur lui-même.**

En songeant à nos rêves, nous ne pouvons plus douter de nos extraordinaires potentialités personnelles. Cette faculté d'imaginer des intrigues oniriques incroyables, sans le moindre effort intellectuel ni la moindre réflexion (essentiels pour écrire de comparables sagas à l'état de veille), témoigne de nos ressources intérieures et de notre originalité. Toutefois, déchiffrer leurs codes ou — en d'autres termes — comprendre ces messages que nous essayons de nous communiquer à nous-même est une autre affaire.

1. Nos zones de vie oubliées

En attirant notre attention (littéralement ou symboliquement) sur ces zones de vie oubliées, ignorées, négligées ou rejetées, les rêves nous dévoilent ce que nous devons savoir. Lorsque notre vision des choses se restreint, un rêve survient habituellement afin de nous dépeindre l'envers de ce décor ; quant à nos appréhensions, elles peuvent être évoquées dans des cauchemars. C'est ainsi que nous nous révélons à nous-même (nos peurs, notre nature véritable...).

L'analyse de circonstances difficiles révèle fréquemment que, par nos réactions, nous créons les problèmes subséquents. Par conséquent **le problème et sa solution sont en nous-même,** et il n'est pas surprenant que l'aspect apparemment négatif de cette situation transparaisse dans un songe dont le rôle est de clarifier les choses. En effet, les tensions, les peurs, les frustrations... doivent nécessairement être exprimées pour rétablir l'équilibre. Ces images *peuvent* déconcerter, néanmoins l'intention d'un rêve n'est pas d'affliger le rêveur ; en reflétant la réalité, il s'efforce de solutionner le problème ou d'aider la personne à accepter la situation. Certes, certaines vérités sont douloureuses et se manifestent dans les cauchemars, mauvais rêves peut-être, mais honnêtes.

Dans les rêves, un personnage déterminé peut incarner une difficulté, une peur, un espoir... D'autre part, chacun de nous possède de multiples facettes, dépeintes en autant de figures différentes (amis, parents, ennemis, célébrités, inconnus, animaux, images archétypales, etc.). Et c'est l'apparence de tous ces êtres (représentatifs d'émotions, de traits de caractère... dans des scénarios oniriques réalistes ou abstraits) qui semble poser le plus de difficultés au moment de leur interprétation.

2. Les personnages connus

L'apparition en songe de visages connus (familiers, amis, ennemis, connaissances...) jouant leurs propres rôles peut contribuer à mettre en lumière une qualité ou un défaut particulier du rêveur. Imaginez une personne rêvant d'une collègue dont le comportement l'agace. Une analogie s'établit entre l'attitude de cette collaboratrice et celle du rêveur. Par conséquent, en considérant son rêve comme un miroir d'elle-même, cette femme pourra éviter de contracter la même manie. De toute évidence, les conditions d'un tel comportement sont déjà latentes, et c'est la raison de ce songe.

Le rêve symbolique suivant illustre ce principe d'introspection, où le rêveur est exhorté à chercher en lui-même une imperfection ou une mauvaise conduite, en l'identifiant chez autrui :

« **La tante acariâtre.** » *Le rêve se passait sur mon lieu de travail. Une de mes tantes, pourtant morte depuis plusieurs années, travaillait aussi là. Dans ce rêve, son comportement critique et méchant à l'égard de nos collègues, devant elles comme derrière leur dos, me gênait beaucoup. Mes amies de bureau me traitaient avec la même méchanceté, et je me sentais de plus en plus seule et isolée, bien que je n'en sois pas responsable.*

L'auteur de ce rêve me raconta que sa tante avait toujours été acariâtre et frustrée et que, par conséquent, la plupart des gens l'évitaient. Plus tard, elle se retrouva elle-même sans amis et esseulée. Ce songe reconstituait donc cette situation d'isolement. Son avertissement est assez clair : ne deviens pas comme ta tante !

3. Les célébrités et les acteurs imaginaires

Les rêves de personnages fictifs (héros de romans, films...) reflètent une approche factice de la vie qui — pour une certaine raison — attire le rêveur. Peut-être est-ce un refus d'affronter la réalité ? Toutefois, en intégrant ces personnages et leurs aventures pittoresques dans sa personnalité, il compense ses faiblesses et accroît sa confiance en lui-même. De même, rêver de célébrités (acteurs, chanteurs, écrivains...), comme de sa propre célébrité, peut équilibrer un manque de valorisation de la part d'autrui, dans la vie de tous les jours. C'est le cas du rêve suivant :

« **Star d'une nuit.** » *Elvis Presley s'apprêtait à entrer sur la scène d'une immense salle de spectacle, lorsqu'il m'aperçut. Immédiatement, il m'interpella : « Hé ! Viens donc un peu là. C'est ta chance, dépêche-toi ! » Je me retrouvai derrière un gigantesque rideau (apparemment sur une scène) et, lorsqu'il se leva, une mer de visages me regardait. Elvis chantait et dansait déjà, alors je me joignis à lui. Ce fut un moment inoubliable et les* *applaudissements du public furent exaltants. J'avais l'impression qu'ils m'étaient autant adressés qu'à Elvis, et je me réveillai parfaitement comblé.*

4. Les personnages influents et la royauté

Les personnages influents (ministres, présidents...), comme les membres de la famille royale, figurent souvent dans les rêves du fait de leurs fréquentes apparitions sur le petit écran ou dans les journaux. Le décor de ce type de rêves est habituellement très ordinaire (un stade hippique, une réception, une manifestation nationale...) et, en dehors du symbolisme archétypal des rois, reines, princes et princesses, leur signification est plus mondaine et domestique que magique.

L'identification personnelle à des personnalités royales, des sentiments de supériorité sociale ou encore un simple rempart à la monotonie quotidienne sont d'autres hypothèses d'explication de ces songes. Quoi qu'il en soit, nombreux sont ceux que la visite d'un personnage social représentatif enchanterait, comme en témoigne le rêve suivant :

« Le président de la République. » *Le président de la République s'arrêta inopinément chez nous à Pau. Il nous expliqua qu'il visitait des gens de toutes conditions sociales, afin de discuter avec eux de leurs problèmes, de leurs idées, de leurs critiques, etc. Je le fis entrer dans le salon. Ma femme s'affairait et je souhaitais qu'elle se calme. Le président s'aperçut de l'agitation qu'il suscitait et, avant de s'en aller, il nous invita poliment à appeler l'Élysée lors de notre prochain passage à Paris, afin de partager un repas ensemble.*

5. Les animaux

Les animaux jouent également différents rôles dans les rêves. Un rêve littéral de votre chat ou de votre chien peut révéler certains besoins relatifs à leur santé ou à leur confort, mais peut aussi dépeindre des aspects de vous-même : par exemple une rivalité avec votre animalité ou avec des instincts humains plus vils encore.

Populairement, la partie animale de l'homme définit la nature bestiale de certains êtres humains, ainsi que leurs pulsions et leurs actions pas vraiment humaines. Ces rapprochements sont fréquemment introduits dans les rêves ; cependant, de telles comparaisons sont impropres et constituent une injure à l'égard des créatures servant à imager des comportements humains aussi abominables. Quoi qu'il en soit, ces faits démontrent l'impact des expressions imagées, indépendamment de leur légitimité.

Prenons des exemples de mauvaises analogies métaphoriques entre l'homme et l'animal : traiter quelqu'un de cochon, comparer un gendarme à un ours, un individu sans scrupules à un chien, etc. Aucun de ces animaux ne possède de telles caractéristiques, cependant nos expressions verbales et des associations impropres ont contribué à ce que, aujourd'hui, ces attributs inférieurs leur soient prêtés.

Fort heureusement, le symbolisme animalier n'est pas entièrement fondé sur ces idées fausses. Les civilisations anciennes reconnaissent le symbolisme lié à l'inconscient collectif et, de nos jours, toute personne sensée l'admet également. Celui-ci reflète l'image traditionnelle à laquelle chaque animal est associé. Le lion, par exemple, symbolise la fierté, le courage, la puissance et le pouvoir, la vache incarne la déesse de la guérison...

Les animaux parlants, sacrés ou terrifiants (apparaissant dans les rêves, mais aussi dans les contes de fées et les légendes) représentent de sages conseillers intérieurs. Parcelles de conscience dans notre inconscient, il est extrêmement important de ne pas se méprendre sur le sens de leurs communiqués. D'ailleurs, ce sont ces mêmes animaux auxquels sont attribués des rôles ingrats et, dans ce cas, ils expriment ce que le rêveur croit qu'ils expriment.

Les animaux rapides sont souvent des symboles de puissance. Les chevaux, en particulier, doivent leur réputation à l'industrie automobile qui recourt aux chevaux-moteur pour décrire la puissance d'une nouvelle voiture. Quant à l'image du tigre, largement diffusée par les publicistes, elle évoque le pouvoir et la force. Par conséquent, ces deux animaux figurent dans les songes concernant le dynamisme, la résistance et l'énergie du rêveur.

Notre manière de traiter les animaux dans les rêves nous fournit des indications précieuses sur leur signification, et nous révèle également certains aspects de nous-même. En langage imagé, parvenir à maîtriser un animal est beaucoup plus favorable que de le tuer, alors que le manger est le signe d'une soif de pouvoir. L'âge de l'animal importe aussi ; les jeunes animaux (chatons, chiots, agneaux, avortons...) témoignent de l'incapacité d'un être à devenir adulte ou représentent de jeunes enfants. Le chaton du rêve suivant mime symboliquement l'attitude de cette femme vis-à-vis de son petit ami. Il lui conseille de modifier son comportement mutin, qui agace son ami, ou de se chercher un compagnon plus tolérant :

« Le chaton espiègle. » *Un petit chaton espiègle jouait dans le salon. Il aperçut mon petit ami et sauta sur son épaule pour jouer avec ses cheveux. J'espérais que mon ami réponde amicalement au comportement joueur de ce chaton, mais il semblait plutôt agacé.*

6. Les figures archétypales

Le Moi est un archétype. Ce concept optimiste concentre le potentiel de l'individu. A l'origine, on pensait que cette figure était du même sexe que le rêveur. Néanmoins, des recherches entreprises pour une plus grande connaissance de soi ont permis de distinguer deux concepts : un principe masculin et un principe féminin, baptisés des noms d'*anima* et d'*animus* par C. G. Jung.

De la silhouette indistincte jusqu'au personnage ou à l'animal méconnaissable, les formes archétypales apparaissent sous de multiples aspects. Il existe autant de ces figures que nous possédons de qualités intérieures, de facettes et d'états d'âme (des tendances les plus viles de notre nature jusqu'au génie inexprimé).

Lorsque nous devons être confronté à nos pires défauts, afin de nous les avouer et de les comprendre, notre inconscient fait appel à la personne de notre entourage qui personnifie le mieux ces traits de caractère négatifs. Chacun de nous, dans une certaine mesure, est un docteur Jekyll et un mister Hyde, et une confrontation directe avec notre mister Hyde nous ébranle toujours un peu.

7. L'anima et l'animus

Nous possédons également un double. Dans tout homme se cachent des éléments féminins et inversement. L'âme sœur d'un homme correspond à l'idée qu'il se fait de son énergie féminine, son *anima*. Chez une femme, ce double est masculin et porte le nom d'*animus*. Par conséquent, une femme s'éprend d'un homme lorsqu'elle projette sur lui l'image archétypale de son *animus* (et si c'est un homme, l'image de son *anima*).

L'archétype de notre partenaire idéal(e) apparaît souvent sous les traits d'un dieu (d'une déesse), d'un prince (d'une princesse) ou d'un héros (d'une héroïne). L'image de ce compagnon est si intimement liée à notre propre *anima* ou *animus* qu'il s'avère parfois délicat de les discerner dans nos rêves. Dans le conte de *la Belle au bois dormant* (où le prince réveille la princesse), celle-ci incarne en même temps l'image de la compagne idéale du rêveur et le réveil de son double féminin, son *anima*. A l'inverse, si vous vous identifiez à la princesse, le prince symbolise votre compagnon idéal ou l'expression de votre homologue masculin, votre *animus*.

*
* *

8. Exercice n° 12 : les personnages de vos rêves

Vos rêves sont votre meilleur outil pour vous connaître intérieurement. Il vous suffit pour cela d'élucider les intentions et les comportements des acteurs de vos songes. Étant le propre créateur de ces scénarios destinés à vous éveiller à vous-même, vous seul détenez la clef de leurs allusions.

Dans cet exercice, vous devrez identifier les différents personnages intervenant dans vos rêves et dépeignant des traits de votre personnalité ; cherchez parmi des visages connus (célébrités, parents, figures archétypales, animaux, héros imaginaires, votre *anima* ou *animus*, etc.). Analysez ensuite chacune de ces figures, puis appliquez-vous à éclaircir les motifs de leurs agissements.

Vous rapprocherez finalement ces observations de vos circonstances personnelles : préoccupations, peurs, espoirs...

L'inventaire des acteurs de vos rêves, puis leur analyse, vous révéleront de nombreuses vérités et de multiples reflets de vous-même :

— Établissez une liste de tous les personnages de vos songes du mois dernier, décrits dans votre journal.

— Identifiez-les, puis classez-les en fonction de leurs appartenances : célébrités, personnages imaginaires, acteurs, proches...

— Relevez tous les animaux (poissons, oiseaux, chats...).

— En vous substituant à ces personnages, essayez de ressentir leurs impressions, et soyez plus particulièrement sensible à leurs états d'âme ; sont-ils heureux, tristes, effrayés ?...

— Remémorez-vous les moindres détails associés aux figures méconnues ou indistinctes. Elles peuvent représenter votre mister Hyde ou votre puissance créatrice.

— Si votre père ou votre mère interviennent dans un rêve, étudiez-les d'abord en tant que parents, puis comme des principes archétypaux ; la mère personnifie la compassion et la féminité, le père l'autorité et la masculinité.

— Les formes angéliques, de même que les êtres spirituels, correspondent à des idéaux nobles, des convictions religieuses, des aspirations et vos possibilités futures.

— Rattachez les traits de caractère et les comportements de ces personnages à votre personnalité, à vos idéaux, à vos circonstances actuelles...

Résumé :

Les rêves...

— ne connaissent aucune frontière ;

— sont le fruit de votre créativité et vous révèlent vos talents d'inventeur, d'écrivain, de scénariste et de producteur de films ;

— recourent à une multitude de personnages, sous forme littérale ou symbolique, pour vous informer ;

— font appel à vos proches, à des personnages fictifs, des figures archétypales... ainsi qu'à votre potentiel personnel pour vous permettre de découvrir votre être véritable ;

— introduisent des figures royales, des acteurs, des policiers, des infirmières, des animaux... qui interprètent votre rôle dans la vie ;

— sont une compensation ;

— confrontent l'homme à son double féminin (l'*anima*) et la femme à son double masculin (l'*animus*).

CHAPITRE XIII

Du rêve collectif au message individuel

1. L'influence de l'inconscient collectif

Certains éléments de nos rêves (actions, lieux, personnages, animaux...) réapparaissent à maintes reprises. En principe leur signification ne change pas, et ce n'est qu'une fois rattachés aux circonstances personnelles et intimes du rêveur qu'ils se transforment en messages individuels significatifs.

Prenons un exemple : une personne rêve qu'elle s'est égarée dans une ville inconnue et qu'elle erre seule dans des rues peu familières. Ce rêve symbolise un grand trouble ; le rêveur ne sait plus où il en est, il s'est égaré dans la vie. Il s'adresse plus particulièrement aux êtres désorientés, sans objectif ni espoir d'avenir. Une majorité d'entre nous se retrouve un jour ou l'autre dans cette impasse, mais généralement nous nous ressaisissons et poursuivons notre chemin. Par conséquent ce rêve concerne ceux qui ne réagissent pas, afin d'attirer leur attention sur leur situation.

Tous les rêves se caractérisent par des déplacements ou des mouvements spécifiques qui dépeignent notre destinée. Les rêves sans mouvements sont extrêmement rares. La nature du mouvement ou le mode de transport utilisé nous renseignent abondamment sur le dynamisme du rêveur dans la vie, sur les conditions et l'urgence d'un problème, de même que sur l'échelle de temps concernée. Un voyage en avion révèle une certaine promptitude et des ambitions extravagantes, une randonnée à vélo atteste de gros efforts personnels pour aller de l'avant, tandis que monter dans un bus bondé désigne un comportement de suiveur et encourage à plus d'indépendance et de confiance en soi.

Notre chemin de vie nous relie aux autres et à ce qui nous entoure. Dès lors, tout ce qui contribue à notre destin (notre maison, nos relations, nos sentiments, notre santé, nos espoirs d'avenir...) nous tient beaucoup à cœur. Il n'est donc pas surprenant que l'inconscient collectif incorpore ces éléments de vie dans des rêves types, susceptibles de se transformer en messages personnels à la lumière de circonstances individuelles.

Les rêves collectifs ne surviennent qu'en cas de besoin et par nécessité. Leurs thèmes de base sont multiples (déplacements, domiciles, personnages, animaux, eau, collines et montagnes, etc.), et leur symbolisme, inspiré par nos cadres de vie et nos expressions de tous les jours, est simple à décoder. Par conséquent ces thèmes ne nous dévoilent pas seulement la signification du rêve, mais également l'origine et l'utilisation communes des images de nos rêves et de notre langage.

Nos conversations habituelles sont truffées d'homonymes et de symboles auxquels nous ne prêtons guère attention. Qu'il s'agisse de remarques impertinentes *(« Regarde où tu mets les pieds ! »)* ou de discussions plus intellectuelles, les métaphores sont utilisées à cause des images puissantes et expressives qu'elles éveillent, de leur impact. Ces liens linguistiques entre les songes, le quotidien et les conversations sont illustrés dans les rêves suivants.

2. Les déplacements

La marche, le jogging, la course à pied, le vélo, le saut à la corde, les déplacements en voiture, en train, en bateau... tous ces mouvements représentent différentes manières de mener sa vie. Les rêves de carrefour, d'arrêt de bus, de gare ou d'aéroport sont fréquents et soulignent la nécessité pour le rêveur de faire une pause afin de décider de la prochaine direction à prendre.

« Le voyage en train. » *Assise dans un train, je regardais par la fenêtre et me délectais de la campagne environnante. Je n'étais pas seule dans le compartiment, cependant je ne prêtais guère attention aux autres voyageurs. Le train s'arrêta dans une gare où je descendis, puis il repartit. Je m'aperçus bientôt de mon erreur, j'étais coincée. A mon réveil, j'étais très angoissée.*

SIGNIFICATION COLLECTIVE : l'angoisse laissée par ce rêve accentue son caractère préventif. Ce voyage en train reflète l'attitude placide de cette femme dans la vie. S'intéressant peu à son prochain, elle ne semble guère plus préoccupée par sa destination. Le choix d'une mauvaise gare, ainsi que sa réaction tardive, lui indiquent qu'elle devrait envisager son avenir avec plus d'à-propos afin d'éviter ce genre de situation.

MESSAGE INDIVIDUEL : seul le rêveur (une femme dont les enfants, adultes, ont quitté le domicile familial et qui, en réalité, n'a plus goût à la vie) détient la clef des allusions symboliques de ce songe. En établissant un lien entre son comportement suffisant dans ce rêve et le conseil donné, elle peut reprendre goût à la vie, échappant ainsi à un dénouement futur prévisible et fâcheux.

3. Les bâtiments

Dans les rêves, les bâtiments (et plus particulièrement les maisons) sont des éléments essentiels. Hormis le cas du rêveur en quête d'une habitation, dont le rêve dépeint la propriété qu'il recherche, les constructions oniriques symbolisent l'être dans sa totalité et décrivent la « résidence de son âme ». Certains rêveurs visitent cette demeure chaque nuit et la connaissent presque aussi bien que leurs domiciles véritables. Illustration du corps et de l'âme du rêveur, qui ne se connaît lui-même qu'imparfaitement, cette maison comprend souvent des pièces fermées à clef, des escaliers secrets, des corridors, des greniers remplis de trésors et des caves sombres où il n'ose pas s'aventurer.

Vue de l'extérieur, l'état de cette demeure (ses fondations, son toit, la peinture de ses façades...) est à remarquer ; ces indications reproduisent en effet symboliquement l'apparence extérieure du rêveur.

Une maison extérieurement délabrée témoigne d'un manque de soin à l'égard de son image personnelle.

« La maison en terrasses. » *Je visite régulièrement cette maison pendant la nuit et la connais parfaitement. Construite en terrasses, quelques escaliers mènent à la porte d'entrée. Petite et étroite vue de l'extérieur, elle est vaste et constituée de multiples coins et recoins à l'intérieur. Le nombre de pièces qui la composent est tel que je n'ai pas encore réussi à toutes les explorer de fond en comble. Elle comprend plusieurs salons spacieux, mais je constate avec perplexité que certains d'entre eux sont occupés par des locataires bizarres. Des escaliers conduisent à une cave froide et sombre et, lorsque je m'aventure jusqu'à eux, je me sens égarée. Le reste de cette maison est chaud et accueillant, et habituellement c'est là que j'aime aller.*

SIGNIFICATION COLLECTIVE : ce rêve constitue une description typique d'une « résidence de l'âme ». Sa petitesse et son étroitesse extérieures traduisent l'idée que le rêveur se fait de son apparence extérieure, bien qu'il sache que cette impression est erronée. Son espace intérieur et ses potentialités sont énormes mais encore latentes, et l'image de lui-même qu'il donne à autrui est incomplète. Les locataires indésirables de certaines pièces figurent des comportements du rêveur dans certaines circonstances. Quant au sentiment d'égarement qui le saisit à l'entrée de la cave, il trahit une peur intériorisée, devant se manifester tôt ou tard lors d'une confrontation.

MESSAGE INDIVIDUEL : en visitant la « résidence de son âme », cette personne peut faire le point de sa situation à la lumière d'expériences récentes. Seule à posséder la clef (ses propres circonstances) de ce songe symbolique, elle peut en déduire une leçon personnelle. Si elle est honnête, elle se rendra compte de certaines attitudes personnelles inintéressantes (personnifiées par les locataires suspects de cette demeure) et de son devoir de les corriger.

4. L'eau

D'une part l'eau est un élément vital dont nous dépendons physiquement et, d'autre part, elle nous permet psychologiquement d'exprimer nos sentiments et nos émotions les plus intimes sous forme imagée. Ces expressions évocatrices (telles que : un torrent de larmes, il n'est pire eau que l'eau qui dort, se jeter à l'eau, etc.) étoffent notre langage quotidien aussi bien que nos songes.

Symbole du mystérieux royaume de l'inconscient féminin, l'eau devient une source d'énergie spirituelle baignant les émotions dans le fleuve coulant de la vie, engendrant ainsi une renaissance et l'espoir d'un avenir meilleur. Reflet de l'aspect indécis de notre personnalité, elle est aussi changeante que nos humeurs et revêt la forme seyant le mieux aux circonstances. Parfois tumultueuse, l'eau peut refléter les remous de nos émotions capables de nous submerger, de nous envahir et de nous noyer émotionnellement, comme dans la réalité. Car si notre survie en dépend, nous sommes également à sa merci.

La symbolique de l'eau se manifeste dans les rêves de mer, de lacs, de rivières, de ruisseaux, d'étangs, de sources... ainsi que dans toute activité nautique (natation, plongée, ski nautique, voile...) utilisée métaphoriquement. Ces activités sont liées à des réactions émotionnelles, de même qu'à des rencontres, et possèdent un point commun avec l'interprétation commune de l'eau. Or, en rattachant cette explication générale à des conditions individuelles, le message personnel du songe transparaît.

« La rivière. » *Je regardais au loin, au-delà des collines, et j'aperçus une rivière dessinant des méandres dans la vallée. Je me dirigeai vers elle et, debout sur la rive, contemplais l'écoulement de cette eau claire. Quelque chose m'attirait sur l'autre rive et je souhaitais traverser cette rivière à la nage ; cependant une telle expédition était impossible.*

SIGNIFICATION COLLECTIVE : le rêveur regarde l'avenir, mais également sa situation actuelle. Cette femme se rend clairement compte que la vie (symbolisée par cette rivière et ses multiples méandres) lui passe à côté. Elle l'aperçoit dans la vallée, ce qui signifie que sa vie émotionnelle est limitée et refoulée. Néanmoins elle a un but (cette chose désirable sur l'autre rive), même si elle est persuadée de son intangibilité.

MESSAGE INDIVIDUEL : l'identification des circonstances évoquées dans ce songe, ainsi que leurs implications, devrait inciter le rêveur à s'impliquer davantage dans les choses de la vie pour éviter que celle-ci ne lui échappe. Elle devrait confronter son existence ennuyeuse et vide avec le danger que représente son objectif, d'autant plus qu'elle dispose de multiples moyens pour traverser cette rivière, autres que la natation.

Cette femme confessa avoir travaillé pendant plusieurs années dans la même entreprise sans jamais obtenir la promotion qu'elle pensait mériter. A cette époque, elle avoue n'avoir aucune vie sentimentale. Son rêve résume ces deux faits et lui propose une solution : prendre des risques. Moralité de ce songe : qui ne risque rien n'a rien.

Le rêve d'une vue de l'océan du haut d'une falaise illustre également ce type de songe. Au loin, un énorme raz de marée s'approche d'une plage occupée par plusieurs personnes. Ce mur d'eau se rapproche de plus en plus du rivage, le balaie (noyant tout sur son passage), puis s'écrase à quelques mètres de l'endroit où se trouve le rêveur. Celui-ci est toujours sauf, contemplant ce spectacle avec horreur. Ce rêve témoigne de ces vagues d'émotion intenses qui, de temps en temps, nous submergent (souvent inopinément) et, métaphoriquement, nous noient. Ceux qui font ces rêves sont des spectateurs ; ils se croient un peu au-dessus de tout ce qui arrive aux autres. Le message de ce rêve est que nul n'est infaillible.

*

* *

5. Exercice n° 13 : du rêve collectif au message individuel

Les rêves collectifs de base, identifiables à leurs symboles et à leurs scènes similaires, rendent compte du quart de nos songes. En dehors des rêves de voyages, de maisons et d'eau, il existe d'autres rêves de ce type possédant une interprétation générale, mais pouvant néanmoins s'appliquer à des circonstances individuelles et se substituer en message personnel. Dans ces rêves, le rêveur est extérieur aux événements dont il est témoin, bien que l'action du rêve le concerne directement.

Prenons l'exemple du rêveur observant un avion dans le ciel qui, à certains moments atterrit doucement et d'autres fois s'écrase au sol. Ce songe peut être prophétique ; néanmoins, le plus souvent son message est symbolique ; il conseille au rêveur de renoncer à ses ambitions extravagantes et d' « atterrir » sans délai. Ce rêve survient habituellement lorsque des problèmes extérieurs affectent fortement le rêveur.

Dans cet exercice, vous découvrirez que la majorité des rêves sont élémentaires et vous parviendrez à reconnaître ceux de vos songes qui sont de cette nature. Ils peuvent également apparaître dans vos rêves du moment, simplement pour prouver leur existence et répondre ainsi à votre curiosité.

Chacun de nous fait — de temps en temps — un rêve collectif et, dans cet exercice, vous devrez en rechercher. En dépit de leur signification collective, ils peuvent se transformer en messages individuels lorsque vous les rattachez à votre propre situation. N'hésitez pas à interroger vos proches à ce sujet ; ces enquêtes vous aideront à les identifier.

— Parmi les récits oniriques de votre journal, recherchez ceux de voyages, de maisons ou d'eau.

— Soyez particulièrement attentif à vos rêves actuels, susceptibles de correspondre à ce type de rêves.

— Essayez de comparer vos songes de base collectifs avec ceux d'autres rêveurs.

— Distinguez les rêves dans lesquels vous êtes impliqué de ceux dans lesquels vous n'êtes qu'observateur.

CHAPITRE XIV

La psychologie des rêves

1. La nature des rêves

De l'avis de Freud, les rêves expriment des désirs refoulés et correspondent à des images conceptuelles de l'imagination inconsciente, souillées par le conscient. Pour sa part, Jung les considère comme des expériences de l'inconscient collectif humain dans lesquelles ces principes primordiaux apparaissent sous forme d'archétypes culturels. S'inspirant du modèle de l'ordinateur, certains psychiatres contemporains voient en eux des processus permettant d'épurer le cerveau d'informations périmées et de types de comportement indésirables. De leur point de vue, les rêves sont des stimulations multi-modales de la perception.

Les philosophes croient que les songes nous permettent d'élucider nos problèmes alors que les théologiens attestent de leurs inspirations divines, une théorie désavouée par ceux qui reconnaissent en eux la griffe de Satan. Quant aux écrivains de science-fiction, auxquels se joignent certains médiums, ils sont persuadés de leur origine extraterrestre.

De leur point de vue initial, toutes ces définitions sont probablement correctes. Cependant toutes sont conjecturales et une hypothèse n'équivaut jamais à une preuve. La mise en évidence du sommeil paradoxal (ce niveau d'endormissement correspondant au sommeil avec rêves et caractérisé par des mouvements oculaires rapides) et des circuits mentaux par les scientifiques nous a permis de mieux comprendre quand et comment nous rêvons.

Toutefois, ces faits ne nous disent ni pourquoi, ni ce que nous rêvons. S'interroger sur le pourquoi de nos rêves est aussi vain que de réfléchir au pourquoi de notre vie ; par conséquent cette question reste en suspens. Quant à s'intéresser à ce que nous rêvons, c'est une autre affaire. Déjà du temps d'Homère (et plus tard dans la Bible), d'illustres penseurs ont répondu à cette interrogation. En vérité, le fossé abrupt qui sépare le rêve proprement dit de sa reconstitution nous occulte toute connaissance précise à ce sujet. Quelqu'un a dit un jour que la mort n'existait pas puisque aucun mort n'était jamais revenu nous confirmer son existence. Un semblable paradoxe s'applique aux rêves.

Certes, notre connaissance des récits et des retranscriptions oniriques est exhaustive, mais ce ne sont là que des souvenirs rétrospectifs, rassemblés à l'état de veille. En fait, nous ne connaissons même pas nos propres rêves (des reconstitutions également), dont le rôle (à l'aide des circuits autonomes de la mémoire) est de nous contraindre à nous adapter aux critères conscients standards. Dès lors, nous ne parlons jamais du rêve proprement dit, mais toujours de sa description.

2. La conscience corporelle

Dans la pièce de Shakespeare *le Songe d'une nuit d'été*, Bottom dit : « *Les yeux de l'homme n'entendent pas, ses oreilles ne voient pas, sa main est incapable de goûter, sa langue ne peut pas créer, ni son cœur rapporter ce que fut mon rêve.* » En temps normal, la vue, l'ouïe, le goût, l'odorat et le toucher coïncident avec les fonctions respectives des yeux, des oreilles, de la langue, du nez et de la peau. Dans les songes cependant, ces conceptions peuvent changer. En effet, du point de vue d'un rêve, nos cinq sens fusionnent en un sixième sens qui met le monde sens dessus dessous.

Vus de l'extérieur, certaines personnes et certains objets nous paraissent beaux et attractifs. Une vision altérée de ces éléments, dans un rêve, nous les représente microscopiquement de l'intérieur. Imaginez, par exemple, le visage d'un être aimé. Maintenant, inversez cette image et visualisez ce visage *de l'intérieur*, d'un point de vue onirique. L'air inspiré par la bouche, puis englouti par la trachée, est puissant comme un coup de vent, une gorgée d'eau se transforme en un torrent déchaîné et un délicieux dîner aux chandelles n'est plus qu'un magma répugnant, bientôt semblable à ces matières qui émergent du tube digestif en fin de chaîne.

Traditionnellement, un canal symbolise le canal de la naissance, indiquant ainsi qu'une descente dans l'inconscient équivaut à une descente dans la matière où le corps se transforme métaphoriquement en une véritable ruche. De ce point de vue la bouche s'apparente à une vaste caverne, l'œsophage devient un précipice s'enfonçant dans les profondeurs de la Terre, les artères et les veines représentent des canalisations fondamentales, le système nerveux un circuit électrique, etc. D'ailleurs, la résidence de l'âme offre également une vue de l'intérieur.

Dans un rêve, un thème industriel (comme une perturbation ou un blocage dans une chaîne de fabrication) peut fort bien témoigner d'une défaillance physique ou émotionnelle. Si ce trouble est essentiellement émotionnel (et le thème du rêve la résidence de l'âme), celui-ci — symboliquement — se tapira dans les tréfonds de la cave. Quant aux meubles délabrés, aux fissures murales et aux escaliers grinçants du rez-de-chaussée et du premier étage, ils augurent généralement de la forme physique du rêveur. Une telle conception de la santé et des préoccupations quotidiennes met en lumière cette disparité entre avoir un corps et en être conscient. On évoque quelquefois le terme de *conscience corporelle*.

3. La conscience cosmique

Hippocrate (le père de la médecine) concentra l'essentiel de ses recherches sur les énergies du corps plutôt que sur les mécanismes physiologiques. De nos jours, la médecine psychosomatique s'inspire beaucoup de ces théories et le corps médical admet l'existence d'un esprit et d'un dynamisme intérieurs. C'est l'inconscient (ce phénomène mal connu et inconnaissable, baptisé de multiples noms : psyché, corps subtil, subconscient, préconscient, etc.) qui s'adresse à nous dans les rêves. Or, venant de l'intérieur, cette voix se manifeste fréquemment sous les traits d'un dieu, d'une déesse, d'un être mystérieux, d'un ermite, d'une femme, d'un homme... et même d'un monstre (un des archétypes omniprésents).

Contrairement au conscient, l'inconscient n'est pas un phénomène du présent, puisque (comme les songes) c'est un souvenir que seule une réflexion rétrospective permet de débrouiller. Aujourd'hui, nous savons qu'il est l'instigateur de nos rêves et l'émetteur de certains signaux psychiques et physiques. D'autre part, l'inconscient collectif (l'océan des expériences communes) est à distinguer de l'inconscient individuel (l'îlot personnel).

Dans un rêve, le conscient et l'inconscient collaborent ; un rêve, en effet, possède des racines dans ces deux univers qu'il relie comme un pont, et des images intérieures s'acheminent de cette manière vers l'extérieur et *vice versa*. A certains moments, lorsque nos obsessions personnelles inconscientes sont détournées ou surmontées, un symbole venu des profondeurs nous précipite dans le vaste univers de l'inconscient collectif. Là, nous menons une vie indépendante, une existence entièrement autre où le rêveur se rêve lui-même.

Jung (qui, la plupart du temps, concevait les rêves du point de vue de l'inconscient collectif) écrivait : « *Les gens ne rêvent pas, ils se rêvent. Nous subissons nos rêves.* » Les Allemands font clairement la distinction entre ces deux phrases : « je rêve » *(ich träume)* et « mon rêve me rêve » *(es träumt mir)*, ainsi que l'illustre l'extrait ci-dessous. Il s'agit du premier des onze versets du poème de l'Autrichien Peter Handke intitulé *le Monde inversé*, dans la collection « Die innere Welt, der ausseren Welt, der inneren Welt » :

« Je me réveille endormi :
Je ne fixe aucun objet, et les objets me regardent ;
Je ne bouge pas, et le sol remue sous mes pieds ;
Je ne me vois pas dans le miroir, et moi, dans le miroir, je me vois ;
Je ne dis rien, et des mots me racontent ;
Je m'approche de la fenêtre et je suis ouvert. »

C'est un brusque plongeon d'une vie dans une autre, quand la seule similitude entre ces deux dimensions est que toutes deux sont des expériences propres au rêveur, et que cette autre vie équivaut simplement à un fantastique voyage jusqu'en un lieu troublant : le Pays des rêves. Là, ce sont nos multiples visages que nous sommes amenés à rencontrer, même si cette évidence nous trouble à l'heure où nous nous remémorons ces étranges entrevues. Le roi, la reine, un dieu ou une déesse, une ombre... ces multiples figures sont-elles véritablement des spectres de nous-mêmes ? Là-bas, libérés des carcans de la réalité, nos Moi intérieurs (les Moi archétypaux) s'expriment au travers des personnages de nos rêves. Du fait de la nature dynamique de ces êtres intérieurs, chacun de ces acteurs personnifie plusieurs aspects de ces énergies vitales dont nous disposons. En tant que principes, ces énergies peuvent revêtir des formes inimaginables.

Cette silhouette floue qui hante le pays des rêves désigne certainement des potentialités négligées ou un aspect frustré de la personnalité du rêveur. Cette figure indistincte est en chacun de nous mais, parce qu'elle dépeint presque toujours notre trait de caractère le plus vil, elle est souvent reléguée au second plan et passe inaperçue.

En acceptant cette ombre comme une partie de nous-même, l'effroi qu'elle peut nous inspirer (en cas de confrontation) se dissipe, car comment pourrions-nous avoir peur de nous-même ? A certains moments, notre propre ombre en incarne une autre qui nous rappelle un visage connu et haï. Cette image signifie que cette personne est devenue un miroir de nous-même, dans lequel nous contemplons l'image de ce que nous sommes.

a) La Terre, Mère nourricière

Toute femme est l'incarnation d'une parcelle d'énergie féminine et concrétise la sensibilité, l'intuition, la compassion et l'inconscient. Elle est la Mère nourricière et représente l'immanence, exprimée par quatre figures archétypales fondamentales, ainsi que leurs contreparties négatives respectives.

Figure protectrice et maternelle, la Mère nourrit, rassure, aime et fonde le foyer. Possessive, destructrice et dévorante, la

Mère terrible symbolise son pendant négatif. Déesse colérique, sa jalousie asservit ses amants, son mari aussi bien que ses enfants.

La **Princesse** incarne l'éternelle jeunesse de la femme, l'enfant qui est en elle et le flirt. Elle peut aussi bien séduire qu'être séduite. Son autre aspect, la **Sirène fatale**, est moins séduisant. Briseuse de mariages, elle évoque le fantasme érotique.

Les facultés intellectuelles d'une femme sont suggérées par l'**Amazone**. Lorsqu'elle développe cet aspect d'elle-même, elle se transforme en femme d'affaires prospère, parfaitement capable de rivaliser avec le sexe opposé. La **Chasseresse** joue le rôle de sa contrepartie. Elle dépeint une femme d'affaires méprisante, traquant les hommes à cause d'ambitions jamais satisfaites ou pour n'avoir jamais réussi à cultiver ou à accepter son propre animus.

Le sanctuaire intime de la femme, son cœur, est habité par la **Prêtresse**, intuitive et instinctive. La société dénigre ces qualités qui ont disparu du monde réel. Néanmoins — secrètement — cette figure veille et, lorsqu'elle émerge, elle est fréquemment confondue avec son double le plus ténébreux : la **Sorcière**. C'est une forme primitive de l'intuition féminine qui isole la femme de la vie et de la sphère spirituelle. Piégée par son propre univers, cette figure archétypale apparaît dans les rêves pour témoigner de tous les penchants négatifs de la féminité.

b) Le vieil homme sage

Le vieil homme sage complète la Mère nourricière. L'homme personnifie l'intellect, l'enthousiasme, la détermination et le sens critique. Ces différentes qualités dépeignent le raisonnement logique et sont réparties entre quatre personnages archétypaux (le Père, le Prince, le Guerrier et le Prêtre), ainsi que leurs formes négatives.

Image de l'autorité, de l'ordre, de la loi et des conventions sociales, le **Père** pourvoit à tous les besoins. L'**Ogre**, son double négatif, est un père cruel et tyrannique qui soumet son entourage à une discipline stricte ainsi qu'à un conformisme exagéré.

Symbole de la jeunesse, le **Prince** possède les germes de croissance potentielle pour l'avenir. Il figure le chercheur, peu différent de son pendant sombre : le **Vagabond**. Celui-ci fuit l'engagement et les responsabilités et engendre l'éternel Peter Pan.

Personnage audacieux et florissant, le **Guerrier** donne corps à l'ambition et au dynamisme. Lorsqu'un être cultive cet aspect de sa personnalité, il excelle dans le monde des affaires. Sa face cachée se révèle sous les traits du **Dictateur**. Cette figure prédomine lorsque les émotions sont négligées et réprimées.

Savant manipulateur des énergies, le **Prêtre** représente aussi le porte-parole des pensées intérieures. Les apparentes bonnes intentions de son double, le **Magicien noir**, sont souvent trompeuses ; il n'est qu'un illusionniste.

*

* *

Ces huit facettes de la féminité et de la masculinité, de même que leurs contreparties négatives, constituent le modèle archétypal de base de l'individu. Lorsqu'un être est dominé par une seule de ces facettes, le résultat est désastreux. Chaque individu doit s'efforcer de trouver un équilibre entre les quatre penchants positifs de son sexe et, d'autre part, admettre l'existence de leurs contreparties négatives respectives, en sachant que celles-ci peuvent surgir dans certaines circonstances.

Ces figures archétypales sont parfois symbolisées. Prenons des exemples : l'araignée (cette petite bête dévoreuse de mâles) peut jouer le rôle de l'archétype féminin de la Mère terrible. En effet, certaines mères hantent les cauchemars de leurs rejetons sous cette forme. Les agents de police désignent l'image du Père, la Belle au bois dormant la princesse ou la jeune fille romantique, la sirène la Sirène fatale, etc.

En outre, toute femme possède en elle une énergie masculine, son animus. Chez l'homme, cette énergie est féminine et porte le nom d'anima. Ces figures dépeignent respectivement le compagnon ou la compagne idéale, et leurs images sont des clefs pour comprendre le sexe opposé et pour nous aider à réconcilier notre cœur avec notre mental, nos émotions avec notre intellect.

4. Exercice n° 14 : la psychologie de vos rêves

Les points de vue des rêves sur la vie sont multiples. A certains moments ils nous offrent une vision télescopique et, à d'autres, un point de vue microscopique. Ces conceptions donnent naissance à d'étranges paysages oniriques dans lesquels évoluent diverses formes archétypales.

En admettant l'existence de ces figures à l'intérieur de vous-même (reflet des différentes facettes de votre personnalité), vous réussirez à débrouiller ces messages oniriques que vous vous transmettez à vous-même. En observant les comportements de vos semblables pendant la journée, vous parviendrez à identifier le Vagabond, la Sirène, le Guerrier, la Mère, le Dictateur... autour de vous. Souvenez-vous également des différents rôles que vous interprétez, même s'ils ne sont pas toujours faciles à reconnaître en vous-même.

Cet exercice fait appel à vos observations diurnes, aussi bien qu'aux descriptions rétrospectives des personnages de vos rêves. L'identification de vos traits de caractère personnels est fondamentale et, en vous concentrant sur ces aspects, vous constaterez que votre inconscient vous répond en vous procurant d'autres images. Lorsque vous parviendrez à les reconnaître, vous pourrez vous observer changer de rôle ou d'humeur en fonction d'une situation ou d'une rencontre. Ces métamorphoses opportunistes (manifestes dans les rêves) ne sont pas aussi visibles à l'état de veille.

Mettez-vous à la place de cette puissance créatrice, responsable de vos sautes d'humeur et de vos changements d'attitude à l'état de veille comme dans vos rêves, et essayez d'adopter sa vision des choses.

— Observez les modifications de votre comportement pendant une journée.

— Essayez de faire correspondre chacune des silhouettes floues et méconnaissables de vos songes avec l'une de vos huit figures archétypales.

— Parmi ces différentes formes, repérez celles qui reflètent vos traits de caractère dominants, puis celles qui décrivent vos pendants insuffisamment développés ou indésirables.

— Faites la distinction entre vos personnages archétypaux et l'image de votre anima ou animus.

— Voyez si les animaux, les objets ou les personnes de vos songes personnifient l'un ou l'autre de vos huit archétypes de base. Une araignée, par exemple, est-elle le symbole d'une femme autoritaire, métaphoriquement la Mère terrible ?

Résumé :

Les rêves...

— sont des souvenirs. Dès lors, c'est toujours du récit d'un rêve dont on parle et c'est lui qu'on analyse ;

— nous offrent quelquefois une vision télescopique et globale de la vie ;

— peuvent également concevoir le corps humain de l'intérieur et d'un point de vue microscopique ;

— permettent à l'inconscient (synonyme de psyché, d'âme, de corps subtil...) de s'exprimer ;

— recourent à des figures archétypales pour nous dévoiler nos multiples facettes ;

— nous dépeignent nos quatre aspects fondamentaux, ainsi que leurs contreparties négatives. Celles-ci désignent des qualités, des humeurs et des traits de caractère ;

— substituent parfois des symboles à ces formes archétypales, afin de décrire un penchant particulier de la personnalité.

CHAPITRE XV

Les rêves et la mort

1. Le cycle de la vie et de la mort

La croyance en une vie après la mort provient principalement d'enseignements religieux, de témoignages de spiritualistes, de visions de la dernière heure et de personnes temporairement mortes cliniquement. Il existe néanmoins une autre source, la source des rêves, dont la plupart d'entre nous ignorent l'existence bien que — nuit après nuit — elle nous offre des aperçus d'une autre dimension, à laquelle nous sommes probablement plus familiers que nous le pensons.

De nombreuses questions sur la vie restant encore sans réponse, affirmer l'existence d'une vie après la mort soulève des interrogations plus essentielles encore. Il semblerait que notre conception tridimensionnelle de la vie et de la mort soit une des causes de ce dilemme. En effet, l'identification au corps physique, ainsi qu'au prétendu monde réel, découle de cette optique des choses. Dès lors, concevoir que les forces vitales qui sont en nous puissent exister sans enveloppe charnelle s'avère pratiquement impossible et, par conséquent, admettre que la vie et la mort s'inscrivent dans un cycle continu est extrêmement abscons.

Notre chagrin de ne pas voir autour de nous, comme avant, un bien-aimé est authentique et terrible. Cependant, si nous parvenions à élargir notre vision des choses, en réalisant qu'en tant qu'esprit nous n'habitons un corps (symbolisé dans les rêves par la « résidence de l'âme ») que pour une durée déterminée, nous nous résoudrions à le quitter tôt ou tard. *« Dans la maison de mon Père, il y a de nombreuses demeures »* (Jean, XIV, 2). Cet extrait biblique nous rend attentif à ce transfert d'un logement temporaire à un domicile plus permanent.

Heureusement, cette question vitale de la vie et de la mort ne se conçoit pas uniquement d'un point de vue logique et conscient ; l'inconscient l'envisage tout à fait différemment. En effet, il s'exprime dans les rêves sous forme d'images symboliques puissantes et par l'intermédiaire de l'inspiration, de l'intuition, de l'instinct et des sentiments. Cet aspect de nous-même (indéniablement conscient d'une vie après la mort) ne se préoccupe guère de l'apparente éphémérité du corps physique et voit l'existence comme un éternel continuum.

Le rêve suivant, récit d'une femme très malade décédée peu après, illustre comment l'inconscient transmet ce message d'éternité. Évoquant — dans sa simplicité — la vie comme une panacée, il témoigne également de sa continuité et de celle de la conscience :

« La mort. » *Debout à côté de mon lit d'hôpital, je me sentais saine et vigoureuse. Le médecin m'annonça que j'étais guérie et que je pouvais rentrer à la maison. Ragaillardie, je jetai un regard en direction du lit et m'y vis allongée, morte. Pourtant, mon allégresse ne faiblit pas.*

Aux yeux du sceptique, ce songe peut apparaître comme le simple accomplissement d'un désir, dans l'espoir d'une guérison totale. Toutefois, son dénouement mortel invalide une telle conviction.

Le message du rêve suivant est également réconfortant et empreint d'espoir, même si ses scènes (riches en symboles et en archétypes collectifs) contrastent avec l'imagerie littérale du rêve précédent. Peu après ce songe, le rêveur devait subir une intervention chirurgicale.

« Au cours de l'hiver. » *Je traversais une forêt en plein hiver. Des arbres, abattus par un bûcheron, s'écrasaient sur un sol gelé, sur lequel se détachaient des traces manifestes de feu. Subitement, et comme si c'était le printemps, une végétation jeune et verdoyante se fraya un passage dans ce sol carbonisé. Je me réveillai plus heureux et certainement plus confiant que je ne l'avais été depuis plusieurs mois.*

Ce rêve entre dans la catégorie des songes à messages multiples.

D'une part, augurant d'un prompt rétablissement, il rassure le rêveur au sujet de son opération imminente et, d'autre part, il décrit la mort non pas comme une fin, mais comme un événement inscrit dans un cycle saisonnier : la naissance, la vie, la mort et la résurrection.

Dans un premier temps, le bûcheron qui scie le bois mort peut incarner le chirurgien qui découpe les tissus malades afin de favoriser la croissance d'un tissu sain. D'un autre point de vue, il peut également être apparenté à la figure archétypale de la Faucheuse. Cette forêt au cœur de l'hiver évoque la passivité physique ou la mort apparemment définitive de toute vie. Néanmoins le printemps succède toujours à l'hiver et, dans ce sol carbonisé, une nouvelle vie s'agite, prête à émerger.

Ainsi, quelle que soit l'issue de l'opération, ce songe transmet au rêveur un message d'espoir à court et à long terme, car il met en lumière le cycle éternel de la vie.

Une interprétation alchimique des symboles archétypaux et collectifs de ce rêve rassure son auteur, le persuadant d'une métamorphose et d'une survivance perpétuelles. Cette explication (inspirée du point de vue de l'inconscient) est celle des alchimistes et des spiritualistes. Dans ce contexte, le sommeil correspond à un état de conscience supérieur, et l'état de veille à un niveau de conscience inférieur.

Cette conviction est renforcée par la preuve que les bébés rêvent bien *avant* de naître. Un argument logiquement réfuté par les scientifiques qui, prétextant leur inexpérience dans le monde réel, affirment qu'ils n'ont rien à rêver. Pourtant, des expériences attestent de la véracité de cette théorie ; les bébés rêvent avant et juste après leur naissance. Aux premiers jours de leur vie les nourrissons dorment environ 22 heures par jour. Or, des mesures de leurs ondes cérébrales à ce moment-là ont mis en évidence une activité onirique extrêmement intense. En grandissant et en démultipliant (par l'intermédiaire de leur cinq sens) leurs expériences dans le monde extérieur, ils restent éveillés plus longtemps. Une fois adultes, ce temps de sommeil passé dans le pays des rêves se réduit à 8 heures.

2. Le mystère du sommeil

L'endormissement précède nécessairement le rêve, et le fil d'Ariane de ce phénomène (de celui de la mort et de l'existence proprement dite) se trouve dans le secret du repos nocturne. En dehors de quelques processus physiologiques, nos connaissances sur le sommeil sont moindres et, s'il ne nous était pas aussi familier, nous pourrions en être effrayé. Lorsque nous sommes fatigués (une sensation évoquant la nécessité d'échapper à la réalité extérieure et de renouer avec cette dimension intérieure), nous n'aspirons qu'à fermer les yeux et à nous abandonner à cet état d'inconscience particulier.

Bien qu'ignorant ce qui sépare le sommeil de la mort, nous savons que les descriptions des cieux, du firmament ou du paradis extraites de textes religieux ou données par des spiritualistes et par des êtres ressuscités ressemblent aux scènes oniriques. Shakespeare dut certainement pressentir cette similitude lorsqu'il écrivit : *« Dormir, dormir, peut-être rêver... eh oui ! Là est la difficulté, car que deviennent nos rêves, une fois nos corps démunis de leur enveloppe mortelle ? »*

Les cimetières abondent d'inscriptions tombales (telles que : pour son repos éternel, ci-gît...) témoignant de cette affinité entre le sommeil et la mort. Chacune de ces phrases équivaut à une promesse de résurrection, car l'endormissement (qu'il soit nocturne ou éternel) n'est pas un état permanent, mais une phase de transformation.

3. Les visions et les rêves

Des personnes décédées (amis, conjoint, parents...) peuvent apparaître à un mourant dans des songes ou des rêves éveillés. Parfois ils viennent lui annoncer son trépas imminent et, d'autres fois, ils sont là pour l'accompagner dans son voyage pour l'éternité. Le mourant apparaît également à ses proches. Dans un rêve, une femme vit sa sœur, morte très jeune. Debout à son chevet, souriante et portant une couronne de fleurs blanches, elle lui dit : « *Je suis venue pour maman.* » A cette époque leur mère était en parfaite santé ; néanmoins, un mois plus tard elle mourut subitement d'une crise cardiaque.

Habituellement, les témoignages de ceux qui ont survécu à la mort ou qui l'ont entrevue dans un songe, puis sont décédés peu après, convergent. Tous évoquent le même être de lumière ou la même clarté lumineuse, semblable à un ange divin ou à un grand maître spirituel (1). Voici la description d'un homme, mort cliniquement, puis revenu à la vie : « *Je flottais dans une lumière pure et claire comme du cristal, sans comparaison avec aucune lumière terrestre. Bien qu'elle possédât une identité propre, ce n'était pas une personne. C'est la lumière de l'intelligence et de l'amour parfaits et, aujourd'hui, je n'ai plus peur de la mort.* »

Les analogies entre ce récit et le rêve suivant (celui d'un homme décédé une semaine plus tard) sont indéniables : « *Cette chose ressemblait à une balle de lumière et, plus précisément, à une sphère d'environ quatre centimètres de diamètre. Lorsqu'elle apparut, un sentiment de paix et de détente m'envahit. Une main surgit de cette lumière et me dit : " Suis-moi, je voudrais te montrer quelque chose. " Levant mon bras, je saisis cette main et éprouvai le sentiment d'être tiré hors de mon corps. Comme je me retournais, je vis mon corps allongé sur le lit. Débarrassé de mon enveloppe charnelle, j'adoptai la même forme que cette lumière, semblable à de la fumée blanche, mais colorée.* »

---

1. Voir l'ouvrage de Georges Barbarin : *Le Livre de la mort douce* (Éditions Dangles).

4. Le rêve : une excursion dans une autre dimension

D'un point de vue spirituel, les rêves peuvent être envisagés comme des excursions dans une autre dimension. Pendant le tiers de notre vie (soit 8 heures par jour), notre attention se détourne du monde extérieur pour se focaliser sur notre espace intérieur, ce lieu où nous évoluons sans entrave. C'est là que nous étions avant de naître, là que nous retournons dans nos rêves et là que nous irons après la mort.

Ce retour nocturne et quotidien dans cet univers nous permet de rester en contact avec nos origines et notre patrie spirituelle. D'autre part, en prenant conscience de cette autre dimension, nous pouvons envisager la vie et la mort sous un angle différent de celui de la logique et de la science qui est insuffisant. De ce point de vue, le monde extérieur correspond à un espace limité et transitoire, et le monde intérieur (avec ses horizons illimités) représente la véritable vie éternelle.

En guise d'exercice, essayez d'adopter cette vision des choses ; considérez le sommeil comme une source de vitalité et non pas comme un intrus trompant votre vigilance. Pendant l'endormissement, vous êtes nourri spirituellement et émotionnellement, et votre corps physique reçoit des soins. Par conséquent, identifier le sommeil à une source divine, au moment de se coucher, contribue à renforcer le lien avec cet autre espace.

*

* *

5. Exercice n° 15 : vos rêves et la mort

Si vous reconnaissez le pays des rêves comme celui de l'éternité, vos songes vous prépareront à la mort en apaisant vos craintes, car nous ne craignons ni le sommeil, ni nos escapades nocturnes dans cette autre dimension (la source), puisqu'elles nous sont familières.

— Trouvez dans vos rêves la preuve d'une survivance après la mort.

— Avez-vous déjà été contacté par une personne défunte (ami, parent, conjoint, animal domestique...) dans un songe ?

— N'hésitez pas à recourir aux songes riches en archétypes et en symboles pour mieux connaître votre royaume intérieur.

— Invitez vos proches à vous faire part de leurs expériences ou de leurs rêves en relation avec la mort et d'autres dimensions.

— Si vous pensez que cela puisse faciliter votre compréhension de la vie, de la mort, ainsi que de leurs raisons d'être, incubez un rêve qui vous donne une idée de l'éternité, des cieux ou du paradis.

Résumé :

Les rêves...

— de mort fournissent des réponses à la vie ;

— attestent d'une vie après la mort ;

— dissipent la peur de mourir ;

— nous présentent le sommeil comme un état de conscience et une situation de vie supérieurs ;

— réconfortent, apaisent, détendent et rassurent les mourants ;

— comme les visions, nous révèlent l'existence d'une autre dimension au-delà des trois dimensions : la Source.

DEUXIÈME PARTIE

L'interprétation des rêves

CHAPITRE XVI

La confrontation de vos rêves

1. Le langage de l'inconscient

Tous les rêves (littéraux ou symboliques) trouvent leur source dans les profondeurs insondables de la conscience, cet arrière-plan mal connu qui (faute d'un concept descriptif plus approprié) porte le nom d'*inconscient*. Toutefois, bien qu'à de multiples égards sa nature reste un mystère, certaines qualités et certains effets ont été observés, permettant de tirer certaines conclusions. Or, en tant que **moyen d'expression privilégié de l'inconscient**, les rêves fournissent l'essentiel des éléments nécessaires à son investigation.

Peu de rêves équivalent à des reconstitutions littérales d'événements à prendre à la lettre. La plupart ne le sont pas, ce qui (en plus de son langage de symboles, de figurants et de scénarios) laisse présager d'une fonction indépendante de l'inconscient. En effet, non seulement la majorité des rêves désobéissent à nos instructions mais, de plus, ils s'opposent à toute conviction et à toute intention conscientes.

Un point de vue partial et dogmatique sur la vie engendre fréquemment — dans un rêve — l'attitude opposée (comme pour rétablir l'équilibre), alors que des convictions modérées seront accentuées, en guise d'approbation ou pour rendre le rêveur attentif à l'étroitesse et au manque d'esprit d'aventure de ses opinions.

En tant que formulation psychologique, l'approche de l'inconscient est importante, car elle dévoile un trait de caractère inconnu et refoulé jusqu'à ce jour ou une faculté potentielle. La véritable signification d'un scénario onirique est connue du rêveur *seul*, car la divulgation de cette vérité à autrui pourrait blesser sa dignité personnelle. C'est pourquoi la plupart de ceux qui font des rêves minables, atroces ou cruels n'osent pas interroger des tiers sur la raison de ces atrocités, de peur d'être mal compris et méjugés.

2. L'interprète

« *Le bon interprète de rêves, c'est celui qui sait voir des analogies* » disait Aristote. Pour élucider un rêve, il faut savoir — dans un premier temps — qu'une majorité d'entre eux est métaphorique ou symbolique, puis il s'agit de trouver à quoi ils ressemblent ou qui ils représentent.

Vos rêves étant des messages confidentiels *de vous à vous*, créés à des fins précises et sur la base de vos références personnelles, *vous* êtes naturellement la seule personne à pouvoir les interpréter correctement. En effet, bien qu'ils possèdent un langage collectif symbolique, les rêves recourent également à des mots de tous les jours, à des phrases et à des calembours (analogies verbales) dont la plupart se rapportent essentiellement au rêveur. Fragments de vie issus d'expériences, d'événements et d'idées, ces éléments forment un réseau personnel d'associations.

Au moment d'interpréter vos songes, souvenez-vous que vous en êtes le propre créateur et que toutes les intrigues (même les plus loufoques) se rattachent *à vous*. Les sources d'inspiration de votre inconscient pour communiquer ses informations sont multiples : souvenirs passés et à moitié oubliés, bribes d'émissions télévisées, évocations de péripéties ayant échappé au conscient ou même recours à des scènes tout à fait originales. Quelle que soit la formule utilisée, envisager vos rêves comme des créations personnelles uniques contribue à vous remettre — plus ou moins — dans le même état d'esprit qu'au moment de leur élaboration. Par conséquent, les interpréter de ce point de vue est très avantageux.

Le nombre d'étapes nécessaires au décryptage d'un songe est proportionnel à sa complexité. Dans le cas d'une reconstitution littérale, une interprétation à la lettre de son contenu et l'identification de la situation à laquelle elle fait allusion suffisent, tandis qu'un rêve symbolique ou métaphorique nécessite une traduction préalable du langage de l'inconscient en expressions propres à la réalité extérieure, avant de pouvoir s'appliquer à des faits précis et mettre ainsi son message en lumière.

Pourtant, une fois le communiqué d'un rêve élucidé, vous n'êtes pas encore au bout de vos peines. En effet, faire évoluer les choses, les influencer ou les éclaircir constituent le but premier de tout message et, sur ce point, les rêves ne font pas exception ; aussi efforcez-vous de vous conformer à leurs solutions ou à leurs conseils fréquents. A cet égard, remémorez-vous les dispositions positives et pratiques prises par Pharaon suite à l'interprétation de ses deux songes par Joseph.

*

* *

La sélection de rêves suivante comprend des rêves collectifs et personnels, des reconstitutions oniriques simplistes et des cauchemars saugrenus. Commencez par lire, puis interprétez le rêve vous-même, avant de comparer votre proposition avec ma suggestion. Dans un premier temps considérez-les d'un point de vue pratique et littéral, car ils concernent principalement cette vie et nos préoccupations quotidiennes, puis, si nécessaire, poursuivez votre analyse sous un angle métaphorique, psychologique, symbolique et archétypal.

CHAPITRE XVII

Les rêves littéraux

Du fait de leurs ressemblances avec des scènes et des personnages connus, les rêves littéraux paraissent moins hermétiques que leurs homologues symboliques. Dans une certaine mesure ils reflètent la manière de penser du rêveur ; dès lors, si la raison et la logique interviennent dans chacune de ses décisions (pour mener sa vie, résoudre ses problèmes, faire face aux difficultés...), les thèmes de ses songes s'inspireront du quotidien, mêlant son cadre familial à des objets et des êtres reconnaissables.

Les messages de tels rêves sont de nature pratique et les élucider est aisé. Néanmoins, une interprétation symbolique de leur contenu n'est pas à exclure dans certains cas. Habituellement, ces deux niveaux de compréhension concernent uniquement le rêveur, et la signification pratique prédomine (surtout s'il s'agit d'un avertissement), car elle peut prévenir le rêveur d'un danger ou lui éviter de sérieux ennuis.

« Chez le médecin. » *Dans ce rêve, je me retrouvais comme la veille chez mon médecin, lorsqu'il diagnostiqua une hypertension artérielle, mais cette fois-ci il ajouta qu'en apprenant à me relaxer je me sentirais mieux.*

Cette reconstitution d'un événement survenu la veille insiste d'une part sur l'hypertension artérielle dont souffre cette femme et, d'autre part, sur l'opportunité de s'aider elle-même en s'initiant à la relaxation, une pratique réputée pour son effet antistress.

« L'accident. » *La seule chose dont je me souvienne, c'est que je roulais sur une ligne droite au volant de ma voiture de sport rouge. Subitement la route vira brusquement sur la gauche. J'appuyai à fond sur le frein, en vain. En fait, je venais de heurter un mur de pierre. A mon réveil, je réalisai que cette fiction pouvait devenir réalité.*

Ce rêve littéral conseille à son auteur une prudence accrue lorsqu'il conduit sa voiture de sport rouge. Il l'incite également à s'assurer du bon fonctionnement de son véhicule et, plus particulièrement, de l'état des freins. S'il ignore cette mise en garde, ce rêve pourrait devenir prophétique.

D'un point de vue symbolique, ce songe indique au rêveur la nécessité de maîtriser et de contrôler ses impulsions ambitieuses, sinon ses projets risquent de se heurter à ce mur de pierre proverbial.

« Le passé. » *Ce même rêve se répète de temps en temps. Il me ramène au temps de mon enfance ; des images du passé se succèdent comme dans un film. Ce songe ne me rend ni triste, ni particulièrement joyeuse, je me contente de le regarder.*

Ce rêve va certainement se répéter encore, jusqu'à ce que cette femme saisisse son message. En tant que résurgences de sa vie passée, cette personne devrait envisager ces scènes comme des expériences susceptibles de l'instruire sur elle-même et non pas comme les fragments d'un rêve. Ils se rattachent probablement à sa situation actuelle ; aussi, dès qu'elle aura fait le rapprochement entre son passé et son présent, ce rêve ne se reproduira plus.

« Le vol à l'étalage. » *J'étais dans un grand magasin, au rayon des cosmétiques. Je volai un rouge à lèvres que je jetai dans un large fourre-tout. Cependant, avant que je ne parvienne à quitter l'étalage, un surveillant surgit et m'arrêta. A mon réveil, je me souvins que ce songe retraçait des faits réels, survenus l'année dernière. Il a fait ressurgir dans ma mémoire des souvenirs que je désire oublier.*

D'une part cette femme souhaite effacer ce vol de sa mémoire et, d'autre part, ne le pouvant pas, elle revit ce moment afin de se remémorer sa honte d'être arrêtée en public. Vu sous cet angle, le but de ce rêve n'est pas simplement de réveiller des sentiments de culpabilité, il agit également comme une force de dissuasion pour l'avenir.

« La mort d'un voisin. » *La mort de son mari affligeait beaucoup ma voisine de palier. J'essayais de consoler ses pleurs, mais je me sentais aussi triste qu'elle. Le décès de cet homme remonte à deux ans et son épouse a très bien surmonté ce choc ; elle n'est plus triste du tout. Dès lors, pourquoi ai-je rêvé cela ?*

Dans ce songe, cette femme se met à la place de sa voisine. Elle ressent toute sa peine et son émotion au moment du décès de son mari. L'idée l'a peut-être effleurée qu'elle pourrait se retrouver un jour dans une situation analogue. Vivre ce bouleversement dans un rêve peut émotionnellement immuniser un être contre ces sentiments, en cas de deuil.

« Le futur. » *C'était un si beau rêve que je regrettai qu'il se termine et me réveillai. Il évoquait ces merveilleuses vacances que je m'étais imaginées un jour. Tout était parfait : la plage, la mer, l'hôtel, la nourriture... et les gens étaient tous charmants.*

La vie correspond à l'idée que nous en avons. Par conséquent, cette scène informe le rêveur qu'en planifiant ses projets tout en se persuadant de l'exaucement de ses désirs, ces vacances de rêve se réaliseront véritablement. La réalisation d'un tel songe n'est pas impossible, surtout lorsqu'elle s'accompagne d'une programmation positive au cours de la journée. Celle-ci favorise en effet la mise en pratique de ces idées de rêve couvées pendant la nuit.

« L'ex-petit ami. » *Je parlais au téléphone avec mon ex-petit ami, et il m'invita à le rejoindre dans un café. A mon arrivée, je le retrouvai au milieu de ce groupe d'amis avec lequel il joue de la musique. Indifférent à ma présence, il continua à jouer de la batterie.*

Cette conversation téléphonique témoigne d'un lien existant entre cette femme et son ex-petit ami. D'une certaine façon, ils sont sur une même longueur d'onde. L'attitude négligente du garçon à l'égard de son amie indique cependant que celui-ci aspire à une certaine indépendance. En d'autres termes, ce songe exprime clairement la fin de leur relation amoureuse.

« Un combat difficile. » *Peu après m'être couché, je rêvai que le chemin escarpé et rocailleux qui passe devant chez moi se prolongeait sans fin. Habituellement je grimpe cette pente sans problème, cependant, dans ce rêve, je dus déployer un effort considérable pour la parcourir. Étant physiquement en pleine forme, je ne pense pas que ces images reflètent mon état de santé.*

Cette ascension difficile souligne l'aspect ingrat et ardu du combat mené par le rêveur dans la vie. Il s'imagine probablement qu'une fois endormi tout s'arrête, mais c'est là qu'il se trompe. Ce rêve désigne clairement l'impasse dans laquelle il se trouve actuellement. C'est en modifiant son comportement passif qu'il améliorera sa vie ; dès lors, il lui faut se tracer un nouveau chemin vers un nouvel objectif. Il se sait en parfaite santé, il n'a donc aucune excuse pour ne pas le faire.

« La leçon. » *Tout était si réel (la classe, les élèves, le professeur...) qu'à mon réveil je ne parvenais pas à croire que ce n'était qu'un rêve. Une fille avec laquelle je ne m'entends pas du tout était au centre de ce rêve pour avoir été ridiculisée par le maître. J'aurais dû me réjouir de cette situation mais, dans ce rêve, je compatissais à son désarroi.*

La morale de ce songe est qu'il faut toujours compatir au malheur d'autrui et même de son pire ennemi. Cette jeune fille apprendra peut-être à mieux comprendre sa camarade de classe en prenant conscience de ce qu'elle ressent. Apparemment, cette élève semble être souvent injustement ridiculisée sans que personne ne s'en soucie. Si des mesures amicales sont prises, ce rêve peut bénéficier au rêveur comme à cette élève.

CHAPITRE XVIII

Les rêves symboliques

1. Du symbolisme au réel

Les rêves symboliques sont le reflet de sentiments, d'émotions profondes, d'intuitions, d'idées et d'inspirations en relation avec la destinée du rêveur. Parfois ils s'expriment par la substitution, remplaçant un personnage par un autre, d'autres fois ils incorporent des événements passés pour décrire des circonstances immédiates. La plupart de ces rêves reflètent, à un niveau personnel, le symbolisme dans sa représentation de tous les jours, alors que d'autres sont davantage le fruit du subconscient et utilisent un symbolisme collectif et archétypé. Seule une réflexion soigneuse permet de révéler leur pleine signification ; leur source en effet (l'inconscient collectif) ne s'inscrit pas dans le réseau personnel d'associations du rêveur.

Il est possible que, dans nos rêves, des dragons, dont la présence dans la maison semble tout aussi naturelle que celle d'un chat ou d'un chien, se mêlent à des objets familiers. Le vieil homme, l'arbre aux vœux, le jardin magique et le trésor caché sont aussi présents, comme appartenant à notre univers secret, et nous fournissent ce qui manque à notre vie pour combler les désirs de notre cœur. Si l'inconscient est réellement supérieur au conscient — comme en témoigneront cette expérience et d'autres — pourquoi se préoccuper du monde réel ? La réponse en est peut-être que, bien qu'incarné et emprisonné dans notre corps physique (dimension que seule notre conscience peut évaluer), la seule manière pour nous de comprendre, de survivre harmonieusement et d'évoluer dans les circonstances de la vie est de tirer le meilleur parti possible de ces deux univers : le conscient et l'inconscient.

La symbolique des rêves permet de sonder des idéaux d'une portée considérable, et c'est en les ramenant à la réalité (pour les mettre en pratique), que nous réussirons à nous comprendre et à nous aider nous-même ainsi que les autres. Examinez soigneusement les extraits de vos rêves liés au destin, auto-analytiques (« sonnettes d'alarme » ou optimistes) qui suivent, puis comparez la compréhension que vous en avez avec les interprétations proposées. Seul le rêveur peut comparer ces données à sa propre situation et à ses circonstances personnelles de vie pour décoder le message et saisir la pleine signification du rêve ; toutefois, l'analyse d'un rêve à partir du point de vue traditionnel facilite déjà considérablement ce décodage.

2. Dix thèmes forts de rêves

La plupart des rêveurs constatent la répétition de certains thèmes pour transmettre des messages par la voie des symboles.

Les dix thèmes les plus communément rencontrés sont les suivants :

a) **Les voyages** (= le destin)

Les rêves décrivant un trajet, un déplacement s'opérant d'un endroit à un autre, symbolisent le destin du rêveur, son parcours dans la vie. Il n'est donc pas surprenant qu'ils soient — et de très loin — les plus courants de tous les rêves. Le rêveur peut être en train de marcher, de conduire une voiture, de voyager dans les transports publics, de faire du cheval ou encore du patin à roulettes. Suivant la nature de la force agissante, et en tenant compte de tous les arrêts et de toutes les rencontres en cours de route, de nombreux éléments propres à la destinée et au chemin de vie du rêveur se dessinent.

b) **Les maisons** (= le rêveur)

Le second rêve le plus commun se focalise sur une maison, la « résidence de l'âme ». Elle représente le rêveur dans sa totalité : corps, âme et esprit. Chaque pièce correspond à des caractéristiques différentes. Le grenier ou même une éventuelle tour attenant à la maison sont l'antre des idéaux. Les peurs, quant à elles, peuvent être tapies dans les sous-sols sombres, alors que diverses fenêtres donnent une vue des perspectives de vie du rêveur. Le jardin qui entoure la maison, c'est le « jardin d'Éden » personnel du rêveur, symbolisant son environnement.

c) **L'eau** (= les sentiments, les émotions, les circonstances)

Les rêves d'eau sont presque aussi communs que ceux de maison ce qui, encore une fois, n'est pas surprenant puisqu'ils sont le reflet d'émotions et de sentiments profonds. L'eau fournit aussi d'excellentes scènes métaphoriques qui, parfois, transmettent leurs messages tumultueusement et, d'autre fois, exposent calmement la vérité. Si les eaux calmes qui courent en profondeur signifient déjà beaucoup à l'état de veille, leur image dans un rêve (suivant que l'eau est claire ou trouble) est encore plus parlante.

d) **La chute** (= la peur de tomber en disgrâce)

L'impression de tomber dans le vide ou de sauter d'une falaise est une expérience qui, pour la plupart des rêveurs, se répète plusieurs fois dans l'année. Elle a la réputation d'être plus une expérience de sommeil léger qu'un rêve, puisque cette impression se ressent aussitôt après l'endormissement. Toutefois, ce sentiment se mêle souvent à un rêve ; dans ce cas, il est l'expression d'une perte de contrôle dans une situation particulière, ou encore du sentiment d'être tombé en disgrâce ou d'avoir perdu de son prestige. Il se peut même que le rêveur soit tombé amoureux.

e) **Voler** (= une faculté psychique)

Plus de la moitié d'entre nous volent dans leurs rêves. En battant des bras, en sautant en l'air et parfois aussi en colportant des marchandises, ils découvrent qu'ils peuvent s'élever par lévitation et parcourir ainsi quelques mètres en état d'apesanteur au-dessus du sol. On parle, dans ce cas, de voyage ou de projection astrale, état dans lequel on considère que l'âme quitte temporairement le corps. Parfois, le voyageur astral se promène dans des contrées lointaines dont il revient avec des informations apportant vraiment les preuves d'un tel voyage. Symboliquement, ce type de rêve signifie que le voyageur réussit à transcender les problèmes terrestres.

f) **Être poursuivi** (= ne pas faire face à certains problèmes)

Être poursuivi par un monstre ou une personne inconnue avertit sévèrement le rêveur que la vie le rattrape. Peut-être essaie-t-il de s'enfuir (ou même de s'en « tirer à bon compte ») ; quelle qu'en soit la cause, le poursuivant est généralement un aspect du rêveur lui-même. Parfois le rêveur est nu, ou encore il descend une rue en courant, vêtu d'une simple chemise courte. Cela montre sa vulnérabilité (aux critiques en particulier), ou encore qu'il se sent sans protection et qu'il ne souhaite pas révéler ses vraies émotions.

g) **Les dents qui branlent** (= des changements sont à prévoir)

L'impression d'avoir des dents branlantes (ou même d'en perdre une ou deux) signifie que le rêveur passe par une étape de changement. Ces rêves se déroulent habituellement pendant l'adolescence et avant le milieu de l'année, en périodes d'incertitudes et de bouleversements. Il est plus probable qu'ils se produisent lors d'un changement de travail, de la transition de la vie scolaire à la vie active, d'un mariage ou d'un déménagement. Cette symbolique se retrouve souvent pour décrire le passage de la petite enfance à l'enfance, de la vieillesse à l'extrême vieillesse, périodes de la vie durant lesquelles les dents tombent vraiment.

h) **Les serpents** (= besoins d'énergie)

Les serpents se prêtent parfaitement à l'expression symbolique. Du serpent du péché originel à celui des champs, en passant par la vipère du symbole phallique, ils détiennent le pouvoir de transformer les énergies humaines dans plus d'une douzaine de formes différentes. Les pulsions sexuelles, l'ambition jalouse, la sagesse, la ruse, le bien, le mal, la guérison, l'envie et les âmes des morts... toutes ces énergies peuvent être représentées par un serpent. Seule l'étude du contexte dans lequel le serpent apparaît permet de déchiffrer le symbole d'une forme particulière.

i) **La royauté** (= le royaume intérieur)

Nombreux sont ceux qui rêvent de membres de la famille royale, ou de gouvernants (présidents, ministres...), ou de grandes personnalités, bien que peu l'admettent. Les fréquentes apparitions télévisées de ces personnalités, qui s'introduisent ainsi dans le salon du rêveur, facilitent ce type de rêve. Toutefois, la symbolique des rois, reines, princes et princesses est beaucoup plus personnelle ; elle se rattache au royaume individuel du rêveur, dans lequel le roi et la reine peuvent représenter ses parents ou, selon le contexte dans lequel ils apparaissent, de la suffisance et des idées de grandeur.

j) **La mort** (= un nouveau commencement)

Se voir mort dans un cercueil est souvent alarmant ; toutefois, cette vision est symboliquement porteuse d'un message indiquant la fin d'une phase de vie et le commencement de la suivante. C'est un message d' « effacement du passé et de regard vers l'avenir », encourageant le rêveur à se réjouir de sa renaissance et d'une nouvelle chance dans sa vie. Voir quelqu'un d'autre mort est rarement prophétique ; cela peut montrer que cette personne commence elle aussi une nouvelle phase de vie ; cela pourrait aussi révéler des pensées hostiles à son égard (le rêveur souhaiterait, métaphoriquement, sa mort).

CHAPITRE XIX

Les rêves de voyages

La vie est un long voyage du berceau à la tombe, et ce parcours définit notre destinée. Du dur combat au cheminement paisible, un songe peut refléter chaque étape d'une vie. Les voyages en train, le saut à la corde... aussi bien que le chronométrage, décrivent divers aspects de ce long périple. Or, comme nous sommes perpétuellement en mouvement — ne serait-ce qu'à cause de la temporalité — les rêves liés au destin et caractérisés par des déplacements et du mouvement sont de loin les plus communs.

« Le voyageur. » *Dans une majorité de mes rêves, je vais d'un endroit à un autre à la recherche de je ne sais quoi. Ma femme ne m'accompagne jamais, et cette quête ne la concerne pas.*

Cette quête et ces déplacements montrent au rêveur qu'en vérité il ne sait pas ce qu'il attend de la vie. Ses rêves prouvent qu'il a suffisamment cherché, qu'il est temps pour lui de se fixer un but (même modeste) et de faire un premier pas dans la bonne direction.

« Les pieds. » *Blessé aux deux pieds, je marchais avec difficulté. Mes pieds se portent pourtant à merveille, alors pourquoi ce rêve ?*

Les rêves de pieds soulignent la nécessité — pour le rêveur — d'accorder une attention particulière à sa démarche.

Quant aux difficultés de déplacement, elles doivent l'inciter à réfléchir davantage aux dispositions prises. En rattachant ces indications métaphoriques à ses circonstances personnelles, puis en agissant en conséquence, il évitera au moins de « mettre les pieds dans le plat ».

« Bons amis. » *Je participais, avec un ami, à une excursion en car. Nous bavardions et nous amusions du paysage qui défilait devant nos yeux à toute vitesse. A mon réveil, je me sentais comme à un retour de vacances.*

Ce joyeux périple évoque la destinée commune — du moins en partie — de deux amis. Leurs nombreux points communs proviennent indéniablement d'expériences similaires. Chacun d'eux apportera aide, soutien et encouragements à l'autre en cas de besoin, afin de rendre l'existence plus signifiante et plus gaie.

« Le bus manqué. » *Au terme d'une longue attente, je tournai le dos un instant et, pendant ce court instant, manquai le bus que j'espérais prendre. Je le regardai partir avec désespoir ; lorsque je me réveillai, cet affreux sentiment m'habitait toujours.*

Cette longue attente signifie que cette personne a déjà attendu pendant un certain temps qu'une occasion se présente. Avoir manqué son bus de cette façon doit l'inciter à se tenir prête à saisir cette chance, quelle qu'elle soit. Le message est le suivant : attendre, guetter et se préparer à sauter à bord.

« Les villes. » *Dans mes rêves, je sillonne fréquemment des villes en voiture, à la recherche de quelque chose d'insaisissable. Professionnellement, je ne suis amené ni à me déplacer, ni à me rendre dans plusieurs endroits, et encore moins des villes.*

Les rêves sont des miroirs de l'être. Par conséquent, les ambitions de cet homme l'entraînent très loin, afin de lui faire découvrir quelque chose qui le rapproche de son but. Cet objectif étant peut-être beaucoup plus proche qu'il ne l'imagine, ce songe devrait l'encourager à chercher en lui-même plutôt que dans ces villes lointaines. Celles-ci, d'ailleurs, font apparemment allusion à d'anciennes communautés auxquelles le rêveur ne semble pas appartenir.

« **La promenade à bicyclette.** » *Je me promenais à bicyclette sur une route conduisant au sommet d'une colline, puis se poursuivant en une pente très abrupte. Je m'efforçais de ne pas trop m'approcher du bord de cette route. Sans cesser de pédaler, je gagnai une petite route étroite, hors de cette zone de danger, et me retrouvai en plein champ. Je me réveillai malheureusement avant d'être arrivée à destination.*

La situation dépeinte par ce songe transparaîtra une fois ses signes et ses symboles élucidés. La route représente le chemin de vie de cette femme, caractérisé par son ascension jusqu'à un point où un danger potentiel la guette. Elle vaincra cette difficulté, mais au prix de certaines restrictions ainsi que semble le suggérer le rétrécissement de la route. Le véhicule utilisé (la bicyclette) indique que les efforts de cette femme dans la vie sont considérables et que c'est ce dynamisme personnel qui la mènera en plein champ, hors de danger.

« **Au sommet du monde.** » *Au terme d'une marche de plusieurs kilomètres j'atteignis le sommet d'une montagne, d'où je profitai d'un panorama splendide. J'étais seule, mais ne m'en souciais guère.*

Cette marche en solitaire veut dire que cette femme n'est redevable de ses progrès et de sa satisfaction qu'à ses propres efforts physiques. Bientôt elle sera à l'apogée de son ascension et éprouvera le sentiment d'être au sommet du monde. C'est à ce moment-là qu'elle pourra évaluer sa position et sa destination future avec précision.

« **Le mur de pierre.** » *Après avoir traversé un champ, nous nous retrouvâmes, mon fiancé et moi-même, devant un mur de pierre. Or, au lieu de l'enjamber, nous le survolâmes en flottant.*

Cette marche à deux témoigne d'une destinée commune et sans problèmes, du moins temporairement. Le mur de pierre évoque un obstacle auquel tous deux devront faire face, mais qu'ils parviendront à surmonter sans trop de difficultés.

« Descendre une côte en courant. » *Quelque chose d'extrêmement désagréable motivait ma course en bas de cette colline. Au pied de celle-ci s'écoulait un étroit ruisseau, que je franchis promptement et sans peine.*

Ce songe révèle probablement une vérité cruelle que cette femme fuit et à laquelle elle refuse de faire face. Agir ainsi ne résoudra rien. Le ruisseau étroit désigne un sentiment ou une émotion qui sera rapidement et aisément dominé. En effet, quel que soit l'objet de sa peur, il n'est pas aussi terrible qu'elle se l'imagine.

« Le ciel bleu. » *J'étais debout, à flanc de coteau, et surplombais une vallée. Une vue d'une portée considérable s'offrait à mon regard, et je savourais la chaleur du soleil qui brillait dans un magnifique ciel bleu. Ce rêve ne reflète certainement pas ma situation actuelle ; une tempête et de la pluie auraient été plus à propos.*

Soleil et chaleur n'apparaissent pas dans ce songe par hasard. Ces images augurent certainement d'un dénouement heureux. Cette femme parviendra à juger objectivement de sa situation et éprouvera une profonde satisfaction à surmonter ainsi ce passage à vide et à résoudre ses problèmes. Le ciel bleu guette déjà à l'horizon et, par conséquent, elle ne doit pas perdre courage.

« La fausse route. » *Une route en zigzag s'étendait devant moi. J'arrivai à un carrefour en forme de T. Après délibération, j'optai pour la voie de gauche et me retrouvai dans un cul-de-sac. Je revins sur mes pas et m'engageai sur l'autre voie. Bientôt celle-ci se transforma en une pente escarpée, dont je n'ai jamais atteint le sommet.*

Symbole de son destin, cette route en zigzag révèle qu'en dépit d'efforts considérables cette femme semble n'arriver nulle part. Sa première option, bien que sans issue, ne doit pas être considérée comme une perte de temps, mais plutôt comme une expérience instructive. La colline escarpée indique qu'elle commence peu à peu à surmonter ses problèmes et qu'il lui faut s'efforcer de poursuivre dans cette voie, même si cela n'est pas si facile.

« **Le cours de survie.** » *Je participais, avec un ami, à une sorte de cours de survie. Nous accomplîmes tous deux avec succès des exercices périlleux que nous n'aurions jamais pu faire en réalité.*

La vie — entre autres — est un dangereux cours de survie. Les réussites de ce rêve symbolisent d'éventuels succès à venir, à condition d'envisager l'existence d'un point de vue aventureux. Ce songe cherche à rassurer le rêveur et, par son intermédiaire, à stimuler son ami.

« **La promenade forcée.** » *Un homme me persuada de monter dans sa voiture, et j'acceptai à contrecœur. Cette expérience fut terrifiante, et j'échouai dans un lieu que je ne reconnaissais pas.*

D'un point de vue littéral, l'avertissement de ce songe est clair : cette femme ne doit pas monter dans un véhicule contre son gré. D'autre part, son message symbolique l'exhorte à ne pas se laisser entraîner par une personne qu'elle n'apprécie pas ou en qui elle n'a pas confiance. Si elle ne tient pas compte de ces conseils, elle risque de se retrouver dans une situation peu familière et de se sentir perdue.

« **Le remonte-pente.** » *J'attendais le remonte-pente qui devait m'emmener au sommet de la piste. La personne qui me précédait tomba, se blessa et entraîna plusieurs personnes dans sa chute. Cet incident me rendit nerveux, et je me réveillai avant d'avoir atteint le sommet de la montagne.*

Si le rêveur part en vacances de ski dans les jours qui suivent, ce rêve est prémonitoire. D'un point de vue symbolique, l'attente équivaut à une anticipation et la montagne fait référence aux idéaux élevés du rêveur et à l'apogée de ses espérances. Voir d'autres personnes tomber avant d'atteindre le haut de la piste peut certes ébranler sa confiance, mais cela ne signifie pas que le même sort lui soit nécessairement réservé. Sa voie est différente de la leur et il lui faut aller de l'avant, sans tenir compte des échecs d'autrui. Leurs pierres d'achoppement peuvent néanmoins lui servir de leçon.

« Le cycliste acrobate. » *Je levai les yeux et aperçus un individu debout sur un immense immeuble. Je fus stupéfaite de le voir monter sur un vélo, puis s'engager sur un câble tendu entre deux bâtiments. L'homme n'était qu'à mi-parcours lorsque je me réveillai.*

Quelqu'un (et peut-être cette femme) se trouve actuellement dans une situation extrêmement précaire. Ce rêve est un appel au calme et devrait inciter cette personne à ne pas trop s'écarter de sa voie. N'arriver qu'à mi-parcours signifie que la personne concernée a déjà parcouru la moitié du chemin.

« La roue en mouvement. » *Une immense roue dentée tournait doucement.*

Symbole alchimique, la roue représente la destinée. L'individu est toujours au centre. La roue dentée évoque la nécessité pour cette femme de s'assurer qu'elle est en harmonie avec la vie (tel un simple rouage dans une machine), si elle veut que son existence se passe sans à-coups.

« Le quai. » *Le bateau sur lequel je me trouvais traversait un océan (peut-être l'Atlantique). Très agitée pendant une partie du voyage, la mer finit par se calmer. Lorsque nous accostâmes, je débarquai sur le quai en me jurant de ne jamais plus remettre les pieds sur un bateau.*

Au cours de sa vie, cet homme semble avoir connu quelques tempêtes même si, aujourd'hui, il paraît sorti de la tourmente. Son serment de ne jamais repartir en bateau désigne sa ferme intention d'éviter que de tels événements se reproduisent dans l'avenir.

« Le chemin étroit. » *Le chemin étroit et pentu sur lequel je marchais se raidissait de plus en plus. J'aperçus devant moi un énorme arbre dont l'une des branches s'était écrasée en travers du chemin. Je ne disposais apparemment d'aucun moyen pour la contourner, car les bords de ce chemin étaient trop élevés pour que je puisse les escalader.*

Ce rêve reflète le combat de plus en plus difficile mené par cette femme en ce moment. La branche l'avertit d'un obstacle proche et symbolise probablement un membre de sa famille qui entrave sérieusement sa vie. Il lui faut choisir entre la retraite ou l'affrontement. L'étroitesse du chemin souligne son peu de chance de se soustraire à cette confrontation, et la nécessité d'opter pour l'une ou l'autre de ces deux solutions.

« **L'autoroute.** » *Après avoir roulé tranquillement sur des routes de campagne, je me retrouvai brusquement à l'entrée de l'autoroute, dans l'impossibilité de faire demi-tour. Une fois engagé, je me rendis compte que cela n'était pas aussi terrifiant que je l'avais cru.*

La paix et la sérénité dans lesquelles cet homme baigne actuellement ne vont pas tarder à être compromises. Son rythme de vie va certainement s'accélérer et, bien que cette perspective puisse le troubler au début, il s'apercevra que cela n'est pas aussi dangereux qu'il le pensait. En fait, cette agitation pourrait devenir très excitante.

« **L'excès de vitesse.** » *Monté sur une moto rapide, je m'élançai à toute allure dans des lieux défendus, bien qu'aucun panneau de signalisation ne mentionne cette interdiction. Un agent de police me héla et me passa un savon. Je ne possède ni voiture, ni moto.*

Ce rêve est une mise en garde. Son intention est d'expliquer à son auteur que la vitesse n'est pas le but du jeu et qu'il est sensé se conformer aux règles implicites de la vie. L'agent de police incarne le penchant autoritaire de sa personnalité qui sait très bien distinguer le bien du mal. Moralité de ce songe : il devrait s'en inspirer plus souvent.

« **La voiture de pompiers rouge.** » *Une voiture de pompiers rouge filait à toute vitesse dans un vacarme effrayant. C'est là la seule image de ce rêve que j'ai — d'une certaine manière — associée à la tentative de suicide de mon ami dont je fus informé le jour suivant.*

Le rouge attestant d'un danger, il s'agit d'un avertissement. Cette voiture de pompiers fait allusion au feu, symbole d'énergie vitale. Ce songe peut correspondre au message télépathique d'un ami, informant le rêveur de sa situation désespérée. Son aide et son soutien seraient, semble-t-il, bienvenus.

« Une amie dans le besoin. » *Je marchais dans une forêt en compagnie d'une amie que je n'avais pas revue depuis plusieurs années. Très affligées, nous parlions de nos problèmes familiaux. Une atmosphère extrêmement angoissante régnait au milieu de ces arbres, et je me réveillai inquiète au sujet de cette amie.*

Un lien très étroit lie ces deux femmes depuis le passé. Toutes deux semblent confrontées à des problèmes familiaux. Les arbres désignent leurs familles, auxquelles l'angoisse ressentie est certainement rattachée. Cette femme devrait essayer de contacter son amie, afin de lui proposer de s'exposer mutuellement leur situation.

« Égaré dans les bas-fonds d'une ville. » *Après être descendu d'un train en marche, je me retrouvai égaré dans les bas-fonds d'une ville inconnue.*

Cette descente d'un train en marche met en garde le rêveur contre la tentation de renoncer à un projet avant d'être parvenu à ses fins. En agissant ainsi, il risque de se retrouver dans une situation pire qu'avant et ne plus savoir où il est, ni où il va.

« Le rêve d'une lycéenne. » *C'est un rêve chronique, dans lequel je suis assise, avec mes camarades, au deuxième étage d'un train de banlieue. Je constate avec consternation que je suis nue et tente vainement de me cacher avec mon cartable. Je suis extrêmement angoissée à l'idée d'avoir à descendre nue de ce wagon.*

Le voyage de cette lycéenne au deuxième étage de ce train révèle des objectifs ambitieux, probablement scolaires. La nudité trahit sa peur de dévoiler sa véritable personnalité et ses efforts pour dissimuler ses émotions. A cet âge, être dépouillé de ces vêtements dans un rêve est un signe de timidité. C'est également le symbole d'un renoncement à des inhibitions, généralement sexuelles.

« Le conducteur arrière. » *Inconfortablement assise au milieu du siège arrière de la voiture de mon mari, je conduisais.*

Pour rendre la situation plus délicate encore, celui-ci me guidait depuis le siège avant.

Dans ce rêve, le passager arrière semble détenir le pouvoir. Bien que cette femme soit — métaphoriquement — accoutumée à passer au second plan dans son couple, ce songe lui a dévoilé le rôle de catalyseur qu'elle joue au sein de son foyer. Son mari attend beaucoup d'elle, même l'impossible ; néanmoins, ce songe lui prouve sa maîtrise parfaite de la situation.

« Au volant d'une voiture de sport. » *Au volant d'une très jolie voiture de sport, pourvue d'un long capot, je conduisais sur une longue ligne droite. Me prenant pour un authentique pilote de course, je dépassai presque tout le monde. C'était merveilleux d'être au volant d'un engin si puissant.*

Ce rêve révèle certainement l'ambition de ce jeune homme, bien que Freud eût pu y déceler de fortes impulsions sexuelles. La ligne droite, le long capot, la compétition, tous ces éléments peuvent en effet symboliser un désir sexuel ardent. Cependant, ils peuvent également refléter sa carrière et sa volonté de réussir. Vu sous cet angle, et étant donné sa fougue lorsqu'il s'agit de dépasser les autres pour arriver le premier, son avenir s'annonce florissant.

« Le cross. » *Je participais à un cross. Parmi les participants se trouvait mon ancien professeur d'éducation physique. Une bagarre, à laquelle je n'étais pas mêlé, éclata sur le parcours.*

Cette course représente le comportement du rêveur dans cette foire d'empoigne qu'est la vie. Cet homme s'intéresse probablement au sport, ce qui explique le choix de ce thème. D'autre part, il estime que les gens imbus d'eux-mêmes (personnifiés par le maître de sports) ont une ou deux choses à apprendre de lui. Le fait qu'il ne participe pas à la dispute devrait l'encourager à continuer à ne pas se mêler aux conflits qui éclatent souvent autour de lui.

« L'aéroport étranger. » *Je me retrouvai dans un aéroport d'outre-mer. Une rampe d'escaliers abrupte conduisait à la sortie, ainsi qu'au bureau de douane. J'étais cependant trop effrayée pour bouger.*

Les lieux étrangers augurent d'expériences nouvelles. La présence de cette femme dans cet aéroport indique qu'elle se trouve dans une phase transitoire de sa vie et qu'elle a peur d'aller de l'avant. Il lui faudra en effet de l'énergie et du courage pour se lancer mais, auparavant, elle devra s'efforcer de cerner sa propre identité et de réfléchir au type de femme qu'elle aspire à être dans l'avenir.

« Conditions sociales. » *Mes filles aînées et leurs maris marchaient devant moi. J'essayai de les rattraper, mais ils accélérèrent le pas et prirent des raccourcis. Finalement je renonçai à ce projet et me retrouvai seule, à des kilomètres derrière eux.*

C'est un fait de société qu'un jour ou l'autre les enfants mènent leur propre vie et, souvent, dépassent leurs parents. Cette femme se désole d'être ainsi distancée par sa progéniture. Ce rêve essaie de lui faire comprendre que leurs voies ne sont pas les mêmes, que ses enfants empruntent la voie rapide. Si elle parvient à accepter cette fatalité, elle s'apercevra qu'il lui était impossible de les rattraper. Cela ne veut toutefois pas dire qu'elle doit s'isoler, mais plutôt qu'elle ne doit plus considérer sa famille comme sa source unique de relation et de soutien.

CHAPITRE XX

La découverte de soi par les rêves

Le langage des rêves est une énigme psychologique dont la signification est souvent très différente de ce à quoi nous nous attendons. Dans la vie, la plupart des problèmes sont psychologiques en ce sens que les sentiments qu'ils suscitent sont intraduisibles par des mots ; en fait, certaines de ces impressions ne peuvent s'exprimer que dans les rêves, où ils sont à l'abri des indiscrétions et des critiques d'autrui.

Débrouiller les expressions symboliques de nos émotions n'est difficile que dans la mesure où nous essayons de leur appliquer un raisonnement logique, avec des mots et une compréhension intellectuelle des faits. Le langage des rêves et de l'inconscient ne s'apprend pas comme une langue étrangère ; ce n'est pas un langage de mots, mais un langage d'images aux significations multiples. En outre, le message transmis dépend des circonstances personnelles du rêveur.

Le langage onirique collectif (avec ses images traditionnelles) forme l'essentiel d'un songe. Les multiples personnages et les nombreux objets auxquels il recourt définissent d'autres personnes et d'autres objets et, par conséquent, ce sont ces masques qui doivent tomber. Prenons des exemples : une maison et de l'eau évoquent traditionnellement le rêveur et ses émotions ; la maison devient la résidence de son âme et une mare le réservoir de ses émotions inconscientes.

1. Les rêves de maisons et de bâtiments

Dans la maison de nos rêves, dans le jardin et dans les rues avoisinantes, nous rencontrons souvent des amis, des rivaux, des inconnus... Lorsque ces personnages interprètent leurs propres rôles, ils incarnent habituellement des traits de caractère personnels que nous avons feint d'ignorer ou que nous n'avons pas admis.

Chacun des récits de maison suivants dévoile un aspect ou une tendance de la personnalité du rêveur. L'extérieur de la maison désigne l'apparence du rêveur, aussi bien que l'image qu'il donne de lui. Les portes sont des opportunités d'ouverture pour une nouvelle compréhension, les fenêtres sont les fenêtres de l'âme (l'œil perçant de la conscience), une cave l'inconscient, etc.

« Une cabane. » *Je vivais dans une cabane, au fond du jardin ; néanmoins, je rentrais dans la maison pour cuisiner, faire la lessive et aller aux toilettes. Extérieurement, cette maison paraissait beaucoup plus belle qu'elle ne l'est en réalité.*

De toute évidence, cette femme se dévalorise. Cette version embellie de sa maison montre qu'elle possède des qualités et un potentiel dont elle n'a pas encore pris conscience. Il lui faut donc édifier une meilleure image d'elle-même, en commençant par son aspect extérieur. Avoir belle apparence est un excellent moyen pour augmenter sa confiance en soi.

« Le cadeau. » *Je grimpai plusieurs marches avant d'atteindre enfin le haut de l'escalier. Je devais chercher quelque chose contenant un cadeau. Plusieurs portes s'offraient à moi, aisées à ouvrir. Dans une des chambres, je trouvai la boîte renfermant l'objet cherché. Malheureusement, je me réveillai avant de l'avoir ouverte.*

Cette montée d'escaliers indique probablement que cette personne est en train de surmonter un problème et qu'elle cherche d'une manière avisée et intuitive. Les multiples portes s'ouvrant aisément correspondent aux nombreuses possibilités dont elle dispose pour découvrir ce cadeau, manifestement un talent encore caché. Le fait qu'il soit enfermé dans une boîte laisse à penser que le rêveur sait déjà quelque chose à son sujet. D'autre part cette boîte est un indice, et c'est elle qui doit être identifiée. Si son interprétation en termes logiques s'avère impossible, un autre rêve sur ce thème pourrait être incubé.

« Deux maisons. » *Il y avait deux maisons côte à côte, dont l'une était beaucoup plus vaste que l'autre. J'habitais dans la plus petite des deux. De chez moi, je pouvais voir à l'intérieur de la grande maison que je me surpris à visiter. Mais je ne m'y sentais pas chez moi et mal à l'aise.*

La petite maison représente cette femme telle qu'elle est actuellement, alors que la grande maison est un aperçu de ses potentialités. Compte tenu des impressions que lui laisse la visite de cette vaste demeure, elle ne semble nullement aspirer à les développer. Cette grande maison peut également dépeindre une personne qu'elle admire, sans qu'elle éprouve le désir de lui ressembler. Elle seule peut déterminer laquelle de ces deux versions reflète le mieux sa situation.

« La salle de classe. » *Dans une salle de classe remplie d'enfants, je vis plusieurs garçons et filles se comporter méchamment sans que le maître semble tenir compte de leurs attitudes. Bizarrement, il ne choisissait et ne punissait que les enfants les plus sages.*

Cette salle de classe symbolise l'école de la vie dans laquelle cette personne voit beaucoup d'adultes se conduire très mal (comme de vilains enfants) et s'en tirer malgré tout à bon compte. Ce songe souligne aussi son sens de l'équité, mais devrait également l'inciter à se demander si elle-même ne ressemble pas à ce maître et s'il ne lui arrive pas de critiquer autour d'elle des êtres qui ne le méritent pas.

« La haie. » *Une maison d'apparence quelconque était entourée d'une haie. Ce qui m'inquiétait, c'est que cette haie encerclait complètement la maison et qu'elle ne comportait aucune ouverture.*

Cette maison insignifiante renvoie tristement cette femme à sa propre image. De plus, ce rêve dénonce cette barrière de protection qu'elle a érigée autour d'elle, et dont l'ampleur est aujourd'hui telle qu'elle en est quasiment prisonnière. Il l'exhorte ainsi à s'évader de cette prison auto-imposée avant que cette haie ne soit trop élevée pour fuir.

« Tournée vers le passé. » *Tout en regardant derrière moi, je descendais au rez-de-chaussée d'une maison. Au bas de l'escalier, un homme m'attendait, mais je ne parvins pas à l'identifier.*

Après avoir trop vécu dans les nuages, cette femme — pour une certaine raison — redescend sur terre. Les regards qu'elle jette derrière elle révèlent cette mélancolie du passé et ces souvenirs ressassés qui l'empêchent de vivre dans le présent et d'apprécier la compagnie de l'homme qui, manifestement, l'attend. Il est temps pour elle de se tourner vers l'avenir et de regarder devant elle avec, si possible, l'intention de rencontrer un être ayant les pieds bien sur terre.

« Les lattes de plancher manquantes. » *Je me trouvais dans la pièce du haut d'une énorme maison. Plusieurs lattes manquaient au plancher et je faillis mettre le pied dans une des brèches. Bien que sûr de moi et même un peu excité, quelques frissons de peur me parcoururent l'échine lorsque je réalisai que j'aurais pu me blesser.*

Indépendamment des circonstances personnelles évoquées dans ce rêve et connues du rêveur seul, ce récit dévoile certains aspects de cet homme. Apparemment, sa position sociale est assez élevée. Néanmoins, il n'est pas sans savoir que nul n'est infaillible et qu'une simple négligence pourrait tout gâcher. Ce rêve l'avertit qu'un impair a déjà été commis et lui conseille une prudence extrême ; il doit s'efforcer de remédier à tout préjudice, afin de rétablir le statu quo.

« Une curieuse maison. » *Je marchais sur une route et me retrouvais bientôt bloquée par une maison curieuse et pourtant familière. Il m'était impossible de la contourner, et je dus me résoudre à entrer par effraction pour la traverser et ressortir de l'autre côté ; je me retrouvai effectivement sur la route. J'étais contente de moi mais, en même temps, me sentais un peu coupable.*

Quelqu'un de plutôt audacieux fait franchement obstacle à cette femme. Toutefois, la manière dont cette personne est signalée dans ce songe laisse à penser qu'elle désigne également une solution. Ce rêve ressemble à un face à face impliquant la violation de l'intimité de la personne gênante. Les craintes de cette femme ne sont pas justifiées, puisque apparemment tout se passera bien et que, finalement, elle éprouvera une certaine satisfaction teintée d'un peu de remords.

« Et la maison était vide. » *De retour chez moi, après une sortie avec des amis de bonne compagnie, je retrouvai ma maison dévastée ; tous les meubles avaient disparu et, pourtant, je n'avais pas l'impression d'être victime d'un vol.*

Cette maison représente de toute évidence la résidence de l'âme de cette personne. En fait, l'urgence n'est pas ici de ranger cette demeure, mais plutôt de la meubler, c'est-à-dire de la remplir de souvenirs précieux, de projets, de souhaits et de tout élément susceptible de combler les espaces vides d'une vie. Sortir avec des amis est certes une bonne chose, cependant, cela ne compense pas sa pauvreté intérieure.

« Au fond du jardin. » *Je me dirigeais vers le fond du jardin tout en regardant derrière moi en direction de la maison. J'aperçus un adorable lapin qui sautillait dans le gazon, broutant çà et là un brin d'herbe. J'essayai de l'attraper, mais sans succès.*

Le jardin de cette femme dépeint son jardin d'Éden, son proche environnement. Sa promenade vers le fond du jardin témoigne de son objectivité vis-à-vis d'elle-même, de sa situation et de son rôle dans la vie. Le lapin fait allusion à sa timidité, et ses sautillements de-ci, de-là pour brouter dénoncent un manque de concentration et d'orientation. Il lui faudra dès lors faire preuve de plus d'audace et se fixer quelques fermes objectifs à atteindre. Sa tentative pour capturer le lapin montre qu'elle s'efforce déjà de maîtriser sa tendance à l'éparpillement, non sans quelques difficultés.

« L'introspection. » *Je pénétrai dans un bâtiment sombre et essayai d'allumer la lumière, en vain. J'ai fait ce rêve plu-*

sieurs fois et ne possède toujours pas d'indice pour élucider son message.

Pénétrer dans un bâtiment sombre équivaut à un exercice d'introspection, en quête d'une vérité ou d'une réponse. Ne pas réussir à allumer la lumière fait état de réflexions demeurées superficielles et insuffisantes. La répétition de ce songe signifie que cet homme n'a pas encore compris le message qu'il se transmet à lui-même. Il cessera une fois sa mission accomplie, à savoir lorsque le rêveur aura déchiffré son communiqué. En incubant le bon rêve, d'autres éléments seront mis en lumière.

« La vieille maison. » *Dans mes rêves, je retourne fréquemment dans la maison de mon enfance. Mon père ainsi que tous mes amis d'antan sont présents. Ces rêves sont toujours joyeux.*

Ces retours vers l'enfance trahissent un besoin de se remémorer des souvenirs passés afin d'échapper à des responsabilités présentes. Comparativement à l'âge adulte, l'enfance est sécurisante, excitante et agréable. Dès lors, des images de ce temps peuvent servir de compensation à la vie adulte qui n'est pas toujours rose. La figure du Père introduit la notion d'autorité et de puissance et peut vouloir dire ici que ces qualités font actuellement défaut à cet homme. Ce type de rêve vise avant tout à renforcer la confiance du rêveur en lui-même.

« Le changement de domicile. » *Nous emménagions dans une autre maison, et l'idée de ce remue-ménage m'angoissait, d'autant plus que je ne reconnaissais pas la maison dans laquelle nous étions supposés nous installer.*

Ce rêve reflète un sentiment d'insécurité. Il pourrait être rattaché à la famille dans son ensemble, au sein de laquelle des changements vont se produire et auxquels cette femme n'a pas le courage de faire face. L'avenir pourrait être fort différent du présent et, par conséquent, il est préférable pour elle qu'elle ait conscience de ces bouleversements à l'avance plutôt que de se les voir imposer sans avertissement.

« Broyer du noir. » *Le sous-sol de la maison dans laquelle je me trouvais était plongé dans l'obscurité. J'essayai de rejoin-*

dre les escaliers, mais ne réussis pas à les trouver. Je me réveillai très abattu.

Ce rêve n'est pas le motif de la dépression, mais la dépression et le rêve ont une cause commune, profondément ancrée dans les profondeurs de l'inconscient du rêveur et dont lui seul connaît la nature. Ses efforts pour atteindre les escaliers attestent d'une issue possible à cette situation déprimante, même si cela n'est pas évident en ce moment. Néanmoins, le rêveur est encouragé à poursuivre ses recherches.

« Les peintures et la tapisserie. » *Après avoir peint et tapissé toute une pièce, je sortis quelques instants avant de revenir admirer mon ouvrage. Or le papier s'était complètement décollé, laissant apparaître l'ancien papier, vieux et sale.*

Dans un songe, une pièce figure un trait de caractère ou une facette particulière du rêveur. Par conséquent, refaire la tapisserie et les peintures de cette chambre prouve que cet homme essaie — d'une certaine façon — d'épurer ou d'améliorer cet aspect de lui-même. Ce rêve le prévient qu'il doit s'attendre à des réactions d'exaspération, successives à des efforts vains. Dès lors, il devra veiller à ce que tout soit en ordre dès le début ; retapisser sur l'ancienne tapisserie n'est jamais très judicieux.

« Le bâtiment inachevé. » *C'était un bâtiment insolite et inachevé. A l'intérieur, une rampe d'escaliers conduisant aux combles et c'est tout. Je me souviens cependant m'être dite à moi-même qu'une fois les travaux terminés l'édifice serait plutôt beau. Bien que consciente du danger, j'entrepris de grimper ces escaliers. Malheureusement, je me réveillai sans être allée très loin.*

L'état du bâtiment renseigne cette femme sur les progrès accomplis pour atteindre son objectif et devenir la personne qu'elle désire réellement être. Les escaliers dénotent une forte ambition et des idéaux élevés. D'autre part, l'extrême dénuement de cette maison suggère que les besoins de cette femme sont autres ; dans l'état actuel des choses, aspirer à des sommets pourrait présenter certains dangers et, comme l'illustre son rêve, elle n'irait pas très loin. L'achèvement de cet édifice nécessitera encore beaucoup de travail.

« **La maison en feu.** » *Ma maison était en feu et je la regardais s'effondrer lentement. Lorsqu'elle fut entièrement consumée, il ne restait du bâtiment qu'un tas de décombres carbonisés dans lequel je trouvai un œuf.*

Cet incendie augure d'une destruction totale de l'image du rêveur ; il doit se préparer à un énorme bouleversement. Cependant, la présence de l'œuf présage une bonne nouvelle ; il représente l'embryon de sa nouvelle personnalité, cette image neuve qui — tel un phénix (1) — naîtra des cendres de ses expériences passées.

« **La vue de la cuisine.** » *J'étais debout dans une grande cuisine et regardais dans le jardin. Là, plusieurs personnes paressaient dans des chaises longues, détendues et parfaitement heureuses. Je ne pouvais cependant pas me résoudre à sortir pour les rejoindre, même si je savais que leur accueil serait chaleureux.*

De toute évidence, cette femme est enracinée à son évier et quasiment esclave de ses fourneaux. Cet asservissement est aujourd'hui tel que toute sa vie tourne autour des tâches domestiques. Ce rêve tente de l'exhorter à se donner un peu de temps libre, afin de ressembler à certaines de ses amies qui réussissent à concilier leur bon plaisir et leur ménage.

« **La maison de ma grand-mère.** » *Je me promenais dans la maison de ma grand-mère aux Antilles. Rien n'avait changé, si ce n'est un tapis neuf que je remarquai plus particulièrement.*

Ce rêve indique que cette personne pense beaucoup à ses origines socioculturelles. Les Anciens (y compris les grands-parents) sont traditionnellement les gardiens des traditions, mais aussi des signes de protection. Le tapis neuf témoigne de sa nouvelle vie (dans laquelle rien n'a changé en ce qui concerne la famille), mais signifie également qu'elle se fait marcher dessus (2) par autrui. Le message de ce songe est qu'avec un milieu socio-

---

1. Dans la mythologie, le *phénix* est un animal fabuleux, oiseau unique de son espèce, qui vivait plusieurs siècles et, brûlé, renaissait de ses cendres.

2. *Marcher sur quelqu'un* signifie ne pas hésiter à nuire à autrui pour s'assurer un avantage.

culturel aussi stable et fiable, cette femme n'a rien à craindre du présent et qu'elle devrait se faire confiance.

« Le dortoir éclairé aux chandelles. » *Lorsque j'étais enfant, je fus mis en pension ; il n'est donc pas surprenant que j'aie rêvé du dortoir. Dans mon rêve, il était éclairé aux chandelles et je mangeais du poisson.*

Cette image de dortoir montre que le rêveur essaie de se discipliner pendant son sommeil. La lueur des bougies dévoile des idéaux élevés et fait la lumière sur la spiritualité et sur l'intelligence ; de plus, manger du poisson est un signe de réplétion spirituelle. Ce rêve offre au rêveur des sujets de réflexion qui devraient le soutenir dans sa quête.

« De dures épreuves. » *Il pleuvait et je contemplais un vieux moulin désaffecté. J'entrai à l'intérieur du moulin ; l'endroit était sombre et poussiéreux. Pourtant, lorsque je ressortis à l'air libre, la pluie avait cessé et le soleil commençait à briller.*

Manifestement, cet homme est récemment passé par de dures épreuves. Cette expérience, qui semble lui avoir demandé un certain effort physique, est aujourd'hui terminée et va s'ajouter — en tant que souvenir — à son riche éventail d'expériences. L'avenir (symbolisé par le soleil) s'annonçant bien, il devrait cesser de regarder en arrière.

« Au bar. » *La maison dans laquelle je me trouvais ressemblait plus à un club qu'à une maison. Je m'approchai du bar et commandai à boire. Cependant, au moment de payer, je n'avais pas assez d'argent. Le serveur, furieux, me harcelait, mais je ne parvins à réunir que quelques pièces dont la somme était loin du montant dû.*

Plusieurs avertissements se dégagent de cette scène et, entre autres, le fait que cet homme traite sa maison comme un club ou un bar. D'autre part, il passe trop de temps à essayer de fuir la vérité et, en agissant ainsi, il vit au-dessus de ses moyens et s'attire des ennuis (comme l'évoque ici la réaction du serveur). D'un point de vue littéral, ce songe pourrait faire état de difficultés financières ; toutefois, il peut être endetté d'une autre manière, par exemple en récoltant plus qu'il ne sème.

« Une chambre sans fenêtre. » *Je me trouvais dans une chambre sans fenêtre. J'étais terrifiée et paniquais à l'idée de ne pas pouvoir m'enfuir.*

Il y a quelque chose que cette personne ignore complètement. En outre, elle se sent prise au piège. Ce rêve n'offre pas d'indice quant au nœud du problème, et cette panique et ce trouble ne disparaîtront que le jour où elle décidera de sortir elle-même de cette chambre. Adopter un tout autre point de vue sur la situation lui permettrait de passer dans une pièce avec vue et, de là, les choses ne lui sembleraient pas aussi compromises.

« Près des dieux. » *Une porte battante s'ouvrait sur le foyer* (3) *d'un théâtre. Je la poussai et trouvai là des gens qui attendaient le début du spectacle. Je pris un escalier abrupt et m'assis bien au-dessus de la scène. Malheureusement, je me réveillai avant le commencement de la représentation.*

Cette porte battante dépeint le passage du rêveur du conscient à l'inconscient. Les gens amassés dans le foyer incarnent des aspects de lui-même ; tous attendent le spectacle, joué sur la scène de ce théâtre personnel. Des événements passés, présents et futurs devant être évoqués, quelle meilleure position que ce fauteuil (près des dieux) pour assister au spectacle ?

Le rêveur devrait également songer à incuber le prochain épisode de ce rêve ; celui-ci, en effet, pourrait préluder à une série de songes dévoilant son histoire.

« Un bureau. » *J'étais dans un bureau rempli de dossiers, de documents administratifs et autres et m'attendais à tout moment à ce que quelqu'un entre ; mais personne ne vint. Je savais que cette personne m'aurait interrogé avec rigueur, et cette perspective me mettait très mal à l'aise. En fait, je ne travaille pas dans un bureau et ne m'occupe guère de paperasseries.*

Ce bureau désigne l'administration sous toutes ses formes. Le malaise de cet homme et la vue de ces documents l'avertissent d'une méprise, éventuellement d'erreurs de calcul. Du moment que personne n'est entré dans la pièce (un aspect de

---

3. Le *foyer* d'un théâtre est un salon où le public se réunit durant les entractes.

ce problème), on peut penser que des investigations seraient prématurées. De toute évidence, le rêveur se sent coupable de quelque chose : dès lors, s'il est honnête avec lui-même, il reconnaîtra ce à quoi ce songe fait allusion et s'apercevra qu'il n'est peut-être pas trop tard pour clarifier les choses.

« Une maison ancienne. » *Je suis dans cette maison ancienne et je sais qu'une fois modernisée elle serait fabuleuse. Debout près de la cheminée, une casserole à la main et s'apprêtant à préparer à manger, une vieille femme attire mon attention.*

Ce songe révèle la nécessité pour cette femme de se moderniser. En renonçant à ses vieilles idées et en se fixant de nouveaux objectifs, elle pourrait être aussi formidable qu'elle le souhaite. Son attirance pour la cheminée témoigne d'une existence consacrée à la terre (la famille). Ainsi, la vieille femme qui prépare à manger n'est autre que sa propre image de femme au foyer et souligne le fait que cuisiner est quasiment sa seule activité du moment. Toutefois, cette situation n'est pas irrémédiable.

« La tour. » *Je me trouvais dans une tour de guet attenante à un bâtiment et, de là, je pouvais voir dans toutes les directions pendant des kilomètres et des kilomètres.*

Les tours sont des signes de solidité (dans le sens de solide comme un roc ou pour désigner des ambitions démesurées). Étant donné son excellente position (représentée par la tour de guet) pour surveiller sa situation, cette femme devrait pouvoir pressentir toutes les embûches qui la guettent et agir avant que celles-ci ne perturbent trop son existence.

« Les apparences extérieures. » *Ma maison penchait dangereusement et les murs se lézardaient. Le tuyau de la cheminée était endommagé et les peintures avaient besoin d'être refaites. Ces images me bouleversèrent complètement.*

L'état extérieur de cette demeure symbolise l'apparence de cette femme, et le trouble causé par cette scène devrait l'inciter à se reprendre. Le bilan des années passées est lourd et une réfection superficielle ne suffira pas ; un rajeunissement (par des exercices et un régime) importerait autant qu'une nouvelle coupe de cheveux et de nouveaux vêtements.

« La maison hantée. » *Je sais que la maison que je visite régulièrement dans mes rêves est hantée juste sous le toit. Malgré mon effroi, je me suis déjà aventurée là-haut une fois ou deux ; il m'est cependant impossible de décrire l'impression terrifiante que cette escapade m'a laissée.*

Cette maison (symbole du rêveur) possède au moins un mystère qui — aujourd'hui — doit être éclairci. Bien que cette femme ne puisse le décrire autrement que par un sentiment de peur, sa localisation (dans les combles de cette demeure et non pas dans la cave) permet un rapprochement entre ce mystère et les propres facultés de cette personne. Cette énigme demeurera jusqu'à ce que la peur qu'elle suscite soit défiée.

Un rêve lucide pourrait favoriser cette confrontation, à condition que — pendant l'incubation — cette femme se souvienne qu'elle a elle-même créé ce rêve, son contenu, de même que l'impression que les combles sont hantés.

2. Les rêves d'eau

« De l'eau, de l'eau de tous côtés, et pas une seule goutte à boire ! », cette description de l'océan pourrait tout aussi bien s'appliquer à l'eau des songes. Cet élément apparaît fréquemment dans les rêves ; symboliquement, il reflète des émotions ou des sentiments et peut également agir comme un révélateur spirituel (par exemple dans des rêves où d'étincelantes cascades se prêtent à des expériences spirituellement rajeunissantes).

Dans les songes, l'eau est porteuse d'énergie mais aussi de messages. Elle peut apaiser ou, au contraire, troubler, allant jusqu'à affecter désagréablement le rêveur au cours de la journée. On sait que nager dans une eau pure et cristalline peut guérir de tout ; et pourtant, une femme mouilla son lit une nuit où elle rêva qu'elle pataugeait dans les vagues ; mais est-ce le rêve qui précéda la vessie pleine ou l'inverse ?

Les scènes d'eau sont innombrables et les interprétations de la plupart d'entre elles sont spécifiques au rêveur. Néanmoins, la sélection de rêves suivante est plutôt de nature collective ; la plupart d'entre nous en fait en effet l'expérience un jour ou l'autre.

« Le raz-de-marée. » *J'étais sur la plage et vis une énorme vague s'approcher de moi. Nous étions plusieurs à cet endroit et nous nous précipitâmes tous pour nous mettre à l'abri. A la fin du rêve, j'étais au-dessus de la laisse* (4) *et, par conséquent, je survécus. Par contre, je ne sais pas ce qu'il advint aux autres.*

C'est probablement le rêve d'eau le plus commun. En effet, une majorité de gens devant, une fois ou l'autre, faire face à des pressions émotionnelles dans leur vie, il n'est pas surprenant qu'ils évoquent cette situation de la même manière et recourent à des déferlements d'eau pour symboliser ces forces submergeantes. Quelles que soient les circonstances personnelles ainsi esquissées (connues du rêveur seul), ces rêves annoncent des ennuis imminents. D'autres personnes, logées à la même enseigne, apparaissent également souvent ; néanmoins leur sort n'intéresse pas vraiment le rêveur, comme si elles n'étaient là que pour le réconforter et lui montrer que d'autres gens connaissent les mêmes tourments. Le rêveur survit presque toujours à ce raz-de-marée, ce qui, d'un point de vue prophétique ou rassurant, signifie qu'il vaincra cette difficulté.

« La jeune fille et la cascade. » *Alors que je me tenais près d'une cascade, une jeune fille vive et ravissante s'approcha doucement et s'arrêta derrière moi. Nos deux regards se fixèrent sur l'eau, puis elle sembla se volatiliser. A mon réveil je me sentais très heureuse et beaucoup mieux que je ne l'avais été depuis plusieurs années.*

Dans un rêve, les cascades ont la vertu de purifier le rêveur de ses problèmes et de ses peurs. Symboles des eaux de la vie, ce sont aussi des énergies de guérison. La jeune fille vive et ravissante incarne l'âme du rêveur qui est éternellement jeune ; il n'est donc pas étonnant que cette personne se sente ragaillardie et rajeunie après ce songe.

4. La *laisse* est la ligne atteinte par la mer sur une plage. Exemple : la laisse de haute mer.

« **Le semeur de trouble.** » *J'étais sur un petit bateau et nous naviguions sur une mer plutôt calme. Comme je me levais, les autres voyageurs m'insultèrent rudement, en me menaçant de me jeter à l'eau si je ne m'asseyais pas. Je fus très troublé par cette scène et me réveillai mal à l'aise.*

Le message métaphorique de ce songe semble assez clair : « Arrête de jouer le semeur de trouble. » Si cet avertissement s'applique à une situation préjudiciable à la sécurité d'autrui (dans un sens physique ou commercial), le rêveur ferait bien d'essayer de limiter les dégâts. S'il n'en tient pas compte et n'agit pas en conséquence, il pourrait lui aussi se retrouver dans le pétrin.

« **Le lointain horizon.** » *Debout sur la plage, j'avais envie d'entrer dans l'eau et de nager un peu, et pourtant je ne pouvais me résoudre à y aller. A l'horizon, j'apercevais d'énormes navires de haute mer.*

Cette envie de nager correspond au désir de cette femme de — littéralement — se jeter dans le mouvement, et les navires représentent divers projets qui s'éloignent. Dès lors, à moins d'être prête à se jeter à l'eau, elle devra patienter longtemps avant que son navire ne revienne.

« **La rivière de lait.** » *C'était une rivière ordinaire, s'écoulant entre ses berges. Elle semblait très crayeuse et, en y regardant de plus près, je constatai que ce n'était pas de l'eau, mais du lait.*

La vie de cette femme s'écoule silencieusement, mais néanmoins assez vite ; il lui faut donc profiter au maximum de chaque instant. L'aspect crayeux de l'eau (qui s'avère être du lait) est une promesse de pain et de bonne santé. Cette eau laiteuse désigne également le lait de la tendresse humaine qui coule dans ses veines ; manifestement elle est d'un grand secours et d'un grand réconfort pour autrui ; c'est probablement une guérisseuse.

« **Un port étranger.** » *J'étais dans un port étranger et regardais les bateaux danser sur l'eau. Ce spectacle extrêmement paisible m'enchanta et me rendit extraordinairement calme.*

Des lieux étrangers augurent toujours d'expériences inhabituelles. Les ports sont des havres épargnés par les tempêtes de la vie. En conséquence, quoi que l'avenir réserve à cette femme (tout en sachant que c'est peut-être le calme avant la tempête), elle peut être assurée qu'elle sera protégée du pire.

« Au fond du trou. » *Je ne sais toujours pas si j'étais sur des rochers au fond d'un étang d'eau claire ou dans une sorte de trou profond, mais je distinguai de la lumière au-dessus de moi. Pour l'atteindre, je devais me repousser ou nager jusqu'à la surface ; cependant, je savais qu'il me fallait apprendre la technique pour y parvenir.*

Il semblerait que cet homme soit tombé au plus bas et que — pour l'instant — il soit au fond du trou. A ce stade, les choses ne peuvent que s'améliorer. Néanmoins, il devra faire de gros efforts avant de pouvoir surmonter la cause de son problème, quel qu'il soit. Cette lumière au-dessus de lui et l'apparence plutôt claire de l'élément dans lequel il baigne sont des signes encourageants ; il sait au moins dans quelle direction orienter ses efforts.

« Le pont. » *Poursuivie par quelque chose, je me dirigeai vers un pont, lequel franchissait une rivière au cours rapide. Je m'arrêtai à mi-chemin ; l'idée de continuer m'effrayait autant que la perspective de revenir sur mes pas.*

Seule cette femme peut identifier cette chose qui la rattrape. Le pont est une jonction entre deux séries de circonstances ; toutefois, ce n'est qu'un refuge temporaire pendant qu'elle décide du chemin à suivre. Le cours rapide de la rivière fait état de la fuite du temps et de la précipitation des événements, lui indiquant ainsi qu'elle devra trancher très prochainement.

« La pataugeoire. » *L'idée de faire trempette dans une pataugeoire engageante m'enthousiasmait. Je fis un pas et, subitement, me retrouvai dans une eau plutôt profonde.*

Cette trempette en eau peu profonde (la pataugeoire) désigne les timides tâtonnements émotionnels de cette personne. Ce songe lui prédit que, sans une extrême prudence, elle risque d'être dans le bain jusqu'au cou. Étant prévenue du risque encouru, il lui faut maintenant se demander si elle souhaite vraiment se mouiller les pieds.

« Le retour au calme. » *Quelqu'un déposa une énorme quantité d'huile de cuisine devant ma porte. Je n'en avais pas commandé et n'en avais certainement pas besoin.*

Ce rêve annonce une intrusion personnelle, suivie d'une discussion ne concernant guère cette femme. Peut-être s'apercevra-t-elle qu'elle doit ramener le calme ; dans ce cas, elle appréciera d'avoir tout ce qu'il faut pour le faire.

« La marée montante. » C'est un rêve fréquent (à quelques variantes près) dont le thème est *la marée montante, progressive et implacable. Ce rêve n'est ni joyeux, ni effrayant.*

L'impression laissée par ce songe ressemble fort à une prémonition, et son action prédit l'inévitable ; le temps, comme la marée, n'attend personne... La réitération de ce message par le biais de rêves périodiques laisse à penser que cette personne n'a pas encore admis ce qui est sur le point d'arriver. Lorsqu'elle l'acceptera, ce rêve cessera.

« Le canal. » *Je marchais le long d'un canal et parvins à une écluse dont les bords, de briques et d'acier, rendaient le passage d'une péniche difficile.*

Traditionnellement, les canaux font référence au vagin, le canal de la naissance ; l'eau symbolise le liquide embryonnaire. Si cette femme est enceinte, ce rêve se rattache à sa grossesse ; sinon, une personne de sa connaissance est certainement en train d'accoucher, et elle peut s'attendre à ce que cet accouchement soit laborieux, mais sans complication.

« L'inondation et la montagne. » *La route sur laquelle je marchais était inondée de chaque côté. Au loin, des montagnes baignaient dans la brume.*

La vie actuelle de cet homme est inondée d'émotions, et il devra avancer avec beaucoup de précautions pour ne pas gaffer. En poursuivant sa route sans trop dévier, il rejoindra tôt ou tard un terrain plus sûr ; en surveillant l'avenir, il atteindra l'objectif qui est devant lui, même si cette perspective peut paraître vague pour l'instant.

« Le bassin carré. » *C'était un bassin d'eau carré, immobile et profond, entouré d'un mur peu élevé. Bien qu'il ne contienne aucun poisson, je continuais à espérer en trouver quelques-uns ; cet espoir était mince.*

Ce bassin rempli d'une eau profonde et immobile évoque une émotion ou un problème émotionnel profond. Sa forme carrée représente le Moi, et le mur qui l'entoure signale un problème secret et isolé, connu du rêveur seul. L'absence de poisson correspond à un vide intérieur et au souhait d'une compréhension plus profonde. Regarder et espérer ne suffit apparemment pas ; toutefois, le rêveur ne devrait pas renoncer à cet espoir et persévérer à chercher ces poissons, afin — si nécessaire — d'en attraper quelques-uns pour lui.

Les rêves encourageants, préventifs, utiles et révélateurs

Les rêves étant des miroirs de la vie, il n'est pas surprenant que, lorsque nos multiples expériences (relations, rencontres, problèmes...) sont exprimées dans le langage de nos rêves, leur symbolisme soit aussi varié et surprenant que notre vie elle-même.

Les récits oniriques, de même que leurs contenus, ont maintes significations. L'interprétation d'une table, par exemple, dépend du vécu de l'individu et varie d'une personne à l'autre. Elle est au centre de la vie familiale ; tous les moments de partage d'une famille (les discussions, les disputes, les joies, les peines...) se passent autour d'une table. Dans le passé, par exemple, un être peut avoir été puni et s'être fait taper plusieurs fois sur les doigts par son père assis à une table ; dès lors, cette « table » devient un point de repère humiliant dans son existence, un objet justifiant parfaitement son explication traditionnelle, à savoir un signe d'abnégation.

A un autre rêveur, cette table rappellera peut-être une merveilleuse fête (de joyeux repas de Noël, un repas de noces...) et, dans ce cas, cet objet ne sera surtout pas perçu comme l'autel sacrificiel de la vie.

Les morceaux choisis de rêves suivants comprennent des faits et des éléments qui reflètent la vie de tous les jours et se commentent aussi bien d'un point de vue collectif que d'un point de vue personnel. En effet, en adaptant le sens général d'un rêve à ses propres circonstances et en tenant compte de ses impressions personnelles à l'égard de certains signes ou symboles particuliers, le rêveur est en mesure d'identifier le message ainsi transmis.

CHAPITRE XXI

Les rêves d'animaux

Dans un rêve, un animal reflète souvent un comportement humain élémentaire. Quelques fois, une envie violente peut se manifester sous la forme d'un puissant tigre, d'autres fois une peur peut devenir une minuscule souris poussant des cris aigus dans un coin ; néanmoins, quel que soit l'animal choisi, sa signification symbolique dérive principalement de l'usage et des abus dont cette créature est l'objet dans le langage quotidien.

Un serpent dans des herbes, de méchants singes... aussi bien que le loup déguisé en agneau, tous ces éléments forment la symbologie nécessaire à la transmission d'importants messages.

1. Les rêves d'animaux terrestres

« La jungle. » *Je me trouvais dans une clairière, de toute évidence dans la jungle ; d'où j'étais, je voyais le village et la vie primitive de ses habitants. C'est alors qu'un groupe d'animaux sauvages entra en scène, terrorisant les villageois.*

On a réussi à faire croire à une majorité d'Européens que la vie primitive correspondait exactement à la description qu'en donne ce rêve. L'inconscient de ce rêveur a cependant d'autres connaissances à ce sujet, auxquelles il recourt symboliquement dans ce songe, non pas pour refléter l'agitation tropicale, mais pour évoquer celle de la jungle concrète que sont les villes et dans laquelle cet homme vit. Les animaux sauvages sont les brutes farouches qui traînent dans les rues, et les villageois cette majorité de citadins innocents qui vaquent à leurs propres affaires.

« Vivre comme chien et chat. » *Un chien pourchassait un chat, et j'étais très inquiet pour le chat. Subitement, la situation se renversa ; le chat s'arrêta, se retourna et se mit à poursuivre le chien. Bien que j'aime ces deux animaux, je soutenais le chat ; or ce fut le chien qui fit la première fausse manœuvre.*

Le chat et le chien désignent deux manières différentes d'aborder la vie ; le premier correspond à une approche féminine et intuitive et le second à un abord plus viril et mental. En tant que principes, ces deux conceptions sont souvent à couteaux tirés et, par conséquent, l'interprétation de ce rêve dépend beaucoup du point de vue du rêveur. Cette scène évoque peut-être une relation de couple ou un conflit intérieur qui oppose le mental de cet homme à son intuition.

« Le lapin blanc. » *Un énorme lapin blanc cabriolait autour de la maison comme un animal domestique. Je n'ai jamais eu de lapin de compagnie et ne sais rien à leur sujet.*

Les lapins et les lièvres sont des guides psychiques qui nous accompagnent dans les dédales de notre inconscient et de nos songes. A l'image du lapin blanc dans *Alice au pays des merveilles*, ce lapin invite cette femme à le suivre en prenant bonne note de ce qu'elle verra. Il réapparaîtra certainement dans de prochains rêves où, avec un peu de chance, il l'emmènera dans des contrées inconnues et lointaines de son espace intérieur.

« Les chiots. » *Je devais choisir un seul des ravissants chiots d'une portée qui jouaient ensemble. L'un d'entre eux, un peu plus petit et plus faible que les autres, rendait mon choix difficile, car ma conscience m'incitait à le choisir. Il eût été certes plus raisonnable de sélectionner un chiot robuste, mais je me réveillai avant d'avoir tranché.*

Ces chiots représentent des amis (probablement de jeunes amis) qui ont besoin d'amitié. Le plus faible a le profil d'un perdant (du moins est-ce l'impression qu'il donne à cette femme), et elle s'imagine que cet ami (ou cette amie) a besoin d'une attention particulière afin de compenser cette faiblesse. Si ce chiot lui rappelle quelqu'un de précis, elle devrait lui consacrer un peu plus de temps et, si nécessaire, lui apporter le soutien dont elle pense qu'il a besoin. Qui sait, elle se trompe peut-être ?

« **Une limace et un rat.** » *Dans la tasse que je m'apprêtais à porter à mes lèvres, j'aperçus une horrible limace. Après s'être hissée sur le rebord de celle-ci, elle se métamorphosa en rat, puis détala.*

Cette limace décrit un être insaisissable que le rêveur ne semble pas reconnaître. Sa métamorphose en rat signifie que cet individu (il ou elle) ne va pas tarder à jouer un sale tour à quelqu'un, mais que cette fois-ci il sera démasqué. Le rêveur lui-même est présumé coupable ; dès lors, il lui faut être honnête avec lui-même et se souvenir que son Moi inconscient (l'auteur de ce rêve) est indépendant et impartial.

« **Le chat noir.** » *Un ravissant chat noir était assis sur le bord de la route, et j'espérais qu'il traverse devant moi ; pourtant, il ne bougea pas.*

Cette route représente le chemin de vie du rêveur (sa destinée). Traditionnellement, un chat noir étant un signe de chance, d'heureux événements sont en cours. Un peu de patience et un petit effort s'imposent cependant pour provoquer la traversée souhaitée.

« **Des moutons et des oiseaux.** » *Je contemplais un troupeau de moutons dans une vaste prairie, lorsque plusieurs oiseaux jaillirent du ciel et plongèrent sur le champ en projetant une ombre. Les autres personnes présentes coururent se mettre à l'abri, néanmoins je restai. Quelque chose de pur se dégageait de ce rêve.*

Dans les rêves, les champs équivalent à des centres d'intérêts, à des domaines d'activités, à des terrains de sports... Ici les moutons font allusion à ces gens qui, dans la vie, sont des suiveurs, et les énormes oiseaux sont porteurs d'un message susceptible de jeter une ombre de doute sur des croyances. L'impression de pureté laissée par ce songe laisse à penser qu'il reflète les idéaux du rêveur. Le fait qu'il reste pour regarder le vol des oiseaux prouve qu'il a le courage de ses opinions. Ce rêve devrait renforcer ses convictions et l'aider à rester fidèle à ce qu'il est.

« Petites et grosses bêtes. » *Une mignonne petite créature à poils, semblable à un cochon d'Inde ou à un lapin, occupait un enclos dans le jardin. Elle se mit à grandir et atteignit la taille d'un petit lion.*

Cet homme va progresser dans la vie et cette progression va s'accompagner d'un changement de caractère ; le lapin timide va céder sa place à une créature plus puissante. Au début, ce nouveau rôle (qui suppose sa libération de l'enclos) devra être interprété avec beaucoup de prudence. Si cette situation métaphorique rend compte d'une promotion et d'une réussite personnelle, ce rêve est d'une part une invitation à ne pas dépasser la mesure et, d'autre part, il doit stimuler le rêveur à chaque fois qu'un doute l'envahit.

« Les chiens et le terrain vague. » *J'errais sans but dans une contrée dont les terres à l'abandon s'étendaient à perte de vue. Des chiens sauvages s'approchèrent une ou deux fois et m'auraient certainement attaqué si je ne m'étais pas dissimulé, jusqu'à leur départ, derrière des sortes de broussailles.*

De toute évidence, cet homme fait actuellement sa traversée du désert, sans objectif et quasiment sans espoir. Les chiens sauvages sont des mauvais souvenirs qui, de temps en temps, s'acharnent sur lui. Or, le fait que se préserver soit sa priorité la plus pressante prouve qu'il a l'intention (même s'il n'en a pas conscience) de poursuivre sa route.

« Les chiens rétifs. » *Aimant les chiens, je ne comprends pas pourquoi ceux qui apparaissent dans ce rêve grognent méchamment et essaient de mordre. En effet, l'un d'entre eux m'a pincée à la cheville, tandis qu'un autre m'a mordue à la main.*

Ces chiens sont des symboles et dépeignent de faux amis. Ce songe cherche à mettre cette femme en garde contre des personnes de son entourage qui la considèrent comme un élément du décor, qui profitent d'elle et qui vont même jusqu'à être d'une ingratitude monstrueuse. Ces gens (peut-être ressentis comme des empêcheurs de tourner en rond, de ces êtres qui font la pluie et le beau temps) font cependant plus de bruit que de mal et, par conséquent, cette femme ne doit plus se laisser impressionner par eux.

« **L'ours et le gouffre.** » *Cramponnée à la paroi d'un gouffre sans fond, je finis par glisser et tomber. Au terme de ma chute, je me retrouvai nez à nez avec un énorme ours brun. Ce face à face me terrifia et je me réveillai très mal à l'aise.*

Le gouffre sans fond (l'abîme ou les ténèbres de l'âme) décrit ce lieu épouvantable que sont les profondeurs de la dépression et de la détresse. Des circonstances dramatiques font que, pour cette femme, se cramponner à la vie ne semble plus valoir la peine. L'ours symbolise la matière première, la figure écrasante de la mère. En mettant sa situation désespérée en relation avec cet archétype, cet ours prendra un sens pour elle. Toutefois, elle seule peut déceler s'il s'agit de la femme fatale qui est en elle (la sirène) ou si c'est l'image d'une influence maternelle tyrannique.

« **Le soldat et le cheval.** » *J'entendis les sabots d'un cheval sur une route, puis un gros cheval de bataille noir (monté par un soldat) apparut. Un cortège funèbre suivait, mais sans cercueil. Tous s'évanouirent dans le lointain.*

Le cheval et le soldat illustrent la guerre. Beaucoup d'hommes et de bêtes ont été massacrés dans des batailles et enterrés anonymement, d'où le convoi funèbre sans cercueil. En ravivant des souvenirs de la Première Guerre mondiale, ce rêve affirme que les vieux soldats et leurs chevaux ne sont jamais morts, mais qu'ils se sont seulement évanouis. Il révèle également les sentiments de cet homme à l'égard de la guerre, de la futilité et du gaspillage de la vie. On peut éventuellement y déceler le présage d'une situation belliqueuse en train de se tramer dans son foyer, par exemple, et qu'il devrait tenter d'esquiver.

« **Un chat égyptien.** » *Une espèce de chat égyptien fit son apparition dans ma maison. J'aime beaucoup ces animaux et, pourtant, ce chat-là ne me plaisait pas. En fait il me faisait peur,* *probablement à cause de ce visage humain qu'il avait et que je ne reconnaissais pas. Je pensais devoir le chasser de ma maison.*

Les chats évoquent l'instinct et l'intuition. Un chat égyptien manifeste de surcroît un pouvoir psychique. La présence de cet animal dans sa maison devrait attirer l'attention de cette femme sur une tendance intérieure, devant être acceptée et non pas ignorée ou rejetée. En reconnaissant cette qualité personnelle, sa vie revêtira une dimension supplémentaire. L'idée d'un tel pouvoir l'effraie certes, cependant, dès qu'elle s'apercevra qu'il peut l'aider dans de nombreuses circonstances, elle l'admettra.

« Le cheval de trait. » *Un cheval de trait tirait quelque chose (une charrette ou une charrue). Il glissa et, en glissant, se changea en trois chevaux plus petits.*

Les chevaux sont des symboles d'énergie et de dynamisme, une puissance à la disposition de l'homme, et la charrette fait état d'un fardeau dans l'existence du rêveur. La démultiplication du gros cheval de trait en trois chevaux plus petits indique que cet homme est supposé faire le travail de trois personnes.

« Des animaux à visages humains. » *Des chats et des chiens à visages humains marchaient dans la rue. Cette scène ressemblait plutôt à l'ébauche d'un dessin animé.*

Ces animaux dépeignent deux sortes de gens : les chats le genre intuitif et psychique, les chiens les êtres plus réalistes et plus pratiques. Ils soulignent aussi la méchanceté et l'obstination d'une majorité d'êtres humains. Ce rêveur voit ses semblables (hommes et femmes) sous le même angle symbolique qu'un dessinateur. Par conséquent, s'il est artiste, il faut absolument qu'il exprime son rêve artistiquement.

« Le tigre et la religieuse. » *Ce songe peut sembler fou, et pourtant c'est un récit authentique. Une religieuse pleine de bonté montait un magnifique tigre, puissant et vigoureux. Parfois, le fauve rugissait, mais elle parvenait malgré tout à se maintenir sur son dos.*

La nonne incarne probablement cette femme qui, ne laissant habituellement apparaître que sa passivité et sa gentillesse, essaie maintenant d'admettre son animus (le moi puissant et actif). Il se peut également qu'un être (son petit ami par exemple), qu'elle trouve excitant mais cruel, l'ait emmenée en promenade. Si aucune de ces explications ne convient, il est possible que ce rêve concerne d'autres personnes actuellement confrontées à des circonstances analogues à celles décrites dans ce rêve.

« **Les babouins.** » *J'étais entouré par de gros babouins hideux et menaçants à mon égard qui, bien qu'ils ne m'aient pas touché, m'effrayaient beaucoup.*

Les babouins représentent des instincts primitifs et une conduite infantile. Ces animaux désignent peut-être les propres instincts du rêveur ; toutefois leur grand nombre laisse à penser qu'ils miment le comportement menaçant de certains de ses proches. Qui qu'ils soient, cet homme les considère comme des êtres barbares et incultes. Ce songe lui conseille donc simplement de ne pas trop avoir affaire à eux.

« **Le cheval mort.** » *Dirigeant mon regard vers le bas d'un étroit chemin, j'aperçus un homme avec un cheval mort.*

Cet homme personnifie le rêveur écrasé par les difficultés et contraint de poursuivre dans la même voie. Le cheval mort rend compte de quelque chose qu'il a épuisé et dont il ne peut plus rien tirer (ni bénéfices, ni même un souffle de vie). Il a longtemps cru au succès de cette chose, mais aujourd'hui la mort de celle-ci a compromis cet espoir et son insistance entêtée n'a plus de sens. Il progressera à condition d'y renoncer et de recommencer à zéro.

« **Le jeune coq et les chiens.** » *La nuit n'était pas tout à fait tombée et, par la fenêtre, je vis une meute de chiens pourchasser un énorme coquelet.*

Cette demi-obscurité signifie que cet homme est partiellement dans l'ignorance ; il ne comprend pas pleinement un certain état de fait ; il y a quelque chose qu'il ne réalise pas consciemment, mais dont il ne va probablement pas tarder à prendre conscience (il regarde par la fenêtre). Les rêves donnant des descriptions honnêtes et impartiales des faits et recourant à des scènes symboliques, le coquelet et les chiens peuvent fort bien le mimer lui et ses amis. Son rêve lui montre que ses amis le trouvent trop sûr de lui et, qu'en conséquence, ils le tourmentent. En clair, ce songe l'invite à cesser de se comporter comme un coq fier.

« L'écureuil. » *J'étais dans le salon avec mon petit ami, lorsqu'un écureuil fit irruption dans la pièce, sauta sur moi et me mordit le doigt.*

Traditionnellement, les écureuils évoquent un contexte familial prometteur (un stockage de bonnes choses dans le garde-manger de la vie). La morsure de cet écureuil signale pourtant à cette femme quelques désillusions à venir. En effet, la présence de son amoureux laisse à penser que tout projet d'union avec lui gagnerait à être mûrement réfléchi. Certes, c'est à elle de rattacher ces insinuations (en ce qui concerne le sens pratique et ménager de son petit ami) à des impressions et à des observations personnelles, toutefois ce peut être un parfait amant, mais un maladroit lorsqu'il s'agit de faire un lit ou la vaisselle.

« Le chien, le renard et le lapin. » *Un chien pourchassait un renard qui se mit lui-même à poursuivre un lapin. Tous disparurent dans le lointain, sans qu'aucun des trois n'ait attrapé l'autre.*

Ces trois animaux reproduisent une chaîne de réactions dans l'existence du rêveur, dans laquelle une humeur influence la suivante et ainsi de suite. Chaque animal symbolise une manière différente de mener ses affaires : le chien fait la pluie et le beau temps, le renard y ajoute un peu de ruse et le lapin essaie de miser sur l'intuition. A la fin, rien n'est résolu, mais au moins les choses bougent.

2. Les rêves de poissons et de créatures aquatiques

Le rôle des poissons dans les rêves consiste à symboliser des sentiments. En tant qu'ancêtres primitifs à l'échelle de l'évolution, ils font souvent référence à des principes fondamentaux tels que la naissance, la renaissance, le renouvellement de la vie et les prodiges.

D'un point de vue symbolique, toute créature aquatique a le pouvoir de révéler des trésors du profond inconscient. La grenouille, par exemple, est un signe de transformation (par essence, la métamorphose de la créature-grenouille en un majestueux prince), la baleine correspond au royaume de l'inconscient féminin, le crabe a le don de la régénération, l'huître renferme dans sa coquille une perle de sagesse, etc.

« Le même parcours de deux poissons. » *Dans un étang d'eau claire, je vis deux poissons décrire un même cercle, mais dans des directions opposées. C'est tout ce dont je me souvienne, néanmoins cette scène semblait si réelle qu'à mon réveil j'eus du mal à croire que ces images étaient le fruit d'un rêve.*

Ces deux poissons qui décrivent le même cercle, mais dans des sens contraires, reflètent deux approches de la vie qui s'annihilent mutuellement. Le cercle représente l'être intérieur du rêveur (le Moi) dans le cycle de l'existence ; en effet, de l'avis de Jung, l'âme est ronde d'apparence. Ces poissons peuvent figurer l'inconscient individuel et l'inconscient collectif de cet homme ou son intellect et ses instincts (sa tête opposée à son cœur). Ce songe mettant en évidence la disharmonie existant entre ces deux tendances, le rêveur doit dès maintenant s'efforcer de réaliser un équilibre harmonieux.

« Le repas de poisson. » *La table était mise pour une personne ; aussi je m'assis et attendis. Une personne inconnue, et que je ne me donnai même pas la peine de regarder, m'apporta une assiette de poisson cuit que je mangeai. Hormis le fait qu'aucun légume n'accompagnait cet aliment, ce n'était pas un repas ordinaire ; pourtant, je ne peux pas dire ce qui faisait la différence.*

D'un point de vue spirituel le poisson est régénérateur, d'où son apparition symbolique dans de nombreuses religions. Les Celtes vénéraient le saumon et, chez les chrétiens, le poisson est une image de renaissance spirituelle. L'assiette de poisson que mange cette femme peut augurer d'un nouveau départ dans la vie. Si elle a récemment connu des temps difficiles, elle peut être optimiste et s'attendre à un changement de vie, éventuellement fondé sur ses convictions religieuses.

« De curieux poissons. » *Plusieurs poissons étaient étalés dans une poissonnerie, comme pour être vendus. En les observant de plus près, je remarquai qu'ils ne ressemblaient guère à ceux qu'on voit habituellement ; ils étaient plutôt bizarres et beaucoup étaient répugnants.*

Comme dit le proverbe : « Drôles de poissons, drôles de gens. » Ces créatures dépeignent probablement des connaissances et des amis du rêveur. S'il admet leurs singularités, il les acceptera peut-être tels qu'ils sont et appréciera leur compagnie originale.

« Une grenouille et un lézard. » *La grenouille qui était assise au bord de l'étang ne broncha pas lorsque je m'approchai d'elle. Je m'assis donc à ses côtés et regardai. Un lézard, qui lentement passa du vert à un brun terreux, nous rejoignit ; ma présence ne parut pas non plus l'effaroucher. Je jouai un peu avec lui, mais ma préférence allait à la grenouille.*

Ces deux créatures font état de transformations et de changements. En langage métaphorique, les grenouilles sont des princes potentiels et les lézards des spécialistes de la métamorphose, capables de se déguiser en un instant. Si ces deux animaux sont assimilables à deux jeunes hommes de l'entourage de cette femme, ce rêve va lui permettre de les voir tels qu'ils sont, même si son choix est déjà fait. Au début, la grenouille ne sera peut-être pas aussi pleine d'esprit ou élégante que le lézard, mais à terme elle se révélera plus sérieuse et plus prospère en affaires. Le lézard (qui a un certain charme) est instable de caractère ; ses sautes d'humeur sont rapides et, somme toute, c'est un être plus insaisissable.

« Une baleine morte. » *Une baleine était couchée au milieu d'un champ. Dans ce rêve, je ne fis que l'épier, debout, en essayant de savoir si elle était morte ou vivante.*

La baleine est un archétype de pouvoir et de puissance massive dispensés avec bienveillance. Elle figure également le royaume de la mère. Le champ fait allusion à la profession du rêveur ou à son centre d'intérêts. En rattachant ces différents éléments à sa vie, cet homme s'apercevra que, bien qu'il dispose d'un certain pouvoir et d'une certaine autorité, il s'est — d'une certaine façon — fourvoyé. Tant bien que mal, il lui faut rentrer dans le mouvement avant qu'il ne soit trop tard.

3. Les rêves d'oiseaux

Les oiseaux désignent des idéaux, des objectifs et des projets extravagants, aussi bien que des élans de fantaisie. Ce sont aussi des messagers de bon ou de mauvais augure suivant l'espèce. Le contexte onirique dans lequel un oiseau apparaît fournit généralement un indice pour élucider son message.

Un oiseau accompagné de ses petits s'avère traditionnellement un bon présage pour l'avenir ; muet, il trahit un manque d'indulgence et le traitement inhumain des proscrits et des pauvres par ceux qui devraient avoir un peu plus de bon sens qu'eux.

« Le chant d'un oiseau. » *J'étais dans un jardin, le ciel était merveilleusement bleu et un oiseau, volant à haute altitude, chantait ; malgré son éloignement, je reconnus l'alouette. Un homme très séduisant me rejoignit et, ensemble, nous la suivîmes du regard en écoutant son chant.*

Ce songe semble dire : « composons une belle musique », sous-entendu « faisons l'amour ». De toute évidence, cette femme est au début d'une nouvelle romance et tout, dans ce jardin, est magnifique.

« L'oiseau superbe. » *Un superbe oiseau de la taille d'une autruche sortit d'un œuf. Il lissa ses plumes et devint presque tout de suite adulte. Ce rêve survint après plusieurs nuits d'insomnie, conséquentes à des soucis.*

Cet oiseau définit un puissant objectif ou un plan remarquablement établi que le rêveur est sur le point d'ébaucher. Il peut être optimiste quant au succès de son projet qui, une fois vraiment amorcé, se développera très vite. Toute inquiétude à ce sujet étant dès lors superflue, le rêveur peut maintenant se reposer.

« **L'oiseau mal soigné.** » *Il y avait deux oiseaux : un pigeon et un poulet. Manifestement, ces deux spécimens m'appartenaient bien que je ne me sois jamais occupée de poulets ou de pigeons dans ma vie. Le pigeon était bien nourri et semblait en bonne santé, alors que le poulet était négligé et paraissait réellement triste.*

Les oiseaux pouvant dépeindre des ambitions extravagantes, ce rêve révèle que cette femme possède deux idéaux de cette nature, signalés par le pigeon et le poulet. L'ambition suggérée par le premier semble avoir déjà pris forme, tandis que (malgré l'extrême attention qu'elle lui porte) son autre idéal (le poulet) ne semble jamais devoir décoller correctement, car cet animal n'a pas d'ailes.

« **Étrange manège.** » *L'oiseau qui décrivait des cercles au-dessus de moi s'envola vers l'ouest, revint, puis se percha sur mon épaule. Je savais (même dans mon rêve) qu'il se dirigeait vers l'ouest, car je voyais le soleil décliner dans cette direction.*

Symboliquement parlant, les oiseaux sont porteurs de bonnes et de mauvaises nouvelles, aussi bien que de mises en garde. En décrivant des cercles au-dessus de lui, cet oiseau montre au rêveur qu'en s'efforçant de concrétiser ses désirs et ses buts il tourne en rond, ne sachant pas quelle direction prendre. En conséquence il ne va pas très loin. S'envoler vers l'ouest ne mène que vers des horizons perdus ; il lui faut donc se fixer un objectif qu'il désire atteindre, même s'il lui paraît hors de portée. Le fait que l'oiseau revienne et se perche sur son épaule est un bon présage signifiant que ces ambitions vont finalement se sédentariser et prendre racine.

« **L'œuf et l'aigle.** » *D'un œuf (un peu plus gros qu'un œuf de poule) sortit un oisillon plutôt hideux. En l'examinant plus attentivement, je découvris qu'il s'agissait d'un aigle. Après plusieurs tentatives, il s'envola.*

L'œuf représente un potentiel de vie, Pâques ou l'émergence d'un nouvel espoir. Dans ce contexte, il prédit vraisemblablement un nouveau départ dans la vie, puisque l'aigle (synonyme du phénix, le symbole alchimique de la spiritualité ailée et de la renaissance) évoque la victoire d'un être sur l'adversité. Ainsi, cette femme va bientôt pouvoir renaître des cendres de son passé et se construire un avenir solide.

« Le corbeau et le géant. » *J'étais dans les champs et, dans un arbre, je remarquai un énorme corbeau noir. Un géant apparut soudain, saisit l'oiseau et le tua.*

Cette scène cruelle reflète les forces et les faiblesses du rêveur, dont elle l'encourage également à se méfier. Les interprétations du corbeau sont multiples et varient de l'augure de mort à l'esprit de Brân (1). La signification du géant dépend du rêveur concerné ; c'est autant l'ogre des contes de fées que cette image qu'ont certains enfants des adultes qui leur paraissent autoritaires et si grands en comparaison. Le corbeau et le géant étant vraisemblablement des aspects du rêveur, il devrait essayer de déceler les traits de caractère qu'ils révèlent avant de s'assurer que ces tendances ne s'opposent pas entre elles.

« Le cygne. » *Je vis un énorme cygne blanc survoler quelques maisons. Au début, je crus que c'était une cigogne. Toutefois, comme pour me signaler ma méprise, l'oiseau revint en arrière et j'eus la preuve qu'il s'agissait d'un cygne.*

Dans la mythologie le cygne est un oiseau solaire, symbole de solitude et de retraite. Un cygne blanc étant un signe de beauté, de pureté, de grâce et de sincérité, les chrétiens l'associent à la Vierge Marie. Chez les préchrétiens, il désignait la Déesse blanche, l'aspect compatissant de la mère Nature. Dans son rêve, cette femme passe ces qualités en revue dans un but dont elle seule a le secret. Néanmoins, quel qu'il soit, elle devrait essayer de suivre le vol de cet oiseau afin d'incarner ces attributs particuliers.

« Un potentiel refoulé. » *Plusieurs oiseaux voletaient dans l'espace restreint d'une cage. En temps normal, je les aurais libé-*

---

1. Dans la mythologie celte, *Brân* est le fils de Llyr, dieu de la mer, et le héros d'une descente aux enfers dans la Mabinogion (romans de chevalerie antérieurs au cycle du roi Arthur).

rés ; dans ce rêve, pourtant, je les observai sans rien éprouver. Ce n'est que plus tard que j'ai remarqué que l'un d'entre eux donnait des coups de bec aux autres et les soumettait.

Ces oiseaux, expressions d'idées, d'espoirs et de projets, semblent extrêmement limités. Bien que le rêveur connaisse les causes de ces restrictions, ce songe souligne un facteur dominant (illustré par l'oiseau dominateur) qui aurait échappé à son analyse. Cet élément correspond probablement à un penchant personnel irrésistible et opiniâtre, nuisant à toute autre forme d'expression individuelle et l'empêchant de devenir un homme mûr et réalisé. Dès lors, ayant pris conscience de cette entrave, il pourra — métaphoriquement parlant — couper les ailes à cet oiseau pour donner leur chance aux autres.

4. Les rêves de serpents

Indépendamment des attirances et des répulsions individuelles à leur égard, les serpents ont une signification inconsciente et collective qui transparaît souvent dans les rêves. Une personne peut en avoir peur à l'état de veille et n'éprouver aucun effroi dans un rêve car, dans ce contexte, ils n'effraient ni même ne mettent nécessairement en garde puisqu'ils représentent un principe.

Les serpents symbolisent le principe de l'énergie, depuis les pulsions sexuelles de base jusqu'aux énergies de guérison. Entre ces deux expressions extrêmes, ils dépeignent toutes les tendances humaines moindres, comme le(la) traître(sse) (sous la forme du proverbial serpent caché sous les fleurs) ou la duplicité d'un compétiteur jaloux.

« Le serpent lové. » *Ce que j'avais pris pour une corde enroulée se mit subitement à bouger, et ce n'est qu'après coup que je réalisai qu'il s'agissait d'un serpent vivant. En général les serpents me font peur mais, dans ce rêve, ce reptile n'eut pas d'effet négatif sur moi.*

Cette corde enroulée (un serpent) témoigne de la prise de conscience d'une énergie refoulée à l'intérieur. Cette énergie (connue sous le nom de kundalini en Inde) commence à s'animer et il est important que cette femme accepte cette manifestation, qu'elle la sublime et l'utilise à des fins pratiques, avant qu'elle ne se serve d'elle.

« **Le serpent et le lion.** » *Un lion prit un serpent dans sa gueule et se mit à le secouer. Cependant, le serpent parvint à se libérer des crocs du fauve et s'enfuit. Une impression d'horreur mêlée de crainte s'empara de moi lorsque je réalisai qu'il était tapi tout près de moi, dans des broussailles.*

Le serpent et le lion décrivent deux qualités de cet homme : son dynamisme enthousiaste et son courage. Son dynamisme (le serpent) peut être celui d'une ambition élémentaire se frayant un chemin dans la dangereuse jungle de la vie ou celui d'une énergie purement physique, auquel cas il est de nature sexuelle. Quant au lion, il figure l'esprit courageux de cet homme qui s'efforce de maîtriser son impulsivité mais qui, malheureusement, échoue. Ce rêve l'encourage à persévérer ou à se préparer à subir les conséquences de telles impulsions.

« **Le serpent, la rivière et le pont.** » *J'étais suspendu à un pont et regardais la rivière qui coulait au-dessous de moi. J'aperçus un serpent, plongeai droit sur lui puis, très promptement, le saisis juste derrière la tête et l'élevai au-dessus de ma tête. Cette prise me réjouis beaucoup.*

Ce pont laisse à penser que cette personne est confrontée à un dilemme auquel sa vie émotionnelle (illustrée par la rivière) est sous-jacente ; le serpent est une mise en garde. L'action du rêve laisse présager que dès qu'elle se sera jetée à l'eau elle maîtrisera la situation plus facilement qu'elle ne le prévoyait. D'autre part, ce songe est rassurant en ce sens qu'elle n'a rien à craindre et que, finalement, elle vaincra.

« **Le serpent caché sous les fleurs.** » *Alors que je marchais dans des broussailles et de l'herbe haute, je tombai sur un serpent dont je ne vis que la tête. Une voix me conseilla d'être prudent et de ne pas lui marcher dessus, mais trop tard, je le piétinai. Cette expérience me surprit car, contrairement à mon attente, je ne fus ni horrifié, ni apeuré. Peut-être est-ce à cause* *du reptile qui ne chercha ni à se redresser, ni à se venger et qui s'enfuit rapidement ?*

Cet homme est sur le point d'affronter une situation dangereuse, tenue secrète pour le moment, mais dont — inconsciemment — quelque chose en lui se rend compte (la petite voix intérieure). Ce songe l'exhorte à se méfier d'un serpent caché sous les fleurs (un traître ou une traîtresse), même s'il est déjà trop tard pour éviter un face à face avec une personne (par exemple un collègue cruel, sournois et ambitieux, qui espère avoir le rêveur par surprise) ou une force invisible (à savoir une partie de lui-même qui tente de se manifester). Toutefois, quel que soit cet élément (si le rêveur est attentif au message transmis) il saura que, une fois arrivées à leur point critique, les choses se passeront sans trop de problèmes.

« Le serpent sous le buffet. » *Ce rêve évoquait une fête paraissant échapper à tout contrôle. A certains moments je m'amusais beaucoup et, l'instant d'après, me sentais mal à l'aise. Ces sautes d'humeur s'expliquaient par la présence, sous un buffet, d'un serpent brun de sale apparence. Il sortit de son trou et, accidentellement, je marchai dessus, sentant sous mon pied son corps dur et rond ; c'était dégoûtant !*

Freud n'aurait pas eu de peine à identifier l'énergie symbolisée par ce serpent comme une énergie sexuelle. Dans les rêves, les réceptions, les fêtes... préludent fréquemment à des rencontres sexuelles. L'impression de dégoût ressentie par cette femme semble indiquer sa naïveté quant aux attentes des autres invités. En interprétant ce songe comme un avertissement, elle échappera peut-être à une cour non désirée et pourra reconnaître, dans l'avenir, une situation propice à la « drague », avant qu'il ne soit trop tard.

« Le serpent siffleur. » *Un serpent d'aspect déplaisant traversa devant moi en ondulant et me siffla. Par bonheur, un autre chemin s'offrait à moi et je m'y précipitai en courant. Le plus surprenant, c'est que, une fois engagé sur cette autre voie, j'eus l'impression d'être dans un autre monde, bien que je ne réussisse pas à dire ce qui avait changé.*

Malgré les apparences, ce serpent siffleur (une personne ou une prémonition inconsciente) est un bien. Le fait qu'il contraigne cette femme à changer de cap signifie qu'elle devrait agir de même en réalité, et qu'ainsi le monde entier lui semblerait réellement très différent.

« Le foulard et le serpent. » *Un homme entortilla un foulard jusqu'à ce qu'il ressemble à une corde. Il parut alors s'animer et, même pire, se métamorphosa en un serpent qui fit un mouvement dans ma direction.*

Ce rêve avertit clairement cette femme que les choses ne sont pas exactement telles qu'elles paraissent. Manifestement le serpent dévoile l'attirance de cette personne pour un homme qui la fascine et qui, en même temps, l'effraie. Le foulard qui prend vie est certainement un indice sexuel révélant les intentions de cet homme. Par conséquent, pour ne pas en subir les conséquences, cette femme ferait mieux d'éviter toute situation propice à ce genre de choses. Après un tel songe, elle ne pourra pas se plaindre de ne pas avoir été avertie.

« L'énergie de guérison. » *Habituellement les serpents me pétrifient ; néanmoins le spécimen que je rencontrai dans ce rêve me rendit joyeuse. Il était fin et s'enroulait autour d'un bâton, comme pour attirer mon attention.*

La guérison étant intimement liée à l'énergie, il n'est pas surprenant que les serpents en fassent également état. Vu que le serpent a un effet positif sur le rêveur et qu'il s'enroule autour d'un bâton (semblable au caducée de Mercure, l'ancien symbole des guérisseurs, repris aujourd'hui par l'Ordre des médecins), la guérison et la santé constituent le thème de ce songe. Peut-être que cet homme exerce une profession médicale ou qu'il a besoin d'utiliser ses propres énergies intérieures pour se guérir ; quoi qu'il en soit, son rêve lui apprend qu'il dispose de ressources considérables pour s'aider lui-même, ainsi que ses semblables.

« Le python. » *Je pataugeais dans une eau boueuse, lorsque j'aperçus un affreux python qui nageait. D'autres personnes le virent, mais je fus le seul que sa présence effraya.*

Le fait que ce python n'effraie que le rêveur sous-entend que les dessous d'une certaine affaire ne concernent que lui. L'eau trouble représente des ennuis invisibles, et patauger dedans prouve qu'il a les pieds mouillés, c'est-à-dire qu'il est déjà légèrement impliqué dans cette affaire. Sa peur peut révéler une appréhension intérieure qu'il doit surmonter ou une menace que cette situation fait actuellement peser sur lui.

5. Les rêves d'insectes

La majorité des insectes symbolisent les problèmes mineurs, mais néanmoins irritants, de la vie. Font exception à cette règle les papillons, les abeilles et les libellules qui sont des symboles de liberté spirituelle et de transformation vers une meilleure compréhension. Parfois, les soucis qui tracassent le rêveur sont des peurs et des pensées très profondes qu'il ne vaut rien d'ignorer, car elles ont la vilaine manie d'envahir jusqu'aux « résidences de l'âme » les mieux protégées.

« La sauterelle. » *J'étais importunée par plusieurs insectes que je m'évertuais à chasser et parmi lesquels se trouvait une sauterelle. Dès que je la faisais tomber, elle ressautait sur mon bras.*

Les insectes désignent des tracasseries négligeables dont il est aisé de se débarrasser. La sauterelle figure en outre un autre désagrément qui persiste et revient inopinément. Seul un esprit prompt peut le résoudre, faisant ainsi un bond en avant. Ce rêve prévient le rêveur que, s'il ne parvient pas à élucider ce tracas, tout peut être compromis, car la sauterelle est cousine de la dévorante locuste (2).

« A pas d'escargot. » *Je regardais deux escargots qui s'acheminaient très lentement sur un chemin. Ils étaient côte à côte et paraissaient identiques.*

Les deux escargots illustrent deux personnes ou deux séries d'événements similaires. De toute évidence, le rêveur doit faire

---

2. La *locuste* est un criquet migrateur connu pour être l'acridien le plus dévastateur. Il provoque en effet des dégâts considérables à la surface du globe.

un choix ou du moins réaliser que (indépendamment des faits ou des individus concernés) peu de particularités séparent ces deux options. Le dilemme évoqué ne devrait pas être trop difficile à trancher s'il est envisagé d'un point de vue temporel ; il semble en effet que cette chose soit extrêmement lente et qu'elle ne progresse pas beaucoup. Cette lenteur d'escargot peut également sous-entendre que progresser lentement mais sûrement vaut mieux que de faire fausse route. Il appartient néanmoins au rêveur de trancher entre ces deux versions.

« Les papillons de nuit. » *J'étais dans une pièce fortement éclairée. Levant les yeux en direction de la porte, je vis des milliers de papillons de nuit entrer par là. Je dis à quelqu'un : « Ferme la porte et éteins la lumière, cela les arrêtera ! » Il y eut ensuite un flash de lumière extrêmement intense et je me réveillai.*

Le fait que la pièce soit fortement éclairée et, plus particulièrement ce jaillissement de lumière brillante juste avant le réveil de cette femme, signifie qu'elle est sur le point de comprendre quelque chose qui la laisse perplexe depuis un certain temps. Elle verra clair et, en conséquence, les choses s'éclairciront. Les papillons de nuit dépeignent des idées inspirantes pouvant paraître écrasantes au début. Dès lors, fermer la porte et éteindre la lumière pour échapper aux insectes peut être un signe pour que cette personne fasse une pause si tout cela lui semble trop beau pour être vrai.

« Les araignées. » *J'ai fait ce rêve plusieurs fois ; mon mari me montre un grand nombre d'araignées, certaines minuscules et d'autres plus grosses. Toutes s'affairent au tissage de multiples toiles autour de moi. Cette scène me laisse une désagréable impression.*

Les araignées font état de contrariétés et d'agacements mineurs en tant qu'insectes, mais possèdent de plus une autre signification propre à leur espèce. Les innombrables araignées de ce rêve suggèrent que cette femme craint de se faire piéger dans une toile, faite de banalités domestiques. Le rôle de son mari dans cette affaire est important ; toutefois, elle seule peut dire à quel moment il intervient exactement et de quelle nature sont ces futilités domestiques. Ce rêve se répète parce qu'elle n'a pas encore réussi à saisir son avertissement. Néanmoins, il n'est peut-être pas trop tard pour fuir.

« L'abeille. » *Alors que je descendais une route, une grosse abeille se posa sur mon oreille, bourdonnante et battant des ailes, puis s'envola. Malgré mes craintes, elle ne me piqua pas.*

Avoir une abeille qui bourdonne dans son oreille met en garde contre les bavardages mielleux. En d'autres termes, cette femme est exhortée à ne pas écouter les propos futiles tenus sur autrui. Lorsqu'elle entend de tels cancans, elle ne devrait pas les faire circuler. Si elle le fait, c'est à ses risques et périls et ces propos se retourneront contre elle.

« La piqûre et le placard. » *J'étais dans une chambre claustrophobique, peu éclairée et sans air. J'ouvris un placard d'où jaillit un horrible petit insecte volant. Il fonça sur moi et me piqua.*

La chambre décrit une situation particulière dans la vie du rêveur, de même que sa réaction à cet état de fait. Manifestement, celui-ci doit être dévoilé au grand jour car, sinon, cet homme ne comprendra jamais de quoi il s'agit et ne parviendra jamais à évaluer sa vraie position par rapport à cette chose. Le placard qu'il ouvre est une alcôve intérieure de son esprit (habituellement close) dont l'ouverture suscite l'émergence de pensées et de souvenirs oubliés qui le surprennent passablement. C'est peut-être sa fierté qui est piquée, mais la piqûre de l'insecte peut aussi désigner un souvenir cuisant qui lui rappelle qu'il a intérieurement le pouvoir d'agir.

« Des mouches et de la nourriture. » *Quelqu'un me tendit une assiette de nourriture sur laquelle des dizaines de mouches commencèrent à affluer. Les chasser m'absorbait entièrement car, dès que je parvenais à en chasser une, une autre arrivait.*

Quelque chose a donné beaucoup à réfléchir à cette personne qui ne semble pourtant pas pouvoir digérer toutes ces données à cause de petites interférences qui, d'une certaine manière, gâchent tout. Même si, d'un point de vue métaphorique, cette réflexion lui a été apportée sur un plateau, elle ne semble pas être en mesure d'en tirer le meilleur parti.

« Le papillon. » *Un papillon entra dans la chambre et se posa sur mon bras. Il était si réel que je pouvais observer chaque détail de ses ailes et de son corps.*

Un papillon reflète l'éphémère incarnation de l'esprit dans un corps physique ; l'apparence d'un papillon peut, dans un rêve, révéler l'esprit propre du rêveur ou celui d'un défunt. C'est également un symbole de transformation et d'amélioration du caractère. Toutefois, vu que ce papillon a été créé par l'imagination de cette femme, c'est à elle de déceler quelle âme il incarne. (Le mot *psyché*, entre parenthèses, tire son origine de la traduction grecque du mot papillon.)

« La grosse araignée. » *La seule chose dont je me souvienne, c'est la présence d'une énorme araignée noire. Cet insecte me laissa un affreux sentiment ; j'en avais peur et le détestais.*

Cette araignée peut évoquer un aspect féminin de cette femme possessive et écrasante. Certaines araignées femelles dévorent leurs mâles ; aussi ce songe met-il cette personne en garde contre les reproches incessants dont elle harcèle son époux. Certes, cet insecte peut aussi faire allusion à une mère exagérément dominante, qui la restreindrait jusqu'au point qu'elle se sente piégée comme une mouche dans une toile d'araignée. Ce sont encore une fois ses circonstances personnelles qui lui permettront d'identifier le rôle de cette araignée afin de la jeter, comme il convient, par la fenêtre.

CHAPITRE XXII

Les rêves des choses de la vie

Les rêves traitent de la vie et la vie des rêves. Ensemble ils forment une association unique, même si leur complémentarité s'exprime plus souvent en termes d'opposition qu'en termes d'harmonie. Néanmoins, lorsque les rêves sont envisagés comme des répétitions générales d'un scénario réel, ils forment avec la vie une paire indissociable. En effet, alors que dans l'existence les occasions de se faire une opinion ou d'accomplir quelque chose ne se présentent qu'une seule fois, dans les songes nous disposons de tous les essais nécessaires. Ces charades nocturnes anticipent fréquemment des événements dans le seul but de nous préparer à leur déroulement. Ainsi, grâce à ces mises en évidence de pièges et de comportements critiquables, nous pouvons espérer agir de notre mieux au moment de l'expérience proprement dite.

Les erreurs commises dans notre existence sont extrêmement importantes en ce sens qu'elles nous servent de leçons. C'est donc à cette fin que nous revivons certaines situations passées. Ces circonstances — de même que certaines scènes familières, certains objets, certains personnages fictifs et certaines figures symboliques — nous aident non seulement à comprendre l'univers, mais également à survivre et à gagner à ce jeu qu'est notre vie. Et c'est ce combat vital et fondamental que reflètent les images et les intrigues des rêves suivants.

1. L'amour, le sexe et le symbole hermaphrodite

Les troubles émotionnels, les déséquilibres, aussi bien que les attirances sexuelles, les occupations et les rencontres diurnes trouvent leurs expressions dans les rêves.

Le sexe n'étant plus un tabou aujourd'hui, les rêves sexuels de compensation sont moins fréquents que du temps de Freud. En effet, les films, les magazines, la télévision... sont des moyens de sublimation si puissants que le besoin d'en rêver est fortement amoindri.

Les rêves de bisexualité (dans lesquels des femmes deviennent des hommes et *vice versa*) sont assez courants, mais ne révèlent pas nécessairement des tendances au travestisme. Ils peuvent soit évoquer une vie antérieure dans laquelle le rêveur était du sexe opposé, soit (et c'est le cas le plus général) signaler une mise en équilibre de ses potentialités féminines et masculines. En fait, c'est son animus ou son anima (suivant le sexe) qui réclame son attention. Le symbole hermaphrodite est donc un signe d'unification, un fusionnement des deux natures propres à l'être humain en une troisième unité créatrice.

« Le retour de l'amante. » *Une femme, avec laquelle j'avais eu autrefois une aventure amoureuse, rentra à nouveau dans ma vie. Je ne souhaitais pas me réveiller tant cet événement me paraissait réel et, lorsque finalement je m'éveillai, je réalisai que tout cela n'était qu'un rêve qui, je l'espère, deviendra réalité.*

Indépendamment de son interprétation, ce songe témoigne d'un lien unissant encore le rêveur à cette femme. S'il s'agit d'une reconstitution de leur idylle passée, c'est un rêve de compensation ; seul le temps pourra dire s'il s'agissait d'une prophétie.

« Le monsieur d'à côté. » *J'avais une liaison très intime avec mon voisin, qui dans la vie est un homme très posé, ce qui fait que maintenant, à chaque fois que je le vois dans le jardin je me sens très gênée et ose à peine le regarder en face.*

Bien que cette femme n'en ait pas conscience, son voisin l'attire sexuellement. Rêver d'une liaison sexuelle avec lui sauve certainement les apparences, d'autant plus qu'ils sont voisins.

« **Secrets d'amoureuse.** » *Mon petit ami, couché tout habillé sur mon lit, lisait mon journal intime. Cela me rendit furieuse et je me réveillai en colère contre lui.*

Que le petit ami de cette femme soit habillé dévoile qu'il ne se livre pas beaucoup et qu'en vérité elle ne le connaît pas bien du tout. Tous deux sont probablement secrets et taisent certaines histoires les concernant. Le fait qu'il lise son journal signifie qu'il fouille dans sa vie privée dans l'espoir de découvrir quelques fragments de son passé. Elle se rend inconsciemment compte de la distance qui les sépare et, dès lors, si leur liaison devait durer, ils leur faudraient se confier tous leurs secrets.

« **L'amoureux distant.** » *Un homme que j'aime beaucoup se tenait à quelques mètres de moi, m'obligeant à crier pour me faire comprendre, et je me disais que si seulement il se rapprochait je n'aurais pas besoin de m'égosiller.*

La distance qui sépare ces deux êtres atteste de l'abîme émotionnel qui existe entre eux. A moins qu'il ne fasse quelques pas dans sa direction, ce fossé ne sera jamais comblé de manière satisfaisante et il n'y aura pas d'histoire d'amour entre eux.

« **Des habits d'homme.** » *Les vêtements d'homme que je portais dans ce rêve me frappèrent. Leur coupe était moderne et le cadre du rêve actuel. Bien que ce travestissement ne m'ait pas inquiétée sur le moment, à mon réveil et en me remémorant ces images, un sentiment d'anxiété m'envahit. Être un homme ne m'intéresse pas du tout, et je n'éprouve aucune attirance pour les femmes.*

Dans les rêves, nos vêtements d'une part nous révèlent tels que nos semblables nous voient et, d'autre part, trahissent l'image que nous souhaitons donner de nous-même aux autres ainsi qu'à nous-même. L'habillement masculin de cette femme souligne la nécessité pour elle d'exprimer ses qualités masculines telles que le sens pratique, l'autoritarisme, la suprématie et autres traits de caractère généralement extravertis (1). En agissant ainsi, elle se sentira mieux équilibrée et plus sûre d'elle.

« Le fiancé parfait. » *Tout mon rêve était axé sur l'homme avec lequel je me marie dans deux mois. Or le plus dramatique, c'est qu'il ne ressemblait pas à l'être tolérant, gentil et compréhensif que je connais.*

Inconsciemment, cette femme craint que son formidable fiancé ne soit pas aussi parfait qu'elle se l'imagine. Elle a probablement superposé la personnalité réelle de celui-ci à celle de l'homme de ses rêves auquel elle voudrait qu'il ressemble mais, bien que l'amour soit aveugle, cet aveuglement n'est pas éternel. Voir aujourd'hui la réalité telle qu'elle est va lui épargner certaines désillusions futures et, s'il n'est pas trop tard, devrait lui permettre de porter un regard neuf sur lui.

« Problème de calvitie. » *J'ai beaucoup de cheveux et pourtant ce rêve dans lequel je suis chauve m'a beaucoup affolé. Ma petite amie, par contre, ne paraissait pas s'en inquiéter autant que moi.*

Les cheveux étant des symboles de virilité et de vigueur, les perdre dans un rêve signifie que le rêveur appréhende de devenir impuissant et de perdre ses charmes de séducteur. Le fait que sa petite amie ne s'en formalise pas confirme la théorie qui prétend que les hommes chauves sont physiquement plus attirants pour les femmes.

« M'aime-t-il encore ? » *Dans ce rêve, mon mari — qui m'a quittée depuis plusieurs années — revient. Bien qu'il se montre affectueux au début, il devient très vite méchant. Récemment, il m'a réellement demandé de lui donner une autre chance, mais ce rêve a rendu ma décision difficile.*

Ce songe fait apparaître deux faits importants : d'une part cette femme aimerait que son mari revienne (en dépit de ses actions passées) et serait prête à lui pardonner ; d'autre part elle pense au proverbe : « Chassez le naturel, il revient au galop. » S'il revient, il sera tendre pendant un certain temps puis, tôt ou

1. Une personne *extravertie* est un être qui extériorise facilement ses sentiments et qui est réceptif au comportement des autres. *Antonyme :* introverti.

tard (son naturel reprenant sans aucun doute le dessus), il sera porté au mal. La question est de savoir si elle doit ou non accepter son retour. Elle sait que si elle ne lui donne pas sa chance elle le regrettera, mais au moins, grâce à ce rêve, elle ne sera pas dupe.

« Une envie de danser. » *Alors que je faisais tapisserie dans une discothèque, un très beau jeune homme s'approcha de moi et m'invita à danser. Bien que le slow (une valse me semble-t-il) fût assez démodé, il se mit à m'enlacer de plus en plus fort. C'était si charmant qu'à mon réveil je fus peinée de constater que j'avais rêvé.*

Danser dans un rêve prélude à des relations sexuelles. Ce n'est peut-être là qu'un rêve compensatoire, néanmoins rien n'empêche cette femme de le considérer comme une aventure possible et de se mettre dans la peau du personnage féminin et séducteur qu'elle voudrait être afin d'attirer le partenaire de son rêve.

« La désagrégation d'une bague de fiançailles. » *Les pierres de ma bague de fiançailles se mirent à branler, puis elles tombèrent et toute la bague parut se désagréger. A mon réveil, je jetai un regard sur mon alliance, soulagée de la retrouver intacte.*

La désagrégation de cette bague annonce à cette femme la fin de la phase romantique de sa relation avec son mari ; son mariage de contes de fées a été éclipsé par une union banale. Malgré la déception qu'elle éprouve certainement, rien n'est perdu car son alliance n'est pas touchée, ce qui sous-entend que son couple constitue malgré tout une base solide sur laquelle construire.

« Le mariage. » *Invitée à un charmant mariage, j'étais entourée d'inconnus et ne reconnaissais même pas les jeunes mariés.*

Un mariage pouvant symboliser l'union de deux personnes, de deux idées ou de deux principes, ce sont ses circonstances personnelles qui devraient permettre à cette femme de trancher. Toutefois, comme elle ne reconnaît pas les mariés, on peut penser que son rêve fait état d'une harmonie entre ses Moi extraverti et intraverti (sa tête et son cœur).

« Les deux facettes d'Ève. » *Dans ce rêve, mon petit ami ressemblait à un enfant. Je me surpris à le materner, si bien qu'à la fin je ne savais plus s'il était mon fils ou mon amant. Au début il aima mes câlins, mais bientôt il devint susceptible et se mit à se comporter comme un petit garçon gâté. Je n'ai pas encore d'enfants, mais j'espère en avoir un jour.*

Ce rêve révèle que, bien que certains hommes restent des enfants dans leur cœur et apprécient quelquefois d'être maternés, ils n'aiment pas que leurs petites amies se conduisent en mères étouffantes. Il met également en évidence les deux penchants d'Ève (2) : la mère poule et la séduisante Vénus. La première devrait toujours rester discrète.

« Les flèches du désir. » *Mon ex-femme serrait deux flèches contre sa poitrine. Notre fille la rejoignit et elles semblaient si heureuses ensemble que je me sentais comme un étranger.*

Les deux flèches évoquent le coup de foudre de cet homme lorsqu'il rencontra sa femme, ainsi (à condition qu'il l'admette) que la manière dont il lui brisa le cœur par la suite. Ce rêve exprime également les regrets, la jalousie et les sentiments qu'éveille en lui la relation mère-fille. Moralité : c'est à lui de tirer les conclusions de tout cela.

« Inoculation émotionnelle. » *Mon petit ami, avec lequel je me trouvai dans une surprise-partie, me présenta une fille en ces termes : « C'est ma fiancée ! » Je n'en croyais pas mes yeux et, lorsque je lui demandai de m'expliquer quand et comment il l'avait rencontrée, il refusa d'en discuter avec moi. Ce rêve a modifié mon comportement à son égard lorsque je sors avec lui.*

Cette jeune fille soupçonne intérieurement son petit ami d'infidélité et concrétise ce pressentiment dans ce rêve. L'imaginer amoureux d'une autre tient en même temps lieu de mise en garde et d'inoculation émotionnelle contre toute déception éventuelle. En effet, ayant déjà vécu cette expérience en rêve, le choc

2. Le nom d'*Ève* signifie « mère des vivants ».

sera atténué. Il se peut également que cette demoiselle soit trop sensible et qu'elle ne parvienne plus à contrôler son imagination.

« Le baiser. » *J'embrassais une femme que je connais, mais pour laquelle — jusqu'à ce rêve — je n'avais jamais éprouvé une telle attirance à l'état de veille. Depuis, cette femme m'a lancé quelques regards faussement effarouchés et je nous sens de plus en plus proches. Je dois cependant être honnête et avouer que, même dans le rêve, je sentais la présence de mon épouse en arrière-plan.*

Bien que cet homme croie ne pas être amoureux de cette femme, il l'est sans aucun doute inconsciemment. Il peut considérer ce songe comme un avertissement l'informant que si une idylle naît entre cette femme et lui, son épouse sera toujours à l'arrière-plan, ou l'interpréter comme le feu vert de la personne en question. Maintenant qu'il connaît la situation, c'est à lui de décider de la suite à donner aux événements.

« Des crackers et du fromage. » *Dans ce rêve, survenu le lendemain d'une dispute avec ma petite amie, nous préparions ensemble un repas composé principalement de crackers beurrés et de tranches de fromage. Je m'efforçais de mettre plus de fromage qu'elle sur les biscuits.*

Freud aurait certainement relevé plus d'une allusion sexuelle dans ce rêve, mais cela pourrait se vérifier chez tous les amoureux. Ce songe soulève la question fondamentale de la vie à deux. Symboliquement, un repas est source de réflexion et les crackers beurrés représentent le pain sans levain, c'est-à-dire les sacrifices que doit concéder un être dans sa vie pour accéder au bonheur et à la sérénité de son âme. Le fromage est un symbole de réussite. Les efforts du rêveur pour recouvrir plus abondamment les biscuits révèlent qu'il lui faudra mettre un peu plus d'eau dans son vin s'il désire que leur liaison tienne.

2. Les rêves de famille

Enfants, les relations que nous avons avec notre famille influencent celles que nous entretenons plus tard avec autrui. Ces relations extérieures se nouent tôt dans la vie (même bien avant la crèche) et sont suivies par les contacts scolaires, professionnels, sociaux et les aventures amoureuses.

Le schéma de base de notre première relation est triangulaire : le père, la mère et l'enfant. L'affection de certains enfants pour le parent du même sexe est teintée de rivalité, alors que d'autres ont plus d'affinités avec ce parent et que certains enfin aiment leurs parents pareillement. Ainsi, quel que soit le cas de figure, ces rapports émotionnels triangulaires semblent se reproduire pendant toute la vie, comme l'indiquent certains rêves.

Le besoin d'indépendance peut également se manifester dans un songe. Or, la rupture avec les parents et la famille constituant la première rébellion à cette fin, cet événement est réactualisé à maintes reprises au cours de l'existence, pour mentionner de nouvelles tentatives de cassure relationnelle. Lorsqu'un mariage ou une liaison menacent d'éclater, un rêve centré sur la famille survient quelquefois ; il est cependant rarement envisagé comme une reconstitution symbolique de la première rupture.

Lorsqu'une personne a énormément de peine à se libérer de quelqu'un, elle peut éventuellement tuer son père et sa mère dans un rêve. Cette scène ne décrit pas l'anéantissement du parent, mais plutôt l'effritement du lien qui unit le rêveur à la personne (ou plus spécifiquement au partenaire) symbolisé par ce parent. Ce geste n'a rien d'un matricide ou d'un parricide.

Le père et la mère naturels (aussi bien que les couples qui adoptent ou élèvent des enfants depuis leur plus jeune âge) sont les modèles de paternité et de maternité (la masculinité et la féminité) qui serviront de référence à leurs enfants une fois adultes. Ils incarnent aussi les tendances, les énergies naturelles et les principes masculins et féminins de base (bons ou mauvais). En outre, les parents donnent à leurs enfants et reçoivent d'eux, c'est une loi universelle. D'autre part, le père personnifie la figure de l'autorité et la mère celle de la mère nourricière. Dans certains cas extrêmes, le père devient l'Ogre totalitaire et tyrannique, et la mère la Mère terrible, très possessive et destructrice.

Les autres membres de la famille figurent également des principes archétypaux. Les grands-parents, par exemple, font figure de protecteurs et sont le signe d'un milieu socioculturel stable, tandis que les frères et sœurs peuvent refléter une rivalité entre le rêveur et un proche (ami, connaissance...), aussi bien qu'un conflit intérieur.

Vu sous cet angle, le cercle familial symbolise la famille humaine dans sa globalité, et ainsi, lorsqu'un de ses membres apparaît dans un rêve, il désigne immanquablement l'archétype correspondant.

« Le père ivre. » *Dans ce rêve, mon père, un homme très correct et puritain, était ivre et titubait. Ces images me surprirent, d'autant plus que je ne parvenais pas à croire qu'il puisse se comporter ainsi.*

Vraisemblablement, cet homme témoigne tant de respect à son père qu'il en a fait un modèle de vertu masculine. Ce rôle vertueux l'a cependant rendu un peu destructeur, en ce sens qu'il a involontairement mis son fils en position d'infériorité. Son état d'ébriété prouve au rêveur que son père est un être humain comme lui et que, par conséquent, il ne devrait pas se sentir inférieur.

« Le père oppresseur. » *Dans ce songe, j'avais l'effrayante sensation que j'allais me faire agresser. Tout ce dont je me souviens, c'est l'image d'un homme en noir dont je ne réussis pas à distinguer le visage. Aussitôt réveillée, je rattachai cette scène à mon père qui, dans notre enfance, manqua beaucoup de tact, nous contraignant (mes sœurs et moi-même) à la soumission.*

Ce songe (reconstitution probable d'un événement passé) met en garde cette femme contre une personne qui essaie actuellement de l'opprimer. L'atmosphère pesante que celle-ci crée autour d'elle devrait lui permettre de l'identifier. Ce rêve lui rappelle aussi qu'elle n'est plus une enfant et qu'elle n'a pas à se soumettre à qui que ce soit.

« Une marche arrière maladroite. » *Mon père s'y prenait si maladroitement pour reculer qu'à la fin sa voiture emboutit un arbre et l'endommagea.*

Le père de cette femme représente certainement les tendances autoritaire et dynamique de son caractère. Ce rêve lui conseille de ne pas rebrousser chemin, de ne pas trop regarder en arrière ou rêver du passé, car agir ainsi lui nuit plutôt que l'aide. De toute façon, quoi qu'elle fasse sa famille (symbolisée par l'arbre) souffrira. Dès lors, ce rêve symbolique signifie qu'elle doit s'efforcer d'aller de l'avant.

« Une vue panoramique. » *Une fois en haut de l'escalier en colimaçon que je montai, je profitai d'une vue à des kilomètres à la ronde. Bientôt je m'aperçus que quelqu'un avait obstrué mon champ de vision avec — me semble-t-il — un bateau. Mon père, furieux contre cette personne, apparut alors et me guida vers un autre escalier. Je redescendis donc de l'endroit où je me trouvais et me retrouvai face à un autre escalier.*

L'escalier en colimaçon que cette femme monte indique qu'elle est en train de surmonter une situation et qu'elle l'analyse objectivement. Le bateau (symbole de destinée) qui lui fait obstacle laisse à penser qu'elle s'est peut-être trompée de voie et qu'il existe un autre moyen d'arriver aux mêmes conclusions. L'apparition de son père correspond à l'intervention d'une énergie hardie et sûre d'elle que cette femme a en elle et qui vient lui proposer une alternative logique.

« Les bagarres amicales. » *Ce rêve me ramena à cette période de mon enfance où, régulièrement, je me bagarrais amicalement avec mon père. Malheureusement, ce combat-là n'avait rien d'amical et ressemblait plutôt à une lutte à mort. J'en fus très troublé à mon réveil.*

Les luttes amicales auxquelles ce songe fait allusion équivalaient en même temps à des leçons d'autodéfense. Dès lors, en envisageant un certain état de fait sous cet angle, le rêveur comprendra ce qu'il doit faire. En se mettant dans la peau du plus fort (comme l'était son père autrefois), il parviendra à dominer la situation (manifestement une lutte en finesse), l'empêchant de dégénérer en une dangereuse querelle.

« La maison familiale. » *Je pénétrai dans la maison de mon enfance que j'ai quittée voici vingt ans et y retrouvai ma* *mère et mes sœurs. Mon père entra ensuite, m'annonçant la mort de mon chat et son projet d'abattre le chien qui l'avait attaqué si violemment. Puis il me posa plusieurs questions et tous les regards se tournèrent vers moi, dans l'espoir que je réponde à ces interrogations.*

Cette femme recourt à son enfance (période sécurisante) pour s'aider à faire face à une insécurité présente. Elle mêle dans ce songe la figure réconfortante et compréhensive de la mère à celle plus dynamique du père. L'agression du chat par le chien reflète la bataille acharnée que se livrent sa tête et son cœur (son intellect et son intuition). Quant aux intentions du père à l'égard du chien, elles sont là pour l'inviter à ne pas réagir trop impulsivement et à adopter une attitude posée. Le fait que les autres attendent d'elle qu'elle réponde à des questions signifie qu'elle a des responsabilités et qu'elle est supposée savoir que faire.

« Dialogue entre une mère et sa fille. » *Dans ce rêve, ma mère — décédée depuis plusieurs années — me donnait des conseils au sujet d'une situation déplaisante à laquelle j'ai récemment été confrontée. Elle était d'une serviabilité dont je sais qu'elle n'aurait jamais été capable de son vivant ; nous ne nous parlions pour ainsi dire jamais et n'échangions aucune confidence.*

La figure de la mère illustrée dans ce songe désigne la mère qui sait exactement comment sa fille devrait réagir et affronter ses problèmes du moment. Image du Moi le plus secret et le plus avisé du rêveur (une femme), son message ne devrait pas être passé sous silence. On peut éventuellement voir dans ce rêve le pont que cette mère essaie de jeter, non seulement entre la vie et la mort, mais entre une mère et sa fille.

« Une mère pour tous. » *J'ai des enfants, et pourtant dans ce rêve je suis la mère de la moitié du quartier. Cette expérience très agréable me laissa une impression de chaleur, sans rapport avec aucun sentiment maternel.*

La sensibilité et la compassion qui se dégagent de ce songe sont des qualités féminines. La protection des plus démunis étant un réflexe de mère, ce rêve vise peut-être à encourager cette femme à s'orienter vers une activité qui lui permettrait d'exploiter des attributs personnels similaires à ceux de la Mère archétypale.

« Les larmes d'une mère. » *Ma mère, toujours gaie de son vivant et que je n'ai jamais vue pleurer, était en larmes. La voir si triste me peina considérablement.*

Ces sanglots sont probablement des larmes que cette femme verse pour elle-même. Sa mère est un symbole de secrète compassion ; de toute évidence elle a pitié d'elle-même mais, en même temps, elle s'efforce de faire bonne figure. Si la raison de ces pleurs pouvait être éclaircie, cela l'aiderait à accepter cette situation.

« La déesse intérieure. » *Réflexion faite, je suis persuadé que ce rêve (pourtant affligeant) contient un puissant message, capable d'améliorer mon comportement à l'égard de mon épouse. Voici : après avoir crié et tempêté contre ma mère, vociférant toutes les méchancetés que j'avais sur le cœur, je me sentis affreusement coupable ; je ne me dispute jamais avec ma mère.*

Le rêveur n'en veut ni à sa mère, ni à sa femme, mais à la féminité dans son ensemble. En tant que manifestation physique de ce principe, c'est sa femme qui doit supporter toutes ses crises émotionnelles. Il est possible qu'une conduite de sa mère l'ait déçu et contrarié dans le passé, cependant l'existence abonde d'apparentes désillusions qui souvent s'avèrent profitables à long terme. Pour se débarrasser de sa culpabilité, il est nécessaire qu'il se tourne vers son anima (son double féminin, sa déesse intérieure) dont il n'a pas tenu compte depuis trop longtemps.

« Un puissant adversaire. » *Dans ce rêve, mon frère, mon benjamin de trois ans, semblait plus âgé que moi. Nous nous sommes toujours très bien entendus et pourtant, dans ce songe, j'avais l'impression que — d'une certaine façon — il constituait une menace pour moi.*

Le frère du rêveur représente très probablement un rival, que ce soit un collègue ou une connaissance. Pour une certaine raison il se sent menacé par une personne, jusque-là inférieure à lui mais qui aujourd'hui le domine, et cette situation lui rappelle une expérience antérieure analogue. Peut-être a-t-il éprouvé, étant enfant, l'impression que ses parents préféraient son frère et que cela l'a rendu jaloux, ou peut-être qu'en étant honnête avec lui-même il s'apercevra que cette menace n'est rien d'autre que l'insécurité sous-jacente à sa propre jalousie.

« La maison de ma grand-mère. » *Je me retrouvai dans la maison de ma grand-mère aux Antilles. Depuis mon enfance rien n'avait changé, à l'exception du mobilier. La présence d'un nouveau tapis, assez semblable à celui que j'ai chez moi, me surprit également.*

Ce rêve dénote que cette personne pense beaucoup à son enfance et à son patrimoine socioculturel (dont les Anciens et les grands-parents sont les symboles). Elle réalise qu'au fil des années elle est restée la même (comme au temps où elle rendait visite à sa grand-mère) et que seul son environnement a changé. Le tapis neuf signifie qu'elle n'a rien à craindre des mauvaises intentions d'autrui, car son milieu socioculturel est très réconfortant et rassurant.

3. Les rêves de bébés

Dans un rêve, un bébé incarne généralement une idée novatrice inventée par le rêveur lui-même. Porter le bébé de quelqu'un d'autre révèle que le rêveur est en train de s'approprier l'idée ou l'invention d'un autre et qu'il en dispose comme d'une création personnelle. Toutefois, il ne s'agit pas nécessairement de plagiat (3) ; par exemple, donner son enfant à quelqu'un d'autre est un moyen de se défaire de ses responsabilités.

Il existe également de multiples autres rêves de bébé, comme le prouve la sélection de rêves suivante, axée sur ce thème.

« Le bébé florissant de santé. » *Le bébé que je portais dans mes bras se mit à grandir alors que je marchais. Cela me surprit, mais j'étais malgré tout satisfaite qu'il se développe si bien.*

Si cette personne souhaite avoir un enfant, mais qu'elle n'a pas encore pu réaliser ce vœu, ce rêve peut être un songe de

---

3. Le *plagiat* est un vol littéraire. *Synonyme :* copie, imitation, emprunt.

compensation. Il pourrait également s'avérer prophétique et annoncer une grossesse future ; seul le temps permettra de vérifier un tel présage. Il est plus probable qu'il s'agisse d'un rêve symbolique, centré sur une idée originale et concernant éventuellement une nouvelle aventure commerciale. Il semblerait que cette femme se soit déjà lancée dans ce projet (symbolisé par le bébé), qui n'en est encore qu'à ses premiers balbutiements, mais qu'elle doute de son succès. La satisfaction de cette femme et la croissance florissante du nourrisson suggèrent non seulement la réussite de cette entreprise, mais aussi sa rapide croissance à condition qu'elle persévère encore un peu.

« **Plusieurs enfants.** » *J'étais entourée d'un grand nombre d'enfants qui cherchaient à attirer mon attention ; certains peignaient, d'autres confectionnaient des vêtements, tous semblaient absorbés par une occupation spécifique. Un petit garçon semblait pourtant désœuvré et me harcelait pour que je l'aide.*

A moins que cette femme ne soit maîtresse d'école (auquel cas ce songe équivaut à la reconstitution de ses activités professionnelles diurnes), ces enfants symbolisent des idées qu'elle a et son incapacité à en choisir une sur laquelle fixer son attention. L'enfant désœuvré en dépit des multiples opportunités offertes désigne cette femme, dont le problème est de trouver l'activité ou le hobby qui lui convient le mieux. A ce propos, le sexe de l'enfant (un garçon) qui la harcèle constitue un indice ; cette particularité semble en effet l'inviter à s'orienter de préférence sur un moyen d'expression manuel ou même mécanique.

« **Un enfant non désiré.** » *Je portais un enfant. Or, comme tous mes enfants sont adultes et qu'il n'est nullement dans mes intentions d'en avoir d'autres, cette scène me laissa perplexe.*

Cet enfant dépeint une situation ou un état de fait imputable en vérité à quelqu'un d'autre que le rêveur. C'est un avertissement concernant une dette ou un impôt.

« **Enceinte.** » *Je découvris que j'étais enceinte alors que je marchais le long d'une route et que je parvenais à un croisement. En réfléchissant un peu, je me souviens que je tenais un* *vieux morceau de bois à la main, semblable à ce bois flotté* (4) *qu'on trouve sur les plages.*

Cette femme arrive à un point de jonction dans sa vie et va certainement devoir décider de la prochaine direction à prendre. La découverte de sa grossesse peut correspondre à une prédiction littérale ; toutefois, cette perception étant habituellement consciente, il est peu probable que l'inconscient se préoccupe également de mettre ce fait en évidence. Cette grossesse figure vraisemblablement une aspiration future, riche de novations et d'espoirs embryonnaires. Le bois flotté fait état de charges, de liens familiaux et de la difficulté à rompre ou à s'en aller.

« Le bébé de qui ? » *Je me retrouvai avec le bébé de quelqu'un d'autre et me sentis particulièrement responsable de cet enfant. Parfois, ne le trouvant pas, je m'affolais. Une fois, je l'ai même laissé tomber sans qu'il paraisse s'en apercevoir ; je l'ai ramassé en me demandant comment je pouvais être aussi étourdie, et j'ai éprouvé des remords.*

Cette femme doit se coltiner l'invention d'une autre personne. Gardienne d'une création ou d'un projet ébauché par quelqu'un d'autre, elle est — pour une certaine raison — censée l'adopter et l'amener à échéance. Elle a essayé de renoncer à cette idée, mais sa conscience s'est opposée à cette abdication. Il ne lui reste donc plus qu'à s'attaquer au problème et à lui donner une chance.

---

4. Du *bois flotté* consiste en du bois transporté par de l'eau.

CHAPITRE XXIII

Rêves de monstres et de créatures mythologiques

Du fait qu'une majorité de rêves reflète des problèmes de tous les jours, il n'est pas surprenant qu'ils recourent à des expressions verbales courantes inspirées par des reptiles, des oiseaux, des poissons... pour exprimer symboliquement leurs messages. Or, sous-jacent à l'interprétation au premier degré de ce langage animalier, il y a le symbolisme collectif de l'inconscient. Vu sous cet angle, un cheval ne dépeint pas seulement la force et l'ambition qui gouvernent le rêveur, et un porc ne symbolise pas seulement un être mal élevé et glouton ; ces animaux (et beaucoup d'autres encore) deviennent des principes archétypaux de l'évolution, des pouvoirs de la nature effrayants et des dangers à affronter et à vaincre physiquement et spirituellement.

Dans ce contexte, Pégase (1) n'est pas seulement un cheval (il favorise le passage d'une dimension à une autre) et la jument est l'épouse terrestre du Soleil. D'ailleurs, son fer est offert aux jeunes mariés au jour de leur mariage en guise de porte-bonheur. Dans ce même esprit, la truie s'appelle Amantine (déesse de la fertilité) et le sanglier évoque la force solaire des solitaires. Les Celtes le vénéraient, portaient des masques de sanglier et ornaient leurs casques de ses défenses en signe de protection divine. Ils le sacrifiaient également, puis apportaient sa tête à Yulétide. Cette coutume est encore respectée de nos jours

1. Dans la mythologie, *Pégase* est un cheval ailé né du sang de Méduse. Celle-ci fut tuée par Persée à qui Pégase servit de monture.

et, bien que son lien avec le Soleil ait été un peu oublié, inconsciemment cette cérémonie a gardé son caractère sacré.

Les dragons, les serpents, les centaures, les oiseaux célestes, les taureaux et les monstres ailés, tout comme leurs ravisseurs et leurs conquérants, hantent aussi nos mondes intérieurs. Lorsqu'ils apparaissent dans un rêve, soit ils sont impliqués dans un cauchemar psychologique indiquant un conflit et une peur intellectuels, soit ils jouent un rôle majeur et influent dans un drame miraculeux dans lequel quelque chose de menaçant est métamorphosé en une chose merveilleuse, comme dans le conte de *la Belle et la Bête*.

« **Le griffon** (2). » *Je me souviens d'une créature ahurissante, mi-oiseau mi-animal, sortant d'une cave. Elle avait la tête et les serres d'un aigle et le corps d'un lion. J'avais l'impression que cette découverte curieuse était encore prématurée et que, si par malheur elle prenait conscience de mes regards, quelque chose de terrible m'arriverait.*

La description de cette bête correspond à celle d'un griffon. Dante prétendait qu'elle était composée des deux natures de Jésus-Christ : sa sagesse et son pouvoir solaire, tandis que le christianisme (en qualité de doctrine religieuse) la dépeignait comme un démon. Le fait qu'elle s'abrite ici dans une cave tend à prouver qu'elle séjourne dans un repli secret et profond de l'inconscient du rêveur et que, avant de pouvoir accéder à sa véritable nature, celui-ci devra négocier avec elle. Certes, il devra jouer au plus fin ; toutefois, sachant qu'elle existe, sa quête consistera à la transformer en quelque chose de docile. Cette métamorphose peut s'accomplir en visualisant la suite de ce rêve à l'état de veille, dans le but d'avoir accès à cette cave et à ses trésors.

« **Le Chien céleste.** » *Ce fut un rêve fantastique qui m'inspira beaucoup sur le moment, mais dont il ne me resta que quelques bribes à mon réveil. Tout commence dans l'espace avec un chien volant, capable d'atteindre la Lune, de mordre dedans et d'en enlever un morceau. D'une certaine manière, je savais*

2. Le *griffon* est un animal fantastique ailé, à corps de lion et à tête d'oiseau de proie.

qu'il était responsable de toutes les éclipses lunaires (des événements qui, entre parenthèses, rendent les chiens fous). Pendant toute cette partie du rêve, j'assistais terrifié aux événements. Pourtant, vers la fin de la nuit, le chien changea de caractère et devint plutôt passif. A mon réveil il m'était devenu familier et j'avais identifié tous les éléments de ma vie auxquels il faisait référence. Hélas ! Après quelques minutes, les seules choses que je gardai en mémoire furent ce récit et la conviction qu'il s'agissait du Chien céleste.

De jour, le chien est traditionnellement assimilé à un animal solaire qui monte la garde. La nuit pourtant, il devient le compagnon de la Lune et peut alors se montrer plus destructeur. En tant que paire, les chiens lunaire et solaire symbolisent respectivement les forces négatives et positives qui sévissent aussi bien partout dans l'univers qu'à l'intérieur du rêveur où, par essence, ils désignent ses qualités masculines et féminines.

En fait, le message de ce rêve est double : macrocosmique et microcosmique. A l'échelle macrocosmique, il révèle que l'équilibre de la nature est essentiel à notre survie et à celle de l'univers et cela à tous les niveaux ; à l'échelle microcosmique, il invite le rêveur à harmoniser ses tendances lunaires et solaires, dans le but de satisfaire à l'équilibre susmentionné.

« L'Homme vert. » *Je fis un affreux cauchemar et c'est seulement à mon réveil que je me rendis compte qu'il s'agissait d'un mauvais rêve. Un homme entièrement vert (de la tête au pied, vêtements y compris) se tenait au pied de mon lit. Il me souriait et, pourtant, son sourire ne me rassurait guère. Il prononça deux mots apparemment dénués de sens, mais dont la signification renferme certainement la clef de ce personnage. Ces mots sont* vertrauen *et* glück.

Le fait que cette femme ait cru pendant son rêve qu'elle ne rêvait pas indique qu'elle est sur le point de s'éveiller à certaines réalités et que ce rêve (ou cauchemar selon elle) constitue une première étape d'initiation. L'Homme vert incarne la figure légendaire de Robin des bois (l'esprit archétypal de la forêt), esprit élémentaire et amical pouvant néanmoins effrayer celui ou celle qui n'est pas initié. Les mots *vertrauen* et *glück* signifiant confiance et bonheur, ce songe est de bon augure car la vie est ainsi faite qu'une peur comprise n'est plus une peur.

« Le dragon. » *Je me trouvais dans les souterrains d'un château, lorsqu'un bruit se fit entendre dans le lointain. Quelqu'un dit que c'était le dragon et les gens paniqués commencèrent à fuir. Je trébuchai sur des pierres et le dragon me rattrapa, si bien que je sentis presque son souffle chaud sur mon cou. Heureusement, je me réveillai à ce moment-là ; j'étais cependant si effrayée que je dus allumer.*

Dans les entrailles de la terre les souterrains étant semblables à des caves, dans les rêves ils figurent le profond inconscient du rêveur où sont entreposés les mystères de la terre et autres merveilles. Le dragon désigne la force géodésique de la nature. Un rêve de cette ampleur montre que le rêveur est conscient des énergies subtiles de la vie et, plus spécifiquement, des forces invisibles et inexplicables de la nature. Suivant l'intérêt que ce rêve aura suscité en lui, cette sensibilité ira en s'intensifiant. Une chose est toutefois sûre : si le rêveur n'identifie pas le dragon, au moins il l'aura « à ses trousses ».

CHAPITRE XXIV

Rêves d'objets, de rôles et d'événements

Les rêves introduisent des objets et des rôles interprétés par des personnages pour illustrer des conflits, des relations, des obstacles, des humeurs et même d'autres objets. Le poignard, par exemple, présage généralement d'un danger ; toutefois, sa forme suggérant — d'après Freud — celle d'un pénis, il revêt une connotation sexuelle. De même une montagne peut évoquer une difficulté, cependant, selon les circonstances individuelles du rêveur et le contexte dans lequel elle apparaît, elle peut symboliser le faîte de la réussite.

En fait, les rêves peuvent recourir à toutes sortes d'éléments pour dépeindre quelque chose ou quelqu'un. La royauté, la bourgeoisie... sont des signes de snobisme et reflètent la hantise de se trouver en reste avec ses voisins ; les montres et les horloges sont des signaux d'alarme qui révèlent habituellement que le rêveur gaspille son temps et sa vie, mais qui peuvent également faire état de troubles cardiaques d'origine émotionnelle. Là encore, ces interprétations dépendent de l'individu et du cadre dans lequel ces objets sont intégrés.

Les événements de la vie (et plus particulièrement ceux qui laissent une impression d'insécurité) se traduisent fréquemment par de mauvaises expériences ou des sensations désagréables dans les rêves. De la peur (celle d'être médiocre, de ne pas être capable de s'assumer, d'être un raté... ou simplement la peur du futur) naît l'incertitude. Les réactions des êtres à ce sentiment sont soit la confrontation, soit la fuite. Celui ou celle qui défie sa peur n'a pas de raison d'en rêver car son attitude est positive. En revanche, si une personne choisit la fuite, un songe peut fort bien survenir dans le but de lui signaler son erreur d'analyse.

Ces rêves incluent ceux de chute et ceux dans lesquels le rêveur est poursuivi. Tomber ou sauter d'un mur élevé ou d'une falaise désigne une baisse de prestige ou la dégradation d'une situation, qu'elle soit émotionnelle ou même financière. Le mot « tomber » servant de messager du malheur (tomber dans la misère, tomber en disgrâce, tomber dans une embuscade...), c'est le contenu métaphorique qui doit être interprété dans ce cas.

Être poursuivi dans un songe dévoile un sentiment d'insécurité engendré par quelque chose que le rêveur tente de fuir et qui le rattrape. En général, le poursuivant est une facette de lui-même (ou même une manifestation de ses tourments) et s'incarne dans une personne ou dans un animal. Quel que soit son aspect, ce type de rêve invite son auteur à affronter son angoisse, même si s'arrêter et se retourner pour lui faire face exige beaucoup de cran.

La signification des images d'objets, de rôles et d'événements (inspirées par des impressions et des souvenirs amassés au cours de l'existence) étant en même temps traditionnelle et individuelle, c'est au rêveur de décider laquelle de ces deux versions correspond la mieux à ses circonstances. Cette décision se révélera aisée s'il se souvient qu'il est le propre instigateur de ses rêves et qu'il les a provoqués à des fins spécifiques.

« Tombé ou poussé ? » *Je me trouvais au bord d'un précipice et tombai dans le vide sans même avoir bougé. Je me sentis chuter à toute vitesse, mais me réveillai avant d'avoir touché le sol. En me remémorant ce songe par la suite, je me suis demandé si je n'aurais pas été poussé par quelque chose ou quelqu'un.*

Le fait que cet homme soit au bord d'un précipice montre qu'il est sur le point de vivre un dramatique revers de situation. Sa chute renforce l'imminence de cet événement. S'il n'est pas trop tard pour prendre cet avertissement au sérieux et s'il identifie la cause de cette chute (un arriviste ou des pressions), le pire peut encore être évité.

« **L'atterrissage forcé.** » *Dans ce rêve, je voyageais à bord d'un jumbo-jet. Subitement et sans prévenir, l'avion piqua du nez et, pendant toute la descente, je me sentis en état d'apesanteur. L'impact sur le sol me déçut ; en fait, lorsqu'on m'annonça que nous avions atterri, je ne compris pas pourquoi le choc n'avait pas été plus brutal.*

Le message de ce rêve n'est certainement pas littéral. D'un point de vue symbolique, il indique que cette femme a de folles ambitions et qu'en ce moment elle plane. Ce songe l'exhorte à faire preuve de plus de réalisme et à redescendre d'elle-même sur terre ou sinon les circonstances l'y contraindront, ce qui ne sera pas une mauvaise chose.

« **Un monstre tenace.** » *Ce rêve se reproduit toutes les deux à trois semaines depuis que j'ai changé de travail : une porte de placard s'ouvre et une créature indescriptible s'en extirpe. Plutôt que de rester sur place pour voir à quoi elle ressemble, je m'enfuis à toutes jambes.*

Le fait que ce songe chronique ne se manifeste que depuis que cette femme a changé d'emploi constitue un indice. Le placard évoque une cachette secrète de son âme (habituellement close) qui abrite un souvenir que son nouveau job a fait resurgir. Vraisemblablement, quelque chose (un nouveau collègue ou un objet) lui rappelle une peur ancienne. Par conséquent, si elle parvient à rattacher cet élément à cette angoisse refoulée, elle pourra lui faire face et son fantôme sera enterré à jamais.

« **Un crocodile agressif.** » *Un crocodile s'élança sur moi et essaya de me mordre les talons. En voulant m'enfuir, je faillis lui tomber dessus, mais réussis néanmoins à me rattraper. Je pense lui avoir finalement échappé ; cependant, à mon réveil je me suis demandé quelle action j'avais commise pour mériter une telle frousse.*

Animal à sang froid, le crocodile représente des instincts humains de nature hostile. C'est au rêveur de décider si son poursuivant reflète une tendance impitoyable de sa personnalité ou s'il s'agit d'une personne qu'il ressent comme un assaillant sans pitié. Il lui appartient également de choisir s'il mérite d'être ainsi pourchassé ou pas.

« Les dents et les douceurs. » *Je savourais un excellent caramel lorsque je m'aperçus que mes dents branlaient. L'une d'entre elles tomba vraiment et j'eus l'impression de la mâcher avec ce qui restait du bonbon.*

Dans les rêves, des dents branlantes manifestent des bouleversements considérables dans l'existence du rêveur. Manger des douceurs étant une chose agréable, ces modifications se révéleront positives à condition qu'il pèse bien le pour et le contre avant de se lancer. D'un point de vue littéral d'autre part, ce songe le prévient qu'un abus de sucreries pourrait nuire à ses dents.

« Les dents branlantes. » *Alors que je me brossais les dents avant de partir à l'école, elles se mirent à branler. Cette situation me sembla si réelle qu'à mon réveil je fus soulagé de les retrouver fermement enracinées à mes gencives.*

Ces dents branlantes avertissent cet adolescent qu'il s'apprête à laisser son enfance derrière lui pour entrer dans le monde des adultes, dans lequel les responsabilités et les difficultés abondent. Expérience aussi bien émotionnelle que physique, ce bouleversement est inévitable.

« Le président et son épouse. » *Je participais à un rassemblement social très excitant et me retrouvai assise aux côtés du président de la République et de son épouse ; nous bavardâmes ensemble comme si nous étions de vieux amis.*

Étant donné qu'on raconte aux jeunes enfants des contes de fées dans lesquels le prince et la princesse sont toujours heureux, il n'est pas surprenant que ce mythe traverse les rêves. D'un point de vue romantique, cette femme aspire sans aucun doute au bonheur ; toutefois, elle semble également se prendre pour quelqu'un d'assez important (ce qu'elle est pour elle-même). Or, elle pourrait confondre épanouissement intérieur et personnel avec position sociale ; son rêve la met donc en garde contre les pensées de pseudo-supériorité et de grandeur qu'elle pourrait être tentée de nourrir. Il lui faut par conséquent veiller à ne pas vivre dans ses rêves.

« Une réception présidentielle. » *J'étais invitée à une importante réception à l'Élysée. La femme du président, ainsi que de nombreuses personnalités, était présente et fut le point de mire de cette soirée.*

L'épouse du président incarne ici la Déesse Mère, de même (en qualité de première dame de France) que les attributs féminins du rêveur (une femme) et sa mère. C'est à elle de savoir si elle s'associe à cette femme de gouvernant en tant que symbole de la haute société ou en tant que personnification d'un des aspects les plus mystérieux auquel l'image d'une compagne de dirigeant est rattachée et de la féminité en général.

« Le décès d'un chef de service. » *Je vis dans un cercueil le corps inerte d'un homme que je ne reconnus pas au premier abord, mais que je finis par identifier comme étant mon chef de service. M'étant disputée avec lui le jour précédent, j'éprouvai un certain malaise à m'être ainsi comportée avec lui.*

Bien que cette femme ne soit pas hostile à son chef jusqu'au point de l'assassiner, elle voudrait cependant le voir disparaître. Symboliquement, son rêve reflète plutôt un souhait inconscient qu'un projet coupable ; la mort de cet homme serait une manière commode pour l'écarter et résoudrait son problème. D'un point de vue freudien, il s'agit de l'accomplissement onirique d'un désir.

« Le jour de sa propre mort. » *Je découvris une pierre tombale sur laquelle avait été récemment écrite la date du 25 avril 1987. Cette date m'intrigua car nous n'étions qu'au mois de novembre 1986. Je déchiffrai ensuite le nom du défunt qui n'était autre que le mien. Aujourd'hui, cette date est passée et je suis toujours vivant, alors que signifie ce songe ?*

Se voir mort ou lire son propre nom sur une tombe augure du terme imminent d'une phase particulière de sa vie et rarement du dernier souffle. La date que le rêveur déchiffre annonce qu'il va renaître ce jour-là et qu'une nouvelle vie va commencer pour lui. Il est de tradition de dire que rêver de mort profite aux craintifs, car les défunts ne craignent rien.

« **Dans les toilettes.** » *J'entrai dans les toilettes publiques et, une fois assise, m'aperçus que les murs étaient de verre et que tout le monde pouvait me voir.*

Ce rêve révèle d'une part que cette femme est une personne singulière qui fuit la compagnie et, d'autre part, qu'elle a peur de ce que les autres pourraient penser d'elle, ce qui la rend extrêmement vulnérable au monde en général. S'être symboliquement vue sous cet angle devrait lui permettre de s'améliorer en faisant preuve d'un peu plus de confiance en elle pour se protéger.

« **A la recherche des toilettes pour dames.** » *Dans une majorité de mes songes, je cherche désespérément les toilettes pour dames. Le dernier en date sur ce thème fut d'ailleurs assez effrayant ; jugez plutôt : les ayant enfin trouvées, j'entrai, fermai la porte à clef et m'assis sur le siège ; c'est alors que j'aperçus un petit paquet posé sur le sol. Avant que je n'aie eu le temps de me pencher pour le regarder de plus près, il explosa et je me réveillai.*

Les rêves de toilettes font habituellement allusion à des besoins terre à terre. La périodicité de ce rêve montre que cette femme ne réalise pas qu'elle souffre d'insécurité et que cette anxiété lui fait craindre de s'éloigner de chez elle ou de trop s'écarter des normes. La déflagration laisse à penser que la situation ne va pas tarder à éclater et qu'elle ferait mieux de réagir au lieu de rester bêtement assise là.

« **Les jouets.** » *La pièce était jonchée d'une multitude de jouets, et je me demandais lequel d'entre eux je choisirais pour m'amuser. Je n'en touchai aucun, me contentant de les contempler.*

La pièce qui contient tous ces jouets désigne un aspect de la vie de cette femme exigeant une attention particulière ; ce rêve peut soit suggérer qu'elle trouve cette attitude enfantine, soit indiquer qu'elle caresse des idées susceptibles de l'aider à résoudre des difficultés ou mieux à les comprendre.

« **Une vie antérieure.** » *Dans ce rêve, j'étais un homme vêtu d'un grossier pardessus et d'un pantalon en toile de jute,* *bardés de cuir. Je me rendis bientôt compte que j'étais soldat et que je m'occupais des chevaux. Une grande tension flottait dans l'air, car nous (le reste de la troupe et moi-même) nous préparions à livrer bataille. Je me souviens ensuite m'être lancé dans la bagarre ; c'est alors que subitement j'ai senti un puissant choc dans la région du cou et de la poitrine, côté gauche, et que je suis tombé à terre, sans vie. Cet événement modifia instantanément la scène (comme lorsqu'on change de diapositive) ; j'étais allongé sur le sol et des chevaux (des centaines de chevaux) me piétinaient.*

Dans ce rêve j'étais moi-même, sans être la même personne que je suis aujourd'hui puisque je suis une femme. Un détail me surprit cependant : à ma naissance, les muscles de mon bras gauche étaient atrophiés.

Ou bien ce rêve est une reconstitution d'une vie antérieure qui explique l'origine de l'atrophie du bras gauche de cette femme, ou bien c'est un récit symbolique qui l'invite à renforcer sa confiance en elle et à permettre de temps en temps à son animus de s'extérioriser. La blessure au bras lui rappelle qu'un handicap physique ne justifie pas de se laisser fouler aux pieds par autrui.

« Une maison d'autrefois. » *Je me trouve dans une maison qui, à mon avis, nécessite d'être modernisée. L'âtre est surmonté d'une armature en fer à laquelle est suspendue une marmite et, à côté de la cheminée, se tient une dame en habits victoriens. Le temps du rêve je me sens chez moi, bien que je n'aie jamais été dans une telle demeure.*

Que cette scène soit le reflet d'une vie antérieure ou qu'elle soit purement symbolique, elle signale à cette femme son attachement au passé et la nécessité pour elle de se mettre à la page. L'âtre désigne le centre de la vie familiale et la dame plutôt élégante (manifestement en train de préparer à manger) incarne la femme d'intérieur très conformiste qui est en elle. Il est certain qu'elle cherche à se libérer des conventions, mais qu'en même temps cette démarche lui paraît fort difficile. Son rêve lui confirme néanmoins qu'elle peut tirer le meilleur parti de ces deux univers, à condition de consentir à des changements.

« **La table.** » *J'étais assise à une immense table, pendant que les autres membres de la famille conversaient ensemble. Ils ne me mêlèrent pas à leur discussion et je me sentis laissée pour compte.*

Traditionnellement, une table est un symbole de renoncement. On prétend d'ailleurs que c'est l'autel sacrificiel de l'esprit. Le fait que cette femme se sente exclue dévoile les sentiments qu'elle éprouve à l'égard du reste de la famille. Manifestement, elle s'est sacrifiée dans le passé dans l'intérêt de ses proches, et ce rêve la met en garde contre la tentation de jouer volontairement les martyrs aujourd'hui.

« **Une bougie.** » *Sur le rebord d'une fenêtre se trouvait une grosse bougie fixée à un bougeoir en or. Chaque fois que je l'allumais elle s'éteignait, bien qu'il n'y eût pas de vent.*

Le bougeoir et la bougie évoquent les sentiments altruistes de cette femme, et leur situation (sur le rebord d'une fenêtre) signifie que ceux-ci pourraient être d'une portée considérable. La lumière de la bougie symbolise la vie et la flamme l'esprit. Ses vaines tentatives pour l'allumer visent à l'encourager à ne pas s'avouer vaincue et à persévérer encore et encore pour atteindre son objectif.

« **Au tribunal.** » *Je me trouvais dans un tribunal, à la barre des témoins, et subissais un interrogatoire serré sur ma conduite dont l'issue a dû être positive, car je me suis réveillé beaucoup plus heureux qu'au moment du coucher.*

Le proverbe « la nuit porte conseil » s'est toujours révélé profitable. De toute évidence cet homme a des problèmes de comportement et son interrogatoire le contraint à se poser certaines questions, en se jurant de se dire la vérité, toute la vérité et rien que la vérité. Ayant été honnête avec lui-même, bien qu'inconsciemment, il devrait maintenant être capable de faire face à ses difficultés et de les résoudre.

« **Du nouveau dans l'air.** » *La fenêtre de ma chambre s'ouvrit brusquement et les rideaux se mirent à claquer. Je me levai pour la fermer, ce qui me demanda quelques efforts avant d'y parvenir.*

Cette personne doit s'attendre à des changements qui lui apporteront un peu d'air. Bien que, pendant un certain temps, les choses puissent lui sembler incontrôlables, elle parviendra finalement à s'accommoder de ces bouleversements.

« L'échelle et l'échafaudage. » *Je grimpai sur une échelle et, une fois au sommet, je découvris avec horreur que je me trouvais sur une plate-forme ou un échafaudage plutôt branlant.*

Une fois arrivé au faîte de la réussite apparente, cet homme va s'apercevoir que cette situation est instable et même potentiellement dangereuse. Moralité : la chute sera proportionnelle au degré d'ascension.

« Une piqûre désagréable. » *On me fit descendre dans un ascenseur avant de m'emmener dans un endroit sombre et de me faire une piqûre. Ce rêve extrêmement désagréable me laissa une impression d'angoisse pendant plusieurs jours.*

Descendre dans un ascenseur est un signe de soumission ; l'endroit sombre caractérise la peur de l'inconnu et une piqûre correspond à la violation de l'intimité d'un être. Par conséquent, d'un bout à l'autre ce rêve dépeint des circonstances dans lesquelles cette femme est littéralement humiliée. D'une manière ou d'une autre il lui faut dépasser tout cela et se protéger contre toute autre tentative de dépréciation.

« Les œufs. » *J'étais entouré d'une multitude d'œufs, dont une partie était sur le point d'éclore ; ils semblaient remuer çà et là et, bien que leurs coquilles fussent fissurées et que j'entendisse des pépiements à l'intérieur, les poussins ne sortirent pas.*

Les œufs sont l'expression d'une vie potentielle, aussi bien que de la réussite possible d'un individu. Le message de ce rêve est clair et précis : « Mets-toi au travail ! » Si le rêveur n'essaie pas de s'aider lui-même, tous ses efforts passés s'avéreront vains.

CHAPITRE XXV

Les cauchemars

1. Le sens des cauchemars

En anglais, le mot cauchemar se traduit par *nightmare*, ce qui signifie littéralement « la jument de la nuit » et tire son origine de Rhiannon, la légendaire jument Déméter qui, avec ses deux sœurs, retourna à l'état sauvage et dévora son poulain Hippasus. Le prophète Job a dit de cette jument : « *Elle se tient immobile sur un rocher et attend. Ses petits aussi sont des suceurs de sang.* » Or, autrefois, on croyait à juste titre que pendant un cauchemar le rêveur était conduit au repaire de cette jument, un lieu terrifiant jonché de squelettes et d'entrailles de poètes.

Un cauchemar est l'expression d'une angoisse extrême, imputable à des troubles physiologiques ou à un stress émotionnel. L'intensité d'un vrai cauchemar suffit à réveiller le sujet qui, souvent (et plus particulièrement dans le cas d'un enfant), dans le but d'échapper à ces tourments nocturnes devient somnambule et appelle au secours.

Les mauvais rêves dus à des perturbations physiologiques surviennent généralement pendant la première partie de la nuit, en l'absence totale de tensions (chocs émotionnels, angoisses, inquiétudes...), et résultent de malaises, de douleurs ou de fièvres. Prenons un exemple : si une douleur lancinante se fait sentir, elle peut se mêler à un rêve et donner lieu à un épouvantable cauchemar dans lequel, par exemple, le rêveur se fait poignarder à plusieurs reprises et qui lui décrit symboliquement sa souffrance.

De la même manière, un enfant ou un adulte souffrant de fortes fièvres peut être victime d'hallucinations et les voir se concrétiser dans un univers peu familier et effrayant. Il est également fréquent, chez des sujets plus âgés, de rendre des modifications hormonales responsables de la panique qui engendre des palpitations, des sueurs, des sensations de suffocation... alors qu'en fait ces bouleversements occasionnent des déséquilibres chimiques à l'intérieur du corps et que ce sont eux que certaines scènes troublantes illustrent symboliquement.

Les cauchemars faisant suite à des stress émotionnels provoquent aussi des troubles physiologiques ; le rythme cardiaque s'accélère et la personne peut se mettre à transpirer. Les angoisses responsables de ces crises nocturnes sont symbolisées par des agressions, des noyades ou autres tortures fort désagréables. Parfois elles s'incarnent dans une silhouette sombre tapie dans un coin, d'autres fois elles se traduisent par un supplice perpétré dans un obscur donjon. Toutefois, quelle que soit la nature de l'expérience associée, une chose est sûre : l'intention d'un mauvais rêve n'est jamais de terrifier le rêveur.

Certains cauchemars tiennent lieu d'inoculations émotionnelles contre des traumatismes de l'existence que le rêveur ne réussit pas à affronter à l'état de veille ou auxquels il devra faire face dans l'avenir. Ces bouleversements ayant été vécus dans un songe, le choc de l'expérience réelle (si et lorsqu'elle se produira) sera considérablement atténué. D'autres dures épreuves oniriques (qu'il s'agisse de supplices délibérés d'origine physique ou masquant des peurs, un sentiment de culpabilisation, l'anticipation d'une menace réelle...) ont pour objectif d'attirer l'attention du rêveur sur un état physique ou émotionnel immédiat.

L'affolement déclenché par les mauvais rêves éclipsant malheureusement leurs intentions premières, il est rare que leurs messages soient décodés et que, finalement, le rêveur se conforme à leurs conseils. Or, fort heureusement ces rêves-là ne se réalisent quasiment jamais.

2. Quelques exemples de cauchemars

« La lune noire. » *Enfant, j'ai fait un affreux cauchemar dont je me souviens encore aujourd'hui comme s'il datait d'hier. A cette époque, je dormais avec mes deux sœurs dans une pièce attenante à celle de mes parents. Trois marches d'escalier en bois nous en séparaient, de sorte que, lorsque quelqu'un entrait dans notre chambre, nous l'entendions. Cette nuit-là, je rêvai d'une chose noire (que je baptisai plus tard du nom de « lune noire ») que j'aperçus en haut du petit escalier. J'étais sûre d'entendre ses pas au moment où elle descendrait mais, à ma plus grande stupeur, elle le franchit sans bruit. Comme elle se rapprochait de plus en plus de mon lit, je me réveillai en hurlant. Depuis ce jour et pendant plusieurs années, j'eus peur d'aller me coucher, traumatisée à l'idée qu'elle puisse revenir.*

Cette femme se souvient encore de cette horrible chose, mais a heureusement cessé de la craindre depuis longtemps. Tout laisse à penser qu'elle correspondait à la projection d'une peur qu'elle aurait eue pendant la journée et que, d'une certaine manière, elle se serait efforcée en vain d'interpréter ou contre laquelle elle n'aurait rien pu faire.

« Un vacarme effroyable. » *Lorsque j'ai fait cet épouvantable cauchemar, j'avais la rougeole. Je fus alertée par un bruit terrifiant et mon cœur se mit à palpiter à un rythme accéléré. A sa façon, ce vacarme envahissait tout, jusqu'à ma tête, et j'avais l'impression qu'une énorme machine était sur le point de m'écraser, ainsi que la maison.*

Ce martèlement équivaut probablement à une amplification des battements du cœur résultant d'une forte fièvre et des symptômes de la rougeole. L'idée que la maison puisse être démolie reflète symboliquement l'anéantissement physique causé par la maladie, de même que l'éventualité d'une agonie imminente.

« Des créatures rampantes sorties de l'ombre. » *Ma fille se réveillait quasiment chaque nuit en hurlant et, parfois, allait même jusqu'à descendre les escaliers en dormant. Lorsque je* *l'interrogeais sur la raison de ses cris, elle évoquait toujours ces mêmes petites créatures affreuses et rampantes sortant d'un coin sombre et la poursuivant.*

Cette fille avait huit ans au moment où ces cauchemars commencèrent. Ils l'épouvantaient tellement qu'elle restait éveillée toute la nuit, manquait régulièrement l'école ou s'endormait sur son pupitre lorsqu'elle s'y rendait. Ainsi qu'on le lui suggéra, sa mère l'emmena voir un psychiatre, mais ce fut en vain. C'est alors qu'elle requit mon aide.

Je convoquai la mère et la fille ; ensemble nous discutâmes de ces horribles petites choses. Nous mîmes l'accent sur leur petite taille, ce qui les déprécia, puis je donnai une feuille de papier blanche et des crayons de couleur à la fillette afin qu'elle puisse les dessiner. Elle choisit du noir et du gris et fit d'horribles gribouillis censés les dépeindre. Je lui proposai de les coiffer d'un chapeau — ce qu'elle fit — et elles nous parurent à toutes les trois si comiques que nous éclatâmes de rire. Il fut ensuite convenu qu'elles détestaient le soleil, et l'enfant coloria l'espace qui les entourait en jaune et en orange. A la fin de l'entretien, je lui proposai d'épingler ce dessin dans un coin de sa chambre et de voir si elles reviendraient coiffées de leurs nouveaux chapeaux. Elles ne réapparurent jamais.

« **L'enfant mort.** » *Je fais ce cauchemar trop souvent à mon goût. Le scénario est presque toujours le même : je vois ma fille de treize ans allongée de dos dans un de ces anciens abreuvoirs pour chevaux en granit et sans vie. Certaines fois je ne la trouve simplement pas et m'imagine que quelqu'un l'a assassinée. Je me réveille dans tous mes états et me précipite dans sa chambre afin de m'assurer qu'elle est bien dans son lit.*

Ce type de songe admet plusieurs explications. La première, c'est que cette femme craint pour la vie de sa fille. En effet, ayant certainement entendu parler d'infanticides, elle a dû s'identifier aux infortunés parents des victimes et ce drame est devenu réalité dans un de ses rêves. Ce cauchemar peut également faire allusion au fait que les enfants, une fois adolescents, deviennent de plus en plus indépendants et que l'image première de l'enfant disparaît. Cette constatation est comparable au sentiment : « J'ai perdu un fils ou une fille » que certains parents éprouvent lors du mariage de leur progéniture. Dernière hypothèse, la vue de cette fillette noyée reflète les pressions émotionnelles, aussi bien scolaires que sociales, auxquelles l'adolescent est confronté lorsqu'il commence à avoir des relations en dehors du cercle familial et que cette mère pressent inconsciemment.

« La guerre. » *Ce rêve revient régulièrement depuis des années : nous sommes en 1940, je suis de retour en France et revois avec la même précision toutes les horreurs de la guerre dont je fus témoin à cette époque. Au cours de la journée, je ne repense jamais à ces événements que je souhaite oublier mais, la nuit, ils reviennent constamment me hanter, nuisant ainsi à mon sommeil et à mon repos.*

Ces cauchemars ne sont pas surprenants compte tenu du passé de cet homme. En se remémorant ces scènes pénibles avant de s'endormir, il parviendra peut-être à s'épargner le tourment d'en rêver et dormira mieux. De plus, bien que ces souvenirs soient profondément gravés dans les mémoires, ils s'effacent généralement avec le temps. Toutefois, il y a toujours l'exception qui vient confirmer la règle.

« Pourchassée et rattrapée. » *Dans ces songes, je suis poursuivie dans des rues étroites et en pente, sans aucune chance d'échapper à mon poursuivant (une personne ou une chose) qui, d'ailleurs, me rattrape. Heureusement, je me réveille avant que quelque chose de pire ne se produise.*

Un être réagit toujours à une peur (que ce soit dans un rêve ou dans la réalité) par la fuite ou par l'affrontement. Dans cet exemple, cette femme se fuit elle-même. Symboliquement, son rêve révèle qu'elle tente d'échapper à quelque chose auquel elle ne veut pas faire face ; or, comme il est impossible de se fuir soi-même, elle se fait toujours rattraper. Ce rêve se reproduira jusqu'à ce qu'elle cesse de courir, qu'elle se retourne et affronte courageusement cette angoisse intérieure qui gâche toute sa vie.

« Le serment. » *Je rêve que je me réveille et que mon premier fiancé, tué à la guerre en 1944, se tient au pied de mon* *lit et me regarde. A sa mort je m'étais jurée de ne jamais épouser un autre homme ; or je me suis mariée en 1950 et, depuis, ce cauchemar me tourmente.*

En se promettant de ne jamais se marier et en le déclarant probablement autour d'elle, cette femme a fait un serment. Dès lors, avoir rompu ce pacte lui donne l'impression d'avoir trompé son premier fiancé. Ce cauchemar pourrait donc être une projection de sa propre culpabilité, c'est-à-dire le spectre d'un souvenir et non pas celui d'un amant au cœur brisé.

« Le monstre terrifiant. » *Un monstre féroce, mi-loup mi-sanglier, sort d'un coin de ma chambre et se met à me poursuivre. Au début je le prends pour un chien, car j'ai peur de ces animaux, mais cette créature-là est cent fois plus effrayante. Parfois je me sens comme paralysée et mes membres n'obéissent plus. Par chance, je me réveille toujours avant que cette bête ne me mette en pièces.*

La peur que cette femme a des chiens explique vraisemblablement ce rêve. Toutes les angoisses s'exprimant la nuit et revêtant des apparences encore plus terrifiantes, le fait qu'elle voie dans ce monstre l'image symbolique d'un chien féroce constitue un premier pas vers la compréhension de son rêve. Une autre explication serait que cette créature représente une facette dominante d'elle-même qui assujettit ses émotions plus subtiles et la contraint à les nier, ce qu'elle ne mérite pas vraiment. Qui veut noyer son chien, l'accuse-t-il de la rage ?

La sensation de paralysie équivaut à ces phases de sommeil pendant lesquelles le rêveur est astreint à l'immobilité et qu'il s'avère quelquefois utile d'incorporer dans un rêve (surtout s'il s'agit d'une histoire de poursuite).

« Les tunnels de la vie et de la mort. » *J'ai fait régulièrement ce songe depuis mon plus jeune âge et jusqu'à l'âge de quinze ans. Je me souviens d'un long tunnel sombre débouchant dans un lieu terrifiant. Parfois j'avais l'impression d'étouffer et, d'autres fois de me noyer. Ces scènes étaient si bouleversantes que je me réveillais toujours en hurlant. Ce rêve cessa le jour où ma mère m'avoua que j'avais failli mourir à ma naissance.*

J'en conclus que ce tunnel correspondait au tunnel de la mort que de nombreux êtres franchissent pour quitter ce monde.

Les rêves semblent faire une légère distinction entre le tunnel de la mort et celui de la vie, et ce cauchemar pourrait parfaitement se rattacher au souvenir que cet homme a de sa naissance, lorsqu'il émergea dans ce monde et non pas dans l'au-delà.

CHAPITRE XXVI

Les rêves-solution et de guérison

Interpréter un rêve consiste certes à décoder son message, cependant, cette démarche n'est qu'un premier pas vers l'accomplissement de son véritable objectif. Le fait que chaque message onirique offre un conseil — et souvent une solution — au malaise reflété par le rêve laisse à penser que rêver est essentiel à la résolution des problèmes. Or des psychologues ont récemment constaté que des individus dormant huit heures par nuit et plus (donc rêvant plus) étaient plus créatifs et plus aptes à affronter leurs difficultés.

Bien que certains songes résolvent spontanément des situations épineuses, le bon rêve nécessite parfois d'être incubé. En outre, les rêves imaginatifs et certains rêves de guérison semblent correspondre au prolongement d'une réflexion logique se manifestant sous une forme symbolique. D'autres rêves de guérison peuvent néanmoins surprendre ou même choquer le rêveur ; dans ce cas, le rétablissement qui leur succède semble s'apparenter à un afflux d'énergie entraînant des changements bénéfiques à l'intérieur du corps.

Alors qu'il est généralement admis que les scènes oniriques sont un facteur décisif en ce qui concerne le processus de la pensée, le raisonnement aboutissant à la traduction d'une image en solution s'est révélé n'être ni logiquement linéaire, ni latéral (1). Cette constatation a, en effet, mis en évidence un schéma de

1. *Latéral* se dit d'un élément annexe, secondaire, qui en double un autre.

pensée totalement original, basé sur l'intuition et la créativité. En comparant la formulation d'un problème au symbolisme du rêve correspondant, on s'est aperçu que ce dernier fournissait souvent des indices fondamentaux à la résolution dudit problème.

« L'anagramme. » L'anagramme SNACEDELIHSKR fut proposé à un sujet avant qu'il ne s'endorme. Celui-ci l'élucida au terme d'un enchaînement complexe de déductions qui débuta avec le rêve d'une émission de télévision intitulée « Nulle part ailleurs ». L'un des invités avait une coiffure semblable à celle d'un ami du rêveur prénommé Olivier. Ce prénom lui rappela l'ouvrage de CHARLES DICKENS, *les Aventures d'Olivier Twist,* et lui fournit la solution de cette énigme.

« Perdu et retrouvé. » Le rêve suivant permit non seulement au rêveur de retrouver son parapluie, mais également de rencontrer sa future fiancée : *« Je m'apprêtais à me rendre à mon travail, lorsque je me rendis compte qu'il pleuvait. Je remarquai aussi un mur de pierre sur lequel était écrit le mot NAAN. »* A son réveil, ce mot n'évoquait rien pour lui ; dehors pourtant, comme dans son rêve, il pleuvait. Cette pluie lui remémora sa dernière visite chez un ami auquel il se souvint avoir prêté son parapluie sans qu'il le lui rende. Il lui téléphona dans le courant de la journée et ils se donnèrent rendez-vous dans un café pour le lendemain. Ils se rencontrèrent comme prévu et le rêveur récupéra son bien. Or son ami était accompagné de deux jeunes femmes. Il fut séduit par l'une d'elles et ne tarda pas à l'épouser. Elle s'appelait ANNA, un anagramme de NAAN.

« Professeur Kekulé. » Le rêve que fit ce chimiste alors qu'il s'efforçait sans succès de découvrir la structure moléculaire du triméthylbenzène constitue un exemple classique de prolongement d'un raisonnement rationnel dans un songe. Voici son récit : *« Des atomes cabriolaient devant mes yeux pendant que des agglomérats plus petits restaient à l'arrière-plan. Mon attention fut cependant attirée par des structures linéaires plus importantes qui parfois s'ajustaient parfaitement les unes aux autres et, d'autres fois, s'entortillaient comme des serpents. Soudain, l'un des reptiles mordit sa propre queue, esquissant moqueuse-*

ment devant mes yeux une forme circulaire. » Réveillé en un clin d'œil, le professeur Kekulé réussit ensuite à transposer l'image du serpent mordant sa queue dans la théorie de la tétravalence du carbone qui sous-tend la formule hexagonale du benzène, une découverte qui révolutionna la chimie organique et ouvrit la voie au moteur à combustion interne.

*
* *

Et maintenant, voici quelques anecdotes extraites de cahiers de rêves privés :

« Le modèle de tricot. » Pendant toute la soirée, je m'étais appliquée en vain à comprendre un motif de tricot particulièrement compliqué et me couchai frustrée et fâchée à l'idée de ne pas être parvenue à le débrouiller. Toute la nuit, *je rêvai pêle-mêle d'aiguilles à tricoter, de mailles écoulées et de laine.* Le lendemain soir, néanmoins, je tentai ma chance une nouvelle fois. Curieusement, et avant même d'avoir relu la marche à suivre, j'étais convaincue de mon succès. D'ailleurs, ce pressentiment se vérifia, comme si — d'une certaine manière — j'avais étudié ce modèle pendant mon sommeil.

« Une cure d'eau tonique. » Depuis plus d'un an, je souffrais d'une légère fièvre dont aucun médecin n'avait réussi à me guérir. Une nuit, *je rêvai d'une bouteille de verre transparente portant l'inscription « tonique »*. Le lendemain matin, je décidai — en désespoir de cause — de me rendre chez le pharmacien et de lui demander un fortifiant. En chemin, alors que je passais devant la vitrine d'un magasin de vins et de spiritueux, mon regard se posa sur des bouteilles de verre étiquetées « eau tonique ». J'entrai donc et en achetai une demi-douzaine. A raison de deux par jour, je les bus en trois jours, au terme desquels ma fièvre avait disparu. Ce n'est que par la suite que j'ai appris que cette eau contenait de la quinine (un antidote contre certaines fièvres tropicales) et que j'ai pensé avoir été victime d'une forme fruste de malaria.

« Un cauchemar-placebo. » Il y a cinq ans, je souffrais atrocement d'un coude et, pour soulager la douleur, mon médecin me suggéra une piqûre à cet endroit. Peu enthousiaste à cette proposition, je remis d'abord cette injection à plus tard. Au bout d'un mois cependant, la douleur s'étant intensifiée, je dus me résigner à prendre rendez-vous. La nuit précédant cette consultation, *je fis un cauchemar dans lequel un médecin m'injectait un antidouleur dans le bras.* A mon réveil le mal avait disparu et j'annulai la séance de piqûres. Depuis ce jour-là, de telles douleurs ne se sont jamais plus manifestées.

« Le fantôme d'un chirurgien. » J'étais à l'hôpital pour me faire opérer d'une tumeur maligne, lorsque *je rêvai d'un chirurgien me prédisant que je serais encore en vie vingt ans plus tard.* Après l'opération, je me confiai à des infirmières qui, sans se moquer de moi, m'apprirent que d'autres patients leur avaient déjà conté de semblables histoires. La description que je leur en donnai se révéla coïncider avec celle d'un ancien chirurgien de l'hôpital aujourd'hui décédé. Qui qu'il fût, je crus en ses paroles et demeure persuadé qu'il contribua à ma guérison. Cette anecdote date de presque trente ans, mais je n'oublierai jamais ce rêve.

« Le rêve thérapeutique d'un amoureux des chiens. » Un veuf conçut un étonnant stratagème pour se guérir d'une tumeur cérébrale qui paralysait tout le côté gauche de son corps. Un jour en effet, il se réveilla dans son lit d'hôpital et s'aperçut qu'il pouvait à nouveau mouvoir sa jambe et son bras gauches. Cette nuit-là, *il avait rêvé que son unique compagnon (un chien appelé Rufus) allait être piqué, car personne ne pouvait s'en occuper.* C'est alors qu'une forte secousse avait traversé ses membres figés, le réveillant avec un cri. Après avoir repris ses esprits, il s'était immédiatement levé et avait étonné les infirmières en parvenant de lui-même à prendre une chaise. Les médecins n'en crurent pas leurs oreilles ; néanmoins, six jours plus tard il put retourner chez lui. « C'est mon Rufus qui m'a guéri », disait-il. « Dans mon rêve, la conviction qu'il allait être abattu m'a fait un tel électrochoc que j'ai retrouvé instantanément l'usage de mes membres infirmes. »

« Un feuilleton en trois épisodes. » *Une nuit je fis un horrible cauchemar ; j'étais absolument convaincue qu'un tigre féroce se trouvait dans la pièce d'à côté. Il grondait et griffait la porte, comme s'il avait l'intention de venir jusqu'à moi.* Le sentiment de crainte et d'appréhension que ce rêve m'inspira me poursuivit pendant toute la journée du lendemain. La nuit suivante je refis à peu près le même rêve, *sauf que cette fois le tigre était moins furieux et qu'il ne griffait plus la porte aussi sauvagement.* Ce songe me hanta à nouveau au cours de la journée, et je finis par me demander si cet animal ne symbolisait pas quelque chose dont j'aurais peur.

A cette époque j'avais un patron particulier qui, de temps en temps, venait inspecter nos places de travail et que j'avais toujours craint. Or, je réalisai qu'il n'allait pas tarder à nous honorer d'une de ses visites importunes. En outre, plus j'assimilais cette angoisse à mes cauchemars, plus ceux-ci prenaient un sens. La troisième nuit le même scénario se répéta encore mais, cette fois-ci *le tigre avait quitté la pièce et, bien qu'il soit toujours un peu menaçant, il ne me prêta pas autant d'attention que je l'avais craint.*

Ces trois rêves me prouvèrent que ma peur était infondée et que la personne qui m'inspirait ce sentiment n'était pas aussi agressive ou dangereuse que je le pensais. Lorsque mon patron se présenta, quelques jours plus tard, mes craintes avaient disparu et cette rencontre se déroula sans problème.

« Un air de musique. » J'entends toujours de la musique dans un rêve quelques jours avant qu'une circonstance heureuse ne s'annonce pour moi. Généralement ce songe contient de surcroît un indice qui m'informe plus précisément sur la nature de l'événement à venir. Récemment, alors que je rêvais musique, je fus réveillée au milieu de la nuit par les pleurs de mon bébé. Comme je mourais d'impatience de connaître l'épilogue de ce songe, je calmai mon enfant, le recouchai, puis m'appliquai à me remémorer cette fiction inachevée jusqu'à ce que je me rendorme. Une fois assoupie, je retrouvai aisément le fil de mon rêve et m'y replongeai. *La musique revint, puis j'aperçus une voiture, la mer et le sable, les signes que j'attendais.*

Le week-end suivant mon mari suggéra un pique-nique en province, mais je savais déjà que nous irions au bord de la mer. D'ailleurs, je ne me trompai pas.

« Comment dominer les événements. » Je fis une série de quatre rêves qui bouleversa ma vie. La première fois, *je courais pour ne pas manquer un train et arrivai juste à temps à la gare pour le voir s'éloigner.* La nuit suivante, même mise en scène, sauf que cette fois-ci *je ne le ratai qu'à quelques secondes.* La troisième nuit *je réussis à le prendre* et, le lendemain, *non seulement j'arrivai à l'heure mais, de plus, le conducteur m'invita dans sa cabine et me proposa de prendre les commandes.*

Ces rêves me révélèrent d'une part mes vains efforts pour saisir des occasions dans la vie et, d'autre part, que je n'étais pas vraiment maître de la situation. Le fait que je parvienne finalement à prendre ce train et que je sois même invité à le conduire me confirma néanmoins qu'une évolution personnelle me permettrait éventuellement de devenir mon propre chef. J'ai donc commencé par combler mes lacunes ce qui, au sein de ma profession, m'a déjà valu une promotion.

« Le tireur anonyme. » *Je rêvai qu'une personne me tirait dessus, sans que je réussisse à la localiser car il faisait sombre. Les blessures que les balles m'infligeaient n'étaient pas douloureuses, et j'étais plutôt troublé qu'un tireur isolé (et plus particulièrement un individu invisible) m'agresse ainsi.*

Le lendemain je continuai à ressasser ce songe et me surpris à anticiper la suite de cette intrigue dans un rêve éveillé. Mon imagination reprit le récit là où il s'était arrêté et je découvris un indice qui m'éclaira sur l'origine des projectiles et sur l'identité du tireur. Apparemment, ces balles (tirées dans l'obscurité) correspondaient à l'assaut verbal d'une personne rivale. Considérant cela comme un avertissement, je me mis à l'abri et regardai en me délectant mon agresseur manquer sa cible.

« **Une incubation réussie.** » Confronté à un problème très personnel, je décidai — par désespoir — d'incuber un rêve pour favoriser sa résolution. Après quatre ou cinq tentatives je fis un songe plutôt terrifiant mais qui, réflexion faite, me parut extrêmement profitable. *Je rêvai qu'on m'incitait à regarder dans un placard dans lequel se trouvait une tête. En la dévisageant plus soigneusement, je réalisai qu'il s'agissait de mon buste. En me remémorant ultérieurement ces images, je me rendis compte que cette tête devait être en plâtre, car mon nez semblait avoir été endommagé.*

J'interprétai ce rêve comme une invitation à traiter les choses de la vie avec une extrême prudence afin d'éviter de perdre la tête et, par dépit, de scier la branche sur laquelle j'étais assis. Cette mise en garde concordant parfaitement avec la réalité, il ne me restait plus qu'à dompter mon orgueil. J'ai par bonheur ravalé ma fierté et me sens aujourd'hui en paix avec moi-même et avec autrui.

« **Le puzzle.** » Diverses expériences d'incubation réussies m'encouragèrent à susciter un rêve efficace sur ma carrière future. *Je fis un songe énigmatique dans lequel j'étais absorbée dans l'assemblage des pièces d'un puzzle, certes facile ; mais je m'aperçus bientôt qu'il déborderait de la petite table sur laquelle je m'étais installée.*

Le jour suivant les symboles de cette scène s'expliquèrent d'eux-mêmes, et j'admis finalement que ce puzzle représentait ma vie qui, somme toute, était assez simple et heureuse tant que je ne me fixais pas des objectifs trop ambitieux qui pourraient me mettre dans une situation professionnelle instable. Le choix auquel je suis confrontée actuellement est le suivant : dois-je me procurer une table plus grande ou vivre selon mes moyens ? Je projette déjà d'incuber un autre rêve dans six mois, afin de bénéficier de conseils supplémentaires.

« **Un passe-muraille lucide.** » Une nuit, alors que j'étais parfaitement conscient que je rêvais, je me demandai quel exploit je pourrais accomplir pour me prouver que j'étais capable de diriger mon rêve. *Je choisis de traverser un mur contre lequel je* *me pressai fortement. Je parvins à me glisser lentement mais sûrement au travers, à l'image d'un épais yaourt passant au travers d'une passoire en Nylon.* Bien que cette performance ne résolût aucun problème particulier, elle témoigna cependant de mon aptitude à contrôler lucidement mes songes pendant mon sommeil.

« Une solution clairvoyante. » Bien que mes soucis fussent anodins et peu pressants, je me dis qu'un rêve lucide m'aiderait à prendre du recul par rapport aux événements. Je suis très désordonnée sur mon lieu de travail et suis consciente que ce manque d'ordre irrite mes collègues. *Dans mon rêve, je reconstituai l'image de mon bureau et du désordre qui le caractérise. Constatant cet état de fait, je me questionnai en ces termes : « Pourquoi ne parviens-tu pas à maintenir toutes ces paperasseries en ordre ? » La réponse fut instantanée : « Tu en es capable, aussi pourquoi ne te mettrais-tu pas tout de suite à l'œuvre ? » Je rangeai toutes mes affaires, écrivis une douzaine de lettres et, dans l'ensemble, fis du bon travail. Je me promis ensuite de concrétiser ces rangements à mon bureau.*

Depuis ce rêve, ma place de travail est toujours bien rangée et je ne me suis jamais sentie aussi efficace. Je ne sais toutefois pas si ce changement de comportement est dû à une autoprogrammation positive ou si ces classements étaient de toute façon dans l'ordre des choses.

CHAPITRE XXVII

Les rêves prophétiques

1. L'aptitude à rêver hors du temps

Il se peut que nos âmes s'aventurent dans d'autres dimensions, comme il se peut qu'elles accomplissent un voyage intérieur qui leur révèle (vérité aujourd'hui incontestée) que l'essence de tout être et de toute chose est intérieure. Quoi qu'il en soit, le temps chronologique et linéaire de notre réalité n'existe pas dans le monde des rêves.

Les Anciens distinguaient deux concepts de temps très différents : « *chronos* » et « *cairos* ». Chronos signifie vivre le temps en secondes, en minutes, en heures, en jours, en années et dans un ordre chronologique, tandis que cairos consiste à prendre part au temps, ce qui revient à vivre dans l'instant présent dans lequel passé et futur n'existent pas.

Hormis son aspect métaphorique, cette explication illustre comment (dans les songes et lors de certaines expériences psychiques) nous pouvons aller au-delà du temps chronologique, pour tout aussi bien remonter dans le passé qu'anticiper l'avenir.

Une multitude de rêves prémonitoires se réalisent et, à cet égard, celui de M. A. Johnson (un marin norvégien) est mémorable. En novembre 1907, deux nuits avant que le *Titanique* ne chavire, il fit un rêve dans lequel une voix lui annonçait assez clairement le naufrage de ce gigantesque navire à la suite d'une collision avec un iceberg. Dans un premier temps, M. Johnson se réveilla avant de resombrer dans un sommeil léger et de découvrir la suite de cette terrifiante prophétie. Il avoua s'être senti très mal à l'aise et comme englouti par une eau glaciale.

D'autres personnes dans le monde entier (certaines la nuit même du drame, d'autres quelques jours avant) en rêvèrent également. La plupart des rêves prophétiques (ceux qui dévoilent les événements avant qu'ils ne se produisent) ne sont toutefois pas systématiquement associés à des drames collectifs. En effet, une majorité mentionne des faits extrêmement banals, si ordinaires d'ailleurs que beaucoup passent inaperçus. A ce propos, il est cependant fréquent qu'un article de journal, une conversation ou une rencontre rafraîchissent la mémoire d'une personne et lui rappellent un rêve.

Que l'événement soit capital ou insignifiant, l'aptitude à rêver hors du temps est beaucoup plus répandue qu'on pourrait le croire. Le proverbe : « Un homme avertit en vaut deux » s'applique très bien à ce type de rêve, même si dans certains cas — et en dépit de l'avertissement — il est difficile d'éviter certaines conséquences. Néanmoins, si les gens prenaient ces prophéties oniriques au sérieux et se conformaient à leurs conseils, celles-ci resteraient au stade de mise en garde et ne deviendraient jamais réalité.

2. Exemples de rêves prémonitoires

« Le meurtre d'un Premier ministre. » Les rêves d'anticipation remontent à des temps anciens et une partie d'entre eux ont été retranscrits au cours de l'histoire. Un exemple relativement récent concerne l'assassinat du Premier ministre britannique Spencer Perceval, le 11 mai 1812. Huit jours avant, un habitant des Cornouailles *rêva qu'un petit homme, vêtu d'un manteau bleu et d'un gilet blanc, entrait dans la Chambre des communes. Dans le même rêve, il vit un autre personnage (cette fois vêtu d'un pardessus brun orné de boutons en métal) sortir une arme de son habit et tirer sur le premier. Alors que des gens s'emparaient du meurtrier, le rêveur s'enquit de l'identité de la victime et apprit qu'il s'agissait de M. Perceval.*

Fortement impressionné par son rêve, cet homme voulut avertir la victime, ce dont il fut dissuadé. Ainsi, huit jours plus tard, la prophétie se réalisa. A Londres, des photos du ministre et de son assassin furent publiées ; les vêtements de ces deux individus correspondaient exactement à ceux des personnages du rêve.

« Charles Dickens et Mlle Napier. » *Dans ce songe, une femme dont les épaules étaient recouvertes d'un châle rouge me* (1) *tournait le dos. Lorsqu'elle se retourna, je constatai que son visage m'était inconnu. Elle se présenta : « Je suis Mlle Napier. »* Le lendemain matin, tandis que je m'habillais, je m'interrogeai sur le sens d'un rêve aussi précis et pourtant incohérent en apparence. Pourquoi cette demoiselle Napier ? Ce même vendredi, dans la soirée, j'étais occupé à lire lorsque Mlle Boyle et son frère pénétrèrent dans mon cabinet particulier et me présentèrent une jeune femme vêtue d'un châle rouge. Elle s'appelait Mlle Napier.

« Le Flying Scotsman. » En automne 1913, John W. Dunne, auteur de l'ouvrage *Voyage dans les rêves et dans le temps* et passionné par ces deux sujets, *rêva d'une portion de chemin de fer dont il savait qu'elle se situait en Écosse, et plus exactement au nord de l'estuaire du Forth. Elle surplombait une prairie sur laquelle se promenaient des petits groupes de gens. Cette scène revint plusieurs fois ; cependant, la dernière fois que le rêveur en fut témoin, un train en provenance du nord s'était renversé à cet endroit. Plusieurs wagons étaient couchés au bas du remblai et d'énormes blocs de pierre avaient roulé le long de la pente.*

Le 4 avril 1914, le *Flying Scotsman* (un train postal) franchit le parapet (2) à environ vingt-quatre kilomètres au nord du port de Forth et se renversa sur le terrain de golf qui se trouvait juste en aval. L'accident fut presque une réplique parfaite du rêve de John Dunne.

---

1. C'est Charles Dickens qui parle.
2. Un *parapet* est un muret bordant un pont, un quai... afin d'empêcher les gens de tomber.

« Le rêve d'un évêque. » Dans la nuit du 27 juin 1914, Mgr l'évêque Joseph de Lagny *rêva qu'il recevait une lettre bordée de noir et portant les armes de l'archiduc François-Ferdinand, héritier présomptif du trône austro-hongrois. En décachetant cette missive, il eut la vision du futur roi et de son épouse assis dans une automobile et faisant face à un général. Soudain, deux hommes firent irruption dans la rue et tirèrent sur le couple royal.*

La lettre disait : « Votre Éminence cher Monsieur Lagny, ma femme et moi-même avons été victimes d'un crime politique à Sarajevo. Priez pour nos âmes ! » Sarajevo, le 28 juin 1914, 4 heures du matin. Le jour suivant, l'évêque fut officiellement informé du meurtre de l'archiduc et de son épouse et, quelques jours plus tard, la Première Guerre mondiale éclata.

« Le vainqueur des courses. » Le 31 mai 1933 à 8 h 35 du matin, M. J. H. Pelet, un fervent adversaire des paris, sortit d'un mauvais rêve sur les courses dont voici le résumé : *ce monsieur entendit le compte-rendu radiophonique d'une course de chevaux devant se courir ce même jour à 14 heures. Le commentateur fournit quelques détails sur l'épreuve et nomma les quatre premiers gagnants.* A son réveil, M. Pelet ne se souvenait plus que du nom des deux premiers chevaux : Hypérion et Roi Salomon. Il raconta son rêve à un voisin et à un collègue de bureau, et cet après-midi-là (bien qu'il n'ait jamais prêté attention aux courses de chevaux), il écouta les résultats des courses. Le commentaire du journaliste, de même que les noms des quatre premiers vainqueurs, concordèrent mot pour mot à son rêve. Quant à l'authenticité de ce récit, elle fut confirmée par les deux hommes auxquels M. Pelet s'était confié.

« Un rêve de parieur, mais un cauchemar de bookmaker. » Alors qu'il se trouvait à Paris en 1946, Jean Petit découvrit qu'il faisait des rêves prémonitoires ayant pour thème les courses de chevaux. Le 8 mars de la même année, *il rêva qu'il lisait les résultats des courses et apprenait les victoires de Bindal et de Juladin à 7 contre 1.* Ce matin-là, il se rendit dans un café où il rencontra son ami Richard Dutoit ; il lui conta son rêve. Ils se renseignèrent et apprirent que les deux chevaux précités couraient l'après-midi même, le premier à Deauville et le second à Vincennes. Bindal gagna à 5 contre 4 et Juladin (sur lequel Jean Petit avait misé) fut également vainqueur.

En avril l'expérience se répéta. Cette fois il consultait une liste de gagnants, et le seul nom dont il se souvint à son réveil fut Tubermore. Il en parla à sa famille au petit déjeuner, puis ses proches et lui-même parièrent sur un cheval du nom de Tuberose qui courait ce jour-là à Longchamp. Les informations de 18 heures leur confirmèrent la victoire de ce participant. Douze ans durant, cet homme rêva ainsi de vainqueurs de courses.

« Le rêve d'une future demeure. » En 1960, alors que j'habitais Paris, *je rêvai que j'étais assise dans le train Paris-Troyes. Au cours du trajet, celui-ci ralentit aux abords d'un village, et j'eus tout loisir d'observer soigneusement les maisons qui le composaient. Un peu en retrait de la localité, j'aperçus une magnifique demeure, récemment rénovée et entourée d'un grand jardin. Sur le devant de la maison se dressait un immense arbre.* En 1979, je déménageai dans cette habitation. L'arbre était un superbe noyer. Aujourd'hui je n'habite plus dans ce village, mais chaque fois que je repasse devant cette maison je me souviens de ce rêve devenu réalité.

« Ambre. » Au cours d'un séjour en Italie je rêvai d'Ambre, le poney femelle que nous avions laissé à la maison. Le lendemain matin je relatai cet étrange rêve au reste de la famille, afin qu'il ne puisse pas me soupçonner de mensonge si cette histoire devait se vérifier. *Je rêvai en effet que cette jument poney avait réussi à sortir de son enclos, puis avait emprunté le sentier qui passe derrière la maison. Elle était maculée de boue.*

A notre retour mon rêve se confirma ; cependant je ne saurais dire si ce songe fut prophétique ou s'il correspondit à un message télépathique. Quoi qu'il en soit, c'était la première fois qu'elle se comportait ainsi et ce fut la dernière.

« Le mari distrait. » De nombreux événements dont j'ai été témoin dans mes rêves se sont réalisés, même si la plupart concernaient des faits de la vie quotidienne sans grand intérêt.

Parfois, *je rêve de gens que je n'ai pas revus depuis plusieurs années* et qui, par la suite, frappent inopinément à ma porte ou desquels je reçois des nouvelles le lendemain. *Dernièrement, j'ai rêvé que mon mari me rapportait une seule baguette de pain au lieu des quatre que je lui avais demandées.* Or la circonstance réelle se produisit la semaine suivante. J'avais en effet invité des amis pour le dîner, et c'est au moment de prendre le pain que je me suis rendue compte de la méprise de mon époux. Certes, cet oubli ne fut pas désastreux, cependant j'aurai pu l'éviter simplement en me fiant à mon rêve.

« Le jardin de ma tante. » Peu après mon retour d'Amérique, voyage au cours duquel j'avais rendu visite à une de mes tantes pour la première fois, *je rêvai d'elle ; elle faisait les cent pas dans son jardin et paraissait très fâchée contre un homme du nom de Dupont.* Ce rêve m'impressionna tellement que je lui écrivis de suite pour lui demander si cette histoire signifiait quelque chose pour elle. Elle répondit qu'elle ne connaissait personne de ce nom.

Deux ans plus tard, elle vint à Paris et, lorsque nous nous rencontrâmes, elle sortit la lettre que je lui avais écrite au sujet de mon rêve. Elle m'expliqua alors qu'elle s'était réellement retrouvée, une année après mon rêve, en train d'arpenter son jardin et de maugréer contre un homme du nom de M. Dupont.

Lorsqu'elle avait reçu ma lettre cet individu lui était inconnu ; cependant, l'année suivante, le nouveau patron de son mari (un dénommé Dupont) décida de licencier les hommes les plus âgés de son entreprise. Cette décision mit naturellement ma tante hors d'elle et, pour laisser libre cours à sa colère, elle sortit dans le jardin pour se calmer en faisant les cent pas.

« Au revoir M. Martin. » Je ne me souviens pas souvent de mes rêves, et pourtant celui-ci était si réel qu'il me hanta toute la journée jusqu'à ce qu'il me soit confirmé. *Je rêvai de mon ancien voisin, un homme âgé qui était parti s'installer à une dizaine de kilomètres de là. Bien que je ne sois jamais allé dans sa nouvelle demeure, je me vis debout à son chevet. Le vieil homme s'était assis, puis m'avait informé de son départ imminent pour* *un très long voyage. Je compris qu'il m'annonçait sa mort.* Ce soir-là, je téléphonai à son épouse qui me confirma le décès de son mari la nuit précédente.

« Sally Burton. » La seule chose dont je me souvienne, c'est que *dans ce songe Richard Burton était élégant et heureux. Il était en outre accompagné par une femme que je ne reconnus pas.* A mon réveil j'allumai la télévision pour suivre les émissions du matin. A ce moment précis l'animateur présenta une invitée qui n'était autre que Sally Burton, la jeune femme de mon rêve.

CHAPITRE XXVIII

Les rêves psychiques

Par définition, les rêves sont des expériences psychiques. En effet, qu'ils soient littéraux, symboliques ou archétypaux, tous se produisent dans la psyché du rêveur, défiant la logique et le temps avec une sagacité et des pouvoirs très supérieurs à la perception à l'état de veille et à l'intelligence raisonnée.

Les prémonitions, les mises en garde, les transmissions télépathiques, les voyages astraux et les reconstitutions de vies antérieures ne représentent que quelques-uns des éléments qui se manifestent dans les rêves. Ce ne sont pas toujours des expériences rassurantes et significatives ; parfois elles peuvent être effrayantes à l'extrême, et plus particulièrement lorsqu'elles se traduisent par des agressions psychiques malveillantes et sans motif apparent.

Certaines maisons et certaines chambres à coucher sont habitées par une présence surnaturelle qui, pernicieusement, prend possession de leurs occupants endormis et éveillent en eux une sensation de suffocation qui leur fait craindre un danger imminent.

En Grande-Bretagne, plus d'un voyageur a passé une nuit agitée et cauchemardesque dans les chambres hantées de certaines vieilles auberges.

Dans la tradition, ces expériences nocturnes portent le nom d'incubes ou d'attaques succubes et correspondent à l'intrusion d'un démon mâle ou femelle qui, dit-on, essayerait de posséder le dormeur, corps et esprit. Envisagées sous cet angle, les multiples influences extérieures envahissantes (allant des fantômes de personnes défuntes aux pensées nuisibles qui prennent des formes horribles) qui perturbent parfois le sommeil des gens semblent avoir un sens.

1. La psychométrie

Une atmosphère, de même que l'émanation d'un objet ou d'un meuble, peuvent également favoriser de telles ingérences psychiques. D'ailleurs la psychométrie (c'est-à-dire la faculté intuitive de lire le passé d'un objet en communiquant avec lui) s'est révélée pertinente à maintes reprises, mais n'a cependant jamais été examinée du point de vue du sommeil et des rêves. Pendant l'endormissement, la sensibilité du dormeur s'accroît et, en conséquence, les manifestations extérieures (que ce soit un bruit, la présence d'un objet, d'une entité... ou un environnement) sont intensifiées.

« La statuette égyptienne. » Pour illustrer ce qui précède, voici l'anecdote d'une femme qui, juste avant de s'endormir, prit une statuette égyptienne dans ses mains puis *rêva qu'elle se trouvait au pied d'une pyramide en Égypte.* Or cette expérience lui laissa une telle impression de réalité qu'elle s'éveilla convaincue non seulement d'avoir été transportée à des milliers de kilomètres, mais également d'être remontée dans le temps. Certes, des associations d'idées peuvent se mêler à certains songes et justifier des phénomènes de ce type, cependant les révélations ultérieures de cette femme concernant des faits qu'elle ignorait auparavant semblent — pour le moins dans ce cas — invalider cette théorie.

En admettant que ce rêve fut réellement le fruit de la psychométrie, on peut s'interroger sur la proportion de nos rêves les plus secrets qui résultent d'objets vus ou touchés pendant la journée et dont, inconsciemment, nous déchiffrons l'histoire de cette manière.

« Les loups et l'horloge de parquet. » La psychométrie spontanée explique peut-être aussi les cauchemars répétés de cette fillette chaque fois qu'elle dormait dans cette maison d'Alsace dans laquelle elle passait chaque année ses vacances d'été. En effet, dès la première nuit passée en ces lieux *elle rêva que des loups sortaient de l'horloge de parquet du vestibule et la pourchassaient.*

Des recherches ont démontré qu'il était fort probable que le bois utilisé pour la fabrication de cette horloge provienne d'une forêt dans laquelle des loups auraient erré autrefois. Or, il y a cent ans, cette région d'Alsace était très boisée et avait la réputation de servir de repaire à de nombreuses meutes de loups. On raconte même que ces animaux dévoraient les enfants et les nourrissons des quelques familles qui vivaient dans ces bois.

« Les pilules. » Voici un troisième exemple de rêve qui pourrait satisfaire la théorie du transfert psychique.

Après avoir avalé les pilules que son médecin lui avait préparées, *une femme rêva qu'elle était au bord d'un lac gelé et qu'elle regardait des patineurs s'élancer à toute vitesse sur la glace. Soudain, elle vit un jeune noir assis sur une luge se diriger comme un bolide vers le bord du lac, heurter violemment la rive et se tuer sur le coup.* Fortement troublée par ce songe, elle en parla à son médecin.

Or, le jour précédent celui-ci s'était rendu près d'un lac gelé pour regarder les patineurs évoluer sur la glace. Parmi eux se trouvait un jeune noir qui avait attaché sa luge à une corde dont il avait relié l'autre extrémité à un pivot scellé dans la glace. Ce bricolage de fortune lui permettait de tourner très rapidement autour de l'axe. Subitement son traîneau s'était renversé et le jeune garçon avait été précipité à toute vitesse sur les bords du lac. Son décès fut presque instantané.

Ce soir-là, pendant qu'il préparait les pilules de sa patiente et les roulait entre ses doigts, le médecin conta ce drame à un de ses amis. Par la suite, le rêve de cette femme reproduisit exactement la scène dont il avait été témoin et qu'il avait décrite à son ami le soir même.

2. La projection psychique

Jusqu'au XXe siècle, les rêves de nature psychique étaient des expériences contre lesquelles il fallait se protéger. A cet effet, certains peuples recouraient à la prière et invoquaient Dieu pour bénir leurs demeures. Celles-ci étaient d'ailleurs brodées au point de croix sur des canevas qui étaient ensuite suspendus au-dessus de leurs lits. Des crucifix et des images du Christ ornaient également les chambres à coucher. De nos jours, même si le besoin de protection est toujours aussi grand, ce fétichisme est rare.

En dehors de la prière, il existe un rituel psychologique simple et efficace pour éloigner toutes les influences négatives indésirables. Cet exercice consiste à renforcer l'aura, ce champ énergétique qui entoure tout ce qui vit et qui est composé de multiples formes d'énergie qui vont de l'énergie calorique émanant des corps jusqu'aux impulsions induites par les contractions musculaires et l'activité cérébrale, en passant par les sons émis par les différents systèmes physiologiques (1). L'aura est également constituée d'une énergie plus subtile qui n'est apparemment pas mesurable scientifiquement.

Lorsqu'une personne est fatiguée, déprimée ou surmenée, le niveau énergétique de son aura est bas et celle-ci ne tient plus lieu de barrière protectrice naturelle. En comparant ce phénomène à une batterie déchargée, on s'aperçoit que pour restituer l'efficacité et les pouvoirs protecteurs d'une aura il suffit de la recharger. L'exercice suivant vous explique le moyen d'effectuer cette recharge.

L'exercice de protection : cet exercice devrait être accompli chaque soir avant de s'endormir :

— Allongez-vous bien à plat sur le dos, dans une position confortable et douillette, puis fermez les yeux et préparez-vous à vous détendre physiquement.

— Commencez par fixer votre attention sur vos deux pieds, puis contractez vos orteils pendant une ou deux secondes avant

1. Voir l'ouvrage de R. Michael Miller et Josephine M. Harper : *Comment développer votre énergie psychique* (Éditions Dangles).

de les relâcher. Tirez ensuite vos orteils en direction de votre buste, afin d'étirer les muscles de vos mollets, puis laissez-les se détendre. Maintenant, serrez vos poings très fort... puis relâchez.

— Le fait de contracter puis de relaxer les muscles des extrémités de votre corps permet de supprimer une grande partie des tensions physiques accumulées au cours de la journée.

L'étape suivante consiste à vous concentrer sur votre respiration pendant une à deux minutes :

— Inspirez en comptant jusqu'à deux, puis expirez en comptant jusqu'à quatre. Répétez cet exercice trois fois. En imitant le rythme respiratoire adopté pendant le sommeil, cet exercice accroît votre réceptivité et vous met dans un état propice à l'accomplissement de ce rituel psychologique, au demeurant très simple.

— En recourant à la puissance créatrice de votre propre imagination, visualisez que vous êtes entouré d'une aura de lumière pure. Cette lumière symbolise votre champ d'énergie de protection. Si plusieurs couleurs apparaissent à ce moment-là, essayez d'isoler la lumière bleue, dorée ou blanche. Soyez plus particulièrement attentif à votre tête et imaginez que la lumière l'encercle à l'image d'un halo.

Si vous faites cet exercice avant de vous assoupir, il vous préservera des « démons nocturnes » pendant toute la nuit.

3. Les rêves collectifs

Anciennement, la plupart des peuples recouraient aux rêves collectifs et vantaient leurs mérites. Les Indiens d'Amérique du Nord (et plus particulièrement les Hurons et les Iroquois) organisaient régulièrement des festivals du rêve qui duraient souvent plusieurs semaines. La mise en commun de leurs songes faisait apparaître un leitmotiv caractéristique dont ils se servaient ensuite pour élaborer leur future politique tribale.

De nos jours, les Maoris de Nouvelle-Zélande, les Zoulous d'Afrique du Sud, les Esquimaux de la baie d'Hudson et les Patanis de Malaisie sont encore persuadés que l'âme quitte le corps pendant le sommeil, puis la réintègre avec des informations utiles pouvant tout aussi bien bénéficier au rêveur qu'à la communauté dans laquelle il vit (2). Les Temiars (une tribu de Malaisie) ont quant à eux la réputation non seulement de rassembler leurs expériences oniriques, mais également d'y déceler le reflet de leur avenir.

En France, les Corses sont des êtres qui vouent une attention particulière à leurs songes. Dans ce département, les habitants de tous les villages font la même nuit des rêves similaires, comme si une psyché collective les dirigeait télépathiquement pendant leur sommeil. En 1986, les quatre membres d'une même famille en vacances sur cette île en furent les témoins non avertis. Au matin, le père, la mère et leurs deux enfants (qui, à cette époque, ignoraient tout de ces phénomènes de rêves collectifs) ne comprirent pas ce qui leur arrivait. Ce n'est que par hasard qu'ils en entendirent parler par la suite.

Il est fréquent que des groupes d'études sur les rêves mettent leurs rêves en commun, en guise d'exercice ou dans le but de recevoir des conseils propres à leur collectivité. En 1980, lors d'une rencontre d'Atlantes (une société très altruiste fondée à Malverne), trente-cinq personnes participèrent à un atelier sur les rêves d'un week-end. Bien qu'aucun rêve de groupe n'ait été suggéré, vingt personnes sur trente-cinq firent un songe sur le même thème (la Seine) et à la même période historique (à l'époque du règne de Louis XIV).

4. Les rêves télépathiques

On prétend généralement qu'Héraclite (le philosophe grec) aurait enseigné à ses élèves que, dans les rêves, des images de lieux, d'hommes, de femmes, d'animaux et d'objets étranges mobilisent l'attention du rêveur sans l'intervention des sens ni celle de souvenirs personnels. Ce fragment d'explication provient certes

2. Voir l'ouvrage de Mario Mercier : *Le Monde magique des rêves* (Éditions Dangles).

d'une théorie puissante (dont la plus grande partie a été égarée) mais, de plus, fait clairement allusion à la télépathie (de *tele* = lointain, et *pathos* = les souffrances et les sensations) qui est un phénomène de communication à distance entre des êtres sans l'intervention des sens.

Cette transmission de pensées (dont d'innombrables témoignages semblent prouver l'existence) expliquerait dès lors comment certaines informations et certaines images, n'ayant logiquement rien à voir avec le rêveur, lui viennent spontanément à l'esprit et justifierait de même les rêves collectifs ou doubles.

Des études plus précises semblent avoir révélé l'existence d'une forme d'énergie qui se transmettrait d'une source à une autre ou d'un esprit à un autre, ainsi que celle de la mise à l'écoute ou de l'harmonisation de systèmes. Ces deux processus fondamentaux sous-tendent la totalité des phénomènes psychiques, que ce soit pendant l'endormissement ou à l'état de veille.

Les rêves suivants sont des comptes-rendus de rêves collectifs entre deux ou plusieurs personnes. Dans certains cas ils sont similaires, alors que dans d'autres ils se complètent à la manière d'un feuilleton.

« La lettre. » *Je rêvai que je recevais la lettre d'un homme que je n'avais pas revu depuis plusieurs années, mais qu'en toute honnêteté j'avais très envie de recevoir. Il me donnait rendez-vous un lundi dans une station d'autoroute.* A mon réveil je m'affolai un peu, car le contenu de cette missive ne précisait ni le nom de l'autoroute, ni celui de la station, ni même la date de la rencontre. Pendant toute la journée qui suivit je ressassai les termes de la lettre et épuisai toutes les solutions possibles. En me basant sur les déplacements professionnels de cet ami, j'essayai de deviner le nom de la station d'autoroute dans laquelle il devrait s'arrêter si, selon mes prévisions, il partait de A pour aller à B, ainsi que l'heure de son arrivée. Quant à la date du rendez-vous, je me décidai pour le lundi suivant.

Ce rêve était survenu un mercredi soir. L'anticipation et l'excitation qui précédèrent ce grand jour furent considérables. Lundi arriva enfin, et je me rendis à la station présumée au moins une heure avant l'heure prévue. Après deux heures d'attente je commençai à douter de moi, quand je le vis s'approcher.

Mon rêve s'était réalisé. Or, le plus surprenant c'est que mon ami avait rêvé de moi le mercredi précédent. Malheureusement il ne se rappelait d'aucun détail, si ce n'est l'impression agréable que ce songe lui avait laissée.

« Un appel à l'aide. » *Plusieurs chevaux tiraient une charrette beaucoup trop lourde pour eux. L'homme qui les guidait m'appela pour lui venir en aide et, en me rapprochant de lui, je fus surprise de reconnaître mon mari.*

Lorsque je racontai ce rêve à mon compagnon, il m'avoua avoir fait un songe similaire mais sans chevaux, dans lequel il poussait sa voiture en panne et m'appelait pour solliciter mon secours. Nous admîmes que nos deux rêves étaient porteurs du même message (mon mari avait besoin d'aide), mais qu'ils l'avaient exprimé par des biais différents. Ce n'est que plus tard que nous réalisâmes qu'il s'agissait d'un appel à l'aide télépathique lancé par mon époux à mon intention.

« Des liens d'amour. » Alors que mon mari était à l'étranger pour huit mois, nous découvrîmes que nous communiquions par l'intermédiaire de nos rêves. En effet, nous commençâmes à nous interroger lorsque nous nous aperçûmes que ceux-ci nous renseignaient sur les endroits dans lesquels l'autre se rendait. Un jour, je partis inopinément au pays de Galles pour gravir les contreforts de Snowdon, sans avoir eu le temps d'en avertir mon mari. Or pendant le week-end que je passai là-bas, *mon mari rêva que je marchais dans un paysage montagneux, puis il me vit en train d'escalader une falaise en surplomb.* En fait, je ne grimpai pas sur ce promontoire, mais m'assis simplement à sa base en pensant à lui.

« Mère et fille. » *Je fis un rêve très précis, dans lequel je voyais la jambe de ma fille entourée d'une sorte de tissu blanc, que je pris d'abord pour un coussin, puis que j'identifiai par la suite à du plâtre.* Cette scène m'avait semblé si réelle qu'à mon réveil j'étais persuadée de son authenticité. Ma fille et sa famille vivent à environ quatre-vingts kilomètres de chez moi, et nous nous appelons chaque semaine. Ce matin-là, bien que je lui aie parlé quelques jours plus tôt, je choisis de la rappeler afin de m'assurer que tout allait bien.

Je téléphonai une première fois à 8 heures du matin, puis à 8 h 30 et à 10 heures. Comme je n'obtenais aucune réponse, je décidai de me rendre sur place pour connaître le fin mot de cette histoire. J'étais sur le point de partir lorsque le téléphone sonna. C'était mon gendre qui m'annonça qu'ils avaient été victimes d'un accident le soir précédent et que ma fille et les enfants étaient encore à l'hôpital sous surveillance. Par bonheur, aucun d'eux n'était blessé gravement ; les enfants étaient seulement un peu choqués et ma fille souffrait d'une fracture à la jambe gauche.

A l'heure de mon rêve l'accident avait déjà eu lieu, toutefois ma fille n'avait pas encore la jambe dans le plâtre.

« Des rêves complémentaires. » Ma camarade de classe rêve fréquemment des mêmes choses que moi et la même nuit. En nous amusant à tous les noter, nous nous sommes rendu compte que, parfois, ils se complétaient.

Une nuit, je rêvai que nous nous promenions à bicyclette dans la campagne et que je crevai. Nous longions un chemin peu fréquenté et paraissions à des kilomètres de toute civilisation. Mon rêve s'arrêtait là. Le lendemain, ma camarade me raconta avoir également rêvé de cette promenade à bicyclette loin de tout, sauf que son rêve *commençait là où le mien s'était interrompu (à savoir au moment de ma crevaison) et finissait ainsi : comme nous avions oublié nos trousses de réparation, nous bourrâmes le pneu d'herbe, ce qui nous permit de poursuivre notre randonnée.*

5. Les rencontres avec les défunts

Les rêves télépathiques, dans lesquels un message passe d'une personne à une autre, sont étroitement liés à ceux dans lesquels apparaît un défunt qui transmet des informations personnelles ou des paroles réconfortantes au rêveur. Que ce soit le défunt qui vienne à lui ou l'inverse, les rêves de ce type (dans lesquels un pont est jeté entre la vie et la mort) prouvent incontestablement à ceux qui en font l'expérience que d'une part leurs proches vivent encore (bien que sous une autre forme) et que, d'autre part, ils peuvent entrer en contact avec eux.

« La rencontre avec Phil. » En 1980, mon fils Phil qui se trouvait dans la marine marchande mourut accidentellement en mer. Je pensai n'avoir été que partiellement informée des circonstances du drame et m'étais toujours interrogée à ce sujet. C'est pourquoi ce rêve m'a beaucoup réconfortée, car aujourd'hui je connais la vérité.

Je rêvai que c'était le soir et que j'étais assise dans le salon, lorsque j'entendis les pas de mon fils. C'était merveilleux de le revoir, même si j'étais parfaitement consciente qu'il était mort. Il me fit signe de le suivre dans la cuisine et me serra dans ses bras. Je lui parlai du temps qui s'était écoulé depuis notre dernière entrevue. Il acquiesça et me répondit que maintenant tout était rentré dans l'ordre. Il tenait dans ses mains un objet que j'assimilai à une clef, bien que je ne parvienne pas à l'identifier précisément. Il m'expliqua alors qu'être mort c'était comme de vivre dans une pièce de la même maison, tout en étant séparé du reste de la famille par une porte habituellement verrouillée. Je me souviens avoir pensé à ce moment-là que ce devait être la clef de cette porte qu'il serrait entre ses doigts.

Je le questionnai ensuite sur les causes de sa mort et sur les éventuels responsables. Il me répondit qu'ils étaient tous responsables de cette catastrophe pour avoir enfreint les règles de sécurité. Cet élément n'avait jamais été mentionné au cours de l'enquête et, par conséquent, les explications de mon fils m'éclairèrent sur les véritables causes de son décès et me tranquillisèrent.

« Bonjour chéri. » Mon mari est mort il y a quatre ans, après plus de quarante ans de vie commune et de bonheur. Depuis cette époque, j'ai toujours senti sa présence autour de moi. *Une nuit, je l'ai revu dans un rêve, plus réel et plus vivant* *que jamais. Vêtu de son pardessus et coiffé de son chapeau, il semblait m'attendre. Je le saluai et il me demanda de me préparer et d'abandonner tout ce que j'étais en train de faire pour le suivre. Je sentis cependant que je n'étais pas prête et qu'il me restait encore différentes choses à faire avant de pouvoir m'en aller.*

Son attente silencieuse me fit comprendre qu'il était décédé et que j'étais en vie et qu'il m'invitait à le rejoindre. Aujourd'hui, la mort ne me fait plus peur ; je l'attends même avec impatience, car je sais que mon mari m'attend là-bas.

« La mise en garde d'une mère. » *Dans ce rêve, ma défunte mère entra dans ma chambre à coucher, ainsi qu'elle le faisait autrefois, et s'assit sur mon lit. Bien que je sache qu'elle était morte, je trouvais tout à fait naturel qu'elle soit là et qu'elle me parle. A un certain moment le ton de sa voix changea et elle me dit : « Sais-tu que ton fiancé a déjà été marié ? » Cette révélation me choqua et me troubla beaucoup plus que le fait de l'avoir rencontrée si réelle dans un songe.*

Lorsque je retrouvai mon fiancé ce jour-là, je lui parlai de vacances et d'événements passés, en espérant que cette discussion l'encouragerait à me parler de son précédent mariage. Je ne le questionnai pas ouvertement, mais remarquai néanmoins certaines lacunes dans son passé qui me mirent la puce à l'oreille. Je ne tardai pas à découvrir le pot aux roses et rompis. Le plus étonnant, c'est qu'à l'époque de ce songe personne n'était au courant de cette histoire, si ce n'est mon ex-fiancé lui-même.

« La revenante. » Voici un rêve étrange que je n'oublierai jamais. Nous étions en vacances en Écosse, et ma sœur et moi-même dormions dans la même chambre. *Cette nuit-là, je rêvai qu'une vieille femme, vêtue d'une espèce de robe à fanfreluches, se tenait au pied de mon lit. Son regard était perçant et une forte odeur de violette l'enveloppait.* Je me réveillai en hurlant de peur. La nuit suivante, même scénario. Mes parents me proposèrent alors d'échanger les chambres. Cette fois ce fut mon père — qui s'était toujours vanté de ne pas rêver — que cette femme vint troubler. Lorsqu'il en parla à l'hôtelière, celle-ci lui avoua que nous n'étions pas ses premiers clients à se plaindre des visites nocturnes de cette revenante.

Nous apprîmes en effet que cette personne aurait vécu dans cette demeure pendant la guerre de 14-18 et que la mort de son époux au cours de celle-ci l'aurait fortement perturbée.

« Un homme averti en vaut deux. » *Je rêvai que j'étais au volant de ma voiture et que je m'approchais à toute vitesse d'un virage sans visibilité. A ce moment précis, une voix qui ressemblait étrangement à celle de ma grand-mère me prévint presque en criant qu'un danger me menaçait à la sortie de ce tournant.* Le rêve fut bref et pourtant impressionnant. Le lendemain, je conduisais à vive allure à l'approche d'un virage, lorsqu'un sentiment de déjà vu m'envahit. Je me souvins alors de mon rêve et de l'avertissement de ma grand-mère et ralentis immédiatement, ce que je n'aurais jamais fait en temps normal. Dans ce tournant et presque au milieu de la route, un énorme camion de déménagement était tombé en panne. Vu la manière dont il penchait, j'en conclus que son essieu arrière était cassé.

Même à vitesse réduite j'évitai de justesse une collision. Prenant conscience du danger auquel je venais d'échapper, je songeai aux autres automobilistes et revins sur mes pas, afin de placer mon triangle rouge de sécurité routière au milieu de la chaussée.

Ce rêve me coûta ce triangle que j'abandonnai sur la route ; cependant, je reste persuadé que ma grand-mère, en plus de m'avoir sauvé la vie, a par mon intermédiaire épargné celles d'autres automobilistes.

« Le jardin de la vie éternelle. » *Je rêvai que je marchais dans les dunes et arrivais aux portes d'un jardin, de l'autre côté desquelles se tenait un homme qui fumait la pipe. Je le pris d'abord pour mon père (décédé l'an dernier), puis me rendis compte de ma méprise. Il me demanda si je désirais entrer et visiter les lieux. Je répondis par l'affirmative, mais sans avoir besoin de recourir à la parole pour m'adresser à lui.*

Je fus ainsi témoin d'un spectacle étrange et en même temps merveilleux. C'était un jardin carré et entouré d'un mur. Le sol était recouvert de dalles, bien que par endroits des plantes et des essences rares aient été plantées. Je pensai en moi-même : « Mais c'est le paradis terrestre ! Que suis-je venue faire ici ? » Mon guide me demanda s'il y avait quelque chose que je souhaitais voir plus particulièrement. A peine pensai-je à ceux qui veillaient à l'entretien de ce jardin que plusieurs personnages apparurent aussitôt, plus réels que réels, si réels d'ailleurs qu'ils semblaient irréels. Je fis d'ailleurs le rapprochement avec l'expression « plus vrai que nature » et m'imaginai qu'elle venait de là. Bientôt je réalisai que ces êtres, pourtant si vivants, étaient des défunts. Je ne reconnus personne et le vieil homme, qui semblait deviner toutes mes pensées, m'expliqua que lors de ma prochaine visite les personnes que je souhaitais rencontrer seraient présentes.

Ce rêve ne s'est jamais reproduit, et pourtant je sais qu'un jour je retournerai là-bas.

« La récréation. » J'ai rêvé une seule fois de ma petite fille, décédée à l'âge de trois ans. Ce n'était pas un rêve ordinaire et, depuis ce jour-là, je vois la vie et la mort sous un jour nouveau.

Je me retrouvai dans un hôpital et, après m'être glissée derrière un immense rideau, découvris un interminable corridor que je descendis en courant. Au bout de ce couloir se trouvait une pièce qui ressemblait plus à une garderie qu'à une chambre et dans laquelle j'entrai. Là, des enfants jouaient ensemble avec toutes sortes de jouets. J'espérais apercevoir ma petite fille parmi eux, mais le souvenir de sa mort s'imposa à mon esprit et je renonçai à cet espoir. Pourtant, je la reconnus bientôt. L'infirmière surveillante me demanda de ne pas la déranger, ni de l'appeler par son prénom, car elle était heureuse au milieu des autres enfants.

« Le paradis des chats. » Je me suis toujours sentie très proche de mes chats et, bien qu'ils soient aujourd'hui morts depuis plusieurs années, j'ai toujours senti leur proximité. Nous les aimions tous très fort dans notre famille, et la mort de notre dernier compagnon nous a causé beaucoup de chagrin. *Récemment, j'ai rêvé que j'étais de nouveau en leur compagnie (du moins avec deux d'entre eux, le troisième manquant à l'appel). Ils vivaient dans une sorte de pension céleste pour chats, confortable,* *prônant l'oisiveté et la paresse ; les chats s'y prélassaient voluptueusement en ronronnant.*

Le matin suivant, je contai cette histoire à ma sœur qui, stupéfaite, me raconta avoir aussi rêvé d'eux. Le décor de son rêve ressemblait beaucoup au mien, si ce n'est qu'elle avait le pressentiment que l'un d'entre eux (en fait celui qui manquait à l'appel) était revenu à la vie. Elle en avait conclu qu'il devait s'être réincarné et qu'il nous fallait chercher son âme dans le corps d'un jeune chaton qui, après réflexion, s'avéra n'être autre que notre actuel vieux matou.

6. La projection astrale

La projection astrale est une expérience au cours de laquelle la conscience du rêveur semble quitter son corps. Ainsi libéré de toutes limitations, ce centre de conscience peut capter des impressions et des informations qu'il lui serait impossible de percevoir du lit sur lequel son enveloppe physique repose.

Le terme « astral » fait référence à un deuxième corps, dont on prétend qu'il se situe à l'intérieur du corps physique (dont il conserve l'apparence et la silhouette) et qu'il est composé d'énergie subtile. Ce corps astral, ou « âme », peut se séparer de sa contrepartie physique et vagabonder librement, passant au travers des murs et survivant à la mort.

Alors qu'elle nécessite un conditionnement psychique particulier à l'état de veille, la projection astrale pendant le sommeil se produit spontanément et est fréquemment décrite comme un rêve de vol, dans lequel le rêveur bat des bras et s'élève jusqu'au plafond dans un état d'apesanteur. De cette position, il peut voir son corps physique endormi. Il arrive également que ce voyage commence à l'extérieur, c'est-à-dire que le rêveur fasse quelques pas en courant sur une pelouse, avant de décoller et de s'envoler, tel un oiseau en vol, au-dessus des toits des maisons et des cimes des arbres.

Que le corps astral se projette hors du corps physique, afin de jouir d'une totale mobilité et de pouvoir se mêler à des corps similaires, ou que ce soit un concept personnifié, créé par le rêveur et devant favoriser son évolution intérieure et spirituelle, le royaume de cette forme transitoire apparaît n'être autre que l'univers archétypal multidimensionnel dans lequel la conscience et la connaissance semblent se prolonger bien au-delà des frontières de la réalité.

Une fois détachée du corps physique, cette entité astrale peut franchir instantanément de grandes distances. Parfois le rêveur connaît sa destination, d'autres fois c'est une terre inconnue dont les habitants lui sont si peu familiers qu'il pourrait tout aussi bien se trouver dans une autre planète, une autre galaxie ou même une autre dimension. Ces voyages astraux offrent quelquefois l'opportunité d'une rencontre avec des êtres spirituels très évolués, des inconnus, des fées, des nains... ou même avec des morts et des vivants. De tels événements ne laissent jamais le rêveur indifférent et, quand ils ne bouleversent pas complètement son existence, au minimum ils lui ajoutent une dimension supplémentaire.

A ceux qui en font l'expérience, la projection astrale suggère l'existence d'une conscience supérieure à la conscience physique, de même qu'au concept d'inconscient. De plus, bien que ce soit presque impossible à prouver, elle semble tout aussi bien témoigner de la survivance des êtres après leur mort que révéler l'authenticité de tels périples.

Certes, les voyages de ce type ne sont pas toujours éblouissants, ni enthousiasmants. Il arrive en effet que des personnes appréhendent de s'endormir (à la suite de rencontres astrales avec d'abominables forces extraterrestres ou après avoir été contraintes par quelque chose d'indescriptible et de terrifiant à réintégrer leurs corps), de peur de se dédoubler astralement.

En vous entourant d'une protection psychique (reportez-vous à l'exercice proposé au début de ce chapitre), vous pouvez vous protéger et éviter de vous projeter hors de votre corps physique.

« Un vol à basse altitude. » *C'est un rêve assez fréquent dans lequel j'agite furieusement mes bras, convaincu que ces bat-*

tements me permettront de décoller et de m'élever à quelques mètres au-dessus du sol. A chaque fois ma technique de vol s'améliore et je gagne de la hauteur.

Comparativement aux périples astraux qui emmènent le sujet dans des contrées lointaines, cette expérience peut être considérée comme un envol astral à basse altitude. De toute évidence, de puissants liens (une forme naturelle de protection) rattachent ici les corps astral et physique du rêveur, empêchant ainsi que de grandes distances soient parcourues pour le moment. Toutefois, lentement mais sûrement ses vols deviendront plus performants. Ces progrès se traduiront par des envols toujours plus élevés et des destinations toujours plus éloignées et s'accompagneront d'une élévation de ses objectifs et de ses idéaux.

« Le voyage hors du corps physique. » *Je me retrouvai subitement à quelques centimètres au-dessus de mon lit, puis grimpai silencieusement un escalier étroit et interminable qui débouchait dans les étoiles. Je parvins sans grands efforts à m'envoler parmi elles. A mon retour, je me sentais vivifiée et comblée.*

Ce songe entre dans la catégorie des expériences nocturnes qui ne correspondent pas à des rêves au sens où on l'entend généralement. Ici, l'âme du rêveur se détache de son enveloppe charnelle pour s'élancer dans les étoiles et en revient revigorée. Symboliquement, cette scène montre que, dans la vie réelle, celui-ci est capable de surmonter ses problèmes.

« Un être double. » *Je me vis allongé sur mon lit, comme si je me voyais d'en haut. Alors que je prenais conscience de cet étrange phénomène, j'entendis un curieux bourdonnement qui me secouait de la tête au pied et me contraignit à regagner mon lit. Cette aventure a éveillé en moi l'idée que je pourrais être double.*

En se projetant astralement, cet homme a pris conscience de la séparation entre son corps physique et la composante subtile de celui-ci (à savoir le corps astral ou « âme »). Le bruit sourd qu'il entend est spécifique à ce genre d'expérience ; on pense qu'il caractérise ou qu'il est dû à une forme d'énergie psychique.

« La preuve. » *Je m'élevai en flottant jusqu'au plafond, puis redescendis et traversai la fenêtre comme si elle n'existait pas. Une fois à l'extérieur, je survolai quelques toits avant d'atterrir dans le parc qui se situe juste au bout de ma rue. C'était exactement le même jardin public que celui dans lequel je promène chaque jour mon chien, à cela près que trois ouvriers étaient en train de retourner le chemin à la recherche d'une conduite de gaz endommagée.*

Je parvins sans peine à réintégrer mon corps et, peu après m'être levé, me rendis tout droit au parc afin de voir si ce dont je venais d'être témoin était vrai. Or à cette heure matinale, l'endroit était désert et je rentrai déçu. J'y retournai néanmoins un peu plus tard avec mon chien et cette fois-ci, à ma plus grande joie, je rencontrai trois hommes qui cherchaient non pas une conduite de gaz, mais une fuite dans un conduit d'eau. Ils creusaient exactement au même endroit que dans mon rêve.

Ce songe prouve à cet homme qu'il est possible de voyager astralement pendant le sommeil et lui dévoile qu'un individu peut aussi bien émettre des hypothèses (fausses dans ce cas puisqu'il s'agit d'une canalisation d'eau et non pas d'une conduite de gaz) à l'état de veille que lorsqu'il se trouve dans un état de lucidité extrême.

« Le chemin du paradis. » *Je m'envolai hors de ma chambre et suivis une sorte de long tunnel sombre, apparemment rectiligne car j'apercevais de la lumière à l'autre bout. Cette lueur se précisa de plus en plus et, lorsque j'émergeai de ce long couloir, je fus surprise de ne pas être éblouie. Se baigner dans cette lumière était surprenant, car il régnait là un silence imposant. Celle-ci prit ensuite l'apparence d'un homme dont je savais que c'était Dieu. Il y avait des étoiles dans chacune de Ses mains.*

Tous ceux qui frôlent la mort font l'expérience de ce tunnel dont on dit qu'il relie ce monde à l'au-delà, la terre au ciel, la vie à la mort et le conscient à l'inconscient. La lumière représente un espoir futur, soit dans cette vie, soit dans la prochaine, et la vue de Dieu correspond à la projection de l'image que le rêveur a du Créateur. Les galaxies sont le fruit de la Création divine dont chaque être vivant fait partie.

« Le palais de Satan. » *Après avoir traversé l'espace à toute vitesse, j'arrivai devant un immense palais céleste. Les portes s'ouvrirent et je pénétrai à l'intérieur. L'atmosphère était épouvantable, mais comme je savais que j'étais chez Satan je me fis aussi petit que possible et regagnai mon lit.*

Cette expérience prévient vraisemblablement cet homme des risques et des dangers inconnus qui guettent le voyageur astral. Les périples hors du corps physique étant spontanés pendant le sommeil (ce qui signifie que le rêveur ne les maîtrise pas consciemment), il aurait avantage à s'entourer d'une protection psychique avant de s'endormir. Quant à l'allusion à Satan, elle lui rappelle que le diable est aussi un aspect de lui-même. Certes, cette image lui déplaît et il refuse de lui faire face, cependant l'heure est venue de s'interroger sur soi et de répondre en toute honnêteté.

« La secousse électrique. » J'ai été récemment hospitalisée à la suite d'une grave maladie. *Une nuit, alors que je m'étais assoupie, je me retrouvai en état de lévitation au-dessus de mon lit. Je voyais les autres patients allongés sur leurs lits, de même que les infirmières assises autour d'une table. L'une d'entre elles se leva et s'approcha de moi en me priant de redescendre, car elle avait un breuvage spécial à me faire avaler. Son habillement ressemblait plus à celui d'une femme des années 30 qu'à celui d'une infirmière. Je redescendis donc, et, au moment où je lui pris le verre des mains, une forte secousse électrique me parcourut de la tête aux pieds.* A mon réveil, je me sentais beaucoup mieux et osais à peine y croire. Lorsque j'interrogeai l'infirmière au sujet de la personne qui m'avait donné à boire, elle resta perplexe et me dit que j'avais dû délirer car personne n'était venu me donner à boire cette nuit-là. Je restai malgré tout persuadée que ce n'était pas du délire.

De même que chaque individu possède un double astral capable de se libérer de l'enveloppe charnelle et de rencontrer d'autres formes semblables, de même un transfert d'énergie de guérison peut avoir lieu, et c'est ce passage d'énergie que cette femme interprète ici comme une secousse électrique.

« **La marraine.** » *Dans ce rêve, je traversai la plage en courant puis m'élançai en l'air. C'est alors que je me rendis compte qu'en pédalant je pouvais me maintenir au-dessus du sol. Dès que j'eus quitté la terre ferme, le ciel me parut différent. Il était habité par des entités que je pris d'abord pour des oiseaux et que j'identifiai par la suite à des âmes de défunts. Elles ressemblaient à ces statues d'albâtre blanches qui peuplent les cimetières. L'une d'entre elles s'approcha de moi pour m'annoncer la venue de ma marraine. Celle-ci ne tarda pas à apparaître et m'expliqua qu'il était inutile que je mette mes sordides projets à exécution, car à mon retour sur terre tout serait rentré dans l'ordre.*

A cette époque j'étais dépressif et avais même envisagé de mettre fin à mes jours. Or dès le lendemain, mon existence s'améliora considérablement, comme si ma marraine avait tout fait pour que les choses s'arrangent.

On peut certes voir dans ce témoignage la preuve que quelque part quelqu'un veille sur nous, cependant nul ne peut interpréter cette apparition avec certitude ; est-ce le spectre de la marraine du rêveur, sa conscience intérieure ou, mieux encore, les deux à la fois ?

Quoi qu'il en soit, l'essentiel est qu'elle soit intervenue au bon moment.

« **Un grand soutien.** » Ayant été hospitalisé à la suite d'un infarctus, *je rêvai que j'allais au paradis et m'envolai tel un oiseau, en battant des ailes. Le paradis était semblable à une église céleste ; c'était un édifice magique, pourvu d'une tour, d'une flèche et surtout d'une multitude de colonnes de marbre.* A mon réveil, je crus que ce rêve était le signe que j'allais mourir, mais aujourd'hui je suis convaincu que ce ne fut là qu'un aperçu du lieu où je finirai par me retirer un jour.

Les ailes dont le rêveur est muni, de même que l'église céleste, reflètent ses convictions en ce qui concerne la vie après la mort, mais n'augurent pas nécessairement de l'imminence de son décès. Ces signes semblent plutôt lui dire « aide-toi et le ciel t'aidera » et l'encourager à faire tout son possible pour se rétablir.

« Le jardin doré. » Je m'étais endormie tout en croyant être encore réveillée, car *je me vis sortir par la fenêtre. Une fois sur le rebord, je me retrouvai dans un état d'apesanteur qui me permettait de me diriger librement dans n'importe quelle direction. Comme le soleil se levait, je décidai d'aller jusqu'en son centre. L'endroit était chauffé à blanc, mais je ne ressentais aucune brûlure. Je pénétrai à l'intérieur de cette boule de feu et me retrouvai dans un magnifique jardin, rempli de fleurs de toutes les couleurs et même dorées. Au cours de cette promenade, je me métamorphosai en arc-en-ciel et, même si cela peut paraître ridicule, je sais qu'en plus de m'avoir guérie cette expérience a amélioré mon existence. Je n'ai jamais refait de songe de cette nature.*

La vie dépend du Soleil, dont la chaleur d'incandescence résulte du mélange de toutes les énergies qui composent l'arc-en-ciel cosmique doré. Le jardin désigne le jardin d'Éden personnel de cette femme où elle peut retourner à tout moment par le biais de son imagination. Ce rêve correspond à une expérience d'autoguérison, caractérisée par la fusion d'un être avec la totalité.

TROISIÈME PARTIE

Dictionnaire des rêves

Chaque rêve étant unique et possédant une symbolique propre — basée sur vos expériences personnelles — il n'existe aucun dictionnaire qui donne une interprétation générale de *tous* les éléments (objets, actions, personnages...) apparaissant dans les rêves. Ce qui est possible, en revanche, c'est de traduire les symboles et les métaphores collectifs et traditionnels qui s'y manifestent également ; ceux-ci constituent le langage des rêves et s'expliquent d'eux-mêmes dès qu'ils sont admis comme étant des représentations et des jeux de mots ; ils ne sont pas plus difficiles ou mystérieux à comprendre que lorsque vous les rencontrez dans le langage de tous les jours.

Ces définitions, une fois associées à vos circonstances personnelles, se transforment en messages éloquents. Dès lors, plutôt qu'un dictionnaire d'interprétation, un dictionnaire des rêves est un lexique qui donne le sens des mots-images collectifs, symboliques et métaphoriques qui apparaissent dans les songes (1).

---

1. Les indications qui suivent, bien que rédigées au masculin, concernent bien entendu aussi bien les femmes que les hommes.

A

Abandonné :

— Être abandonné signifie que vous ne pouvez et ne devez vous fier qu'à vous-même ; c'est un pas vers votre indépendance.

— Chacun est seul dans cette vie, cependant peu d'entre nous en prennent conscience avant qu'ils ne le découvrent dans un rêve.

— Être abandonné n'est pas synonyme d'isolement.

— Le fait qu'une autre personne soit isolée dans votre rêve traduit soit votre intention de l'évincer de vos relations, soit que vous estimez qu'elle ne se prend pas en charge.

Abattoir : signe d'avertissement. Vous avez conscience d'une situation menaçante ou d'une domination injuste. Attendez-vous à l'inévitable.

Abbaye : c'est une « résidence » particulière de l'âme, abritant des convictions spirituelles.

Abbé : un homme ayant de nobles idéaux.

Abdomen : l'état de l'abdomen est important ; un abdomen hypertrophié laisse présager de grandes choses, tandis qu'un abdomen minuscule vous met en garde contre la persécution et les faux amis. Vous ne supportez pas un certain état de fait.

Abeille :

— Une abeille isolée correspond à l'ancien symbole de la royauté et indique un héritage.

— Un essaim d'abeilles est un signe de chance.

— Être piqué par un insecte vous informe d'une agression injustifiée.

Abbesse : une femme avec de grands idéaux.

Abîme : il révèle que, d'un point de vue émotionnel, vous touchez le fond de la dépression. C'est le puits sans fond de l'existence, la nuit noire de l'âme. Les choses ne peuvent pas aller plus mal et, par conséquent, vous devez faire de gros efforts pour vous en sortir. D'un point de vue psychique, l'abîme est une initiation, une épreuve de force intérieure.

Aboiement : entendre des chiens aboyer vous prévient d'ennuis proches et que vous courez un danger.

Abondance : l'avenir vous réserve des richesses bien méritées en guise de récompense.

Abricot : ce fruit est un augure de bonne santé et de chance.

Accident :
— C'est une mise en garde. De plus, quelle qu'en soit la nature, il peut se révéler prophétique si vous ne tenez aucun compte de l'avertissement.
— Il peut également indiquer que la responsabilité d'un événement récent ne peut pas vous être imputée. Soyez particulièrement vigilant si vous vous retrouvez mêlé à des activités qui vous rappellent votre rêve.

Acrobate :
— L'acrobate vous prévient que c'est uniquement par des moyens détournés que vous parviendrez à surmonter vos difficultés. Préparez-vous à faire l'impossible, vous en êtes capable.
— Vous allez devoir rendre compte de vos actions.

Acteur (actrice) : la vie est une scène de théâtre sur laquelle chaque individu interprète son rôle. Or, celui qu'un acteur ou une actrice joue dans un rêve vous permet de voir comment vous pourriez l'interpréter et comment vous pourriez en améliorer l'interprétation.

Activités culinaires : vous mijotez des projets qui vont transformer la situation.

Adam et Ève :
— Ces figures archétypales de l'homme et de la femme symbolisent des possibilités futures pour l'espèce humaine.

— Ayez égard à des sentiments essentiels concernant des relations avec un membre du sexe opposé. Une harmonie parfaite est possible.

Adultère :
— L'adultère vous met en garde contre la souillure.
— Il fait également allusion à des sentiments de culpabilité.

Aéroport : votre présence dans un aéroport indique que vous êtes au terme d'une phase de votre vie et que vous vous préparez à la suivante, prêt à un nouveau départ. La notion de vitesse étant impliquée, méfiez-vous des décisions hâtives.

Afrique :
— Attendez-vous à des expériences exotiques.
— D'obscurs secrets pourraient être dévoilés.

Age :
— Lorsque l'âge constitue le thème dominant d'un rêve, soyez particulièrement attentif à votre santé.
— Le vieil homme (ou la vieille femme) sous les traits duquel vous pouvez apparaître dans un songe correspond à l'image intérieure de l'expérience et de la sagesse.

Agenouiller (s') : un symbole d'humilité qui semble montrer que vous devriez faire preuve de plus de respect à l'égard d'autrui.

Agneau : c'est un signe d'abnégation.

Agonie : vous voir en train de mourir ou être témoin de l'agonie d'une personne ou de quelque chose vous signale que, si vous souhaitez qu'une relation ou que des projets survivent, vous devez être plus enjoué et faire des efforts.

Agression :
— Des personnages agressifs dans un rêve vous mettent en garde contre le ressentiment.
— Vous pouvez tout aussi bien être l'agresseur que la victime.

— Il peut s'agir d'une influence autodestructive se manifestant sous les traits d'une personne inconnue.

— Si vous êtes une femme, un homme agressif incarne souvent la menace d'une domination ou d'une agression sexuelles. Si vous êtes un homme, l'agression et la violence peuvent être imputables à une homosexualité passive.

Aigle : des projets très extravagants se distinguant par des caractéristiques prédominantes.

Aiguille : continuez à faire amende honorable.

Ail : vous avez besoin de vous prémunir contre la maladie ; consultez un médecin et immunisez-vous.

Aimant : c'est un symbole de sex-appeal et de séduction.

Air : de l'air frais fait allusion à des forces accrues et à une guérison, tandis qu'une atmosphère brumeuse signifie qu'une inspiration va vous apporter une solution.

Allée centrale : descendre une allée centrale étroite montre que vous ne pouvez qu'aller de l'avant.

Alligator : la vue d'un alligator vous met sérieusement en garde contre un adversaire écrasant. Il se peut également que vous ayez d'énormes difficultés à surmonter.

Amande : ne soyez pas amer.

Ambassadeur : vous êtes capable de vous assumer. Vous aimez le pouvoir.

Ambre :
— La couleur ambre désigne une attraction magnétique.
— La pierre met en évidence des talents de guérisseur.

Amérique : à moins qu'il ne soit rattaché à des souvenirs personnels, ce pays témoigne de l'examen de questions pratiques. Des situations doubles et des répétitions ont de fortes chances de se produire.

Améthyste : vous pouvez compter sur votre tranquillité d'esprit.

Amputation : la perte d'un membre indique que de sévères restrictions pourraient vous être imposées.

Amulette : l'amulette est un signe de protection ; il ne peut rien vous arriver.

Anagramme : cherchez les sens cachés de messages dont, en vérité, le déchiffrage est évident.

Ancêtres : vous vous intéressez à vos racines et à vos origines culturelles. Vos ancêtres sont vos anges gardiens ; ils vous secourent et vous protègent.

Ancre :
— Une ancre est l'expression d'un attachement profond à une personne ou à un lieu.
— Si elle est hors de l'eau et que vous la voyez avec précision, c'est un signe de chance ; si elle est immergée, elle révèle une déception.

Ane :
— Prenez garde de ne pas vous ridiculiser.
— La vue d'un âne portant un fardeau est un signe de réussite, mais seulement au terme d'un dur labeur.
— Le fait qu'un âne vous poursuive signifie que vous allez être victime de railleries.

Ange : c'est un symbole de pureté et de liberté. Ces êtres surnaturels sont aussi bien porteurs de bonnes nouvelles que des messagers de mort.

Anima : l'anima représente la fraction intuitive, émotionnelle et féminine de l'âme d'un être. La totalité des femmes qu'un homme est amené à côtoyer dans sa vie (à commencer par sa mère) contribuent à façonner cette image. Dans les rêves, l'anima se manifeste sous une multitude de formes (déesses féminines de la mythologie, divinités félines égyptiennes, etc.). L'anima est une énergie propre à l'homme et correspond à la femme de ses rêves. Il s'efforce de superposer cette image à celle de la dame dont il croit être l'âme sœur.

Animus : c'est l'aspect pratique, dominant et masculin de la nature féminine. Tous les hommes qu'une femme rencontre dans son existence contribuent au façonnage de cette image. Dans les rêves, l'animus revêt la forme de multiples figures archétypales masculines (héros mythologiques, princes charmants, etc.). L'animus est une énergie propre à la femme et correspond à son idéal masculin. Elle essaie de superposer cette image à celle de celui qu'elle considère comme son âme sœur.

Anneau : un anneau laisse présager d'une amitié durable et sans cassure, comme lors de l'échange des alliances de mariage ou des bagues de fiançailles.

Anniversaire : le rêve de votre propre anniversaire ou de celui de quelqu'un d'autre vous invite à vous estimer heureux et à rendre gloire.

Antilope :

— Traditionnellement, cette créature révèle votre amour de la nature et de la campagne.

— Cet animal peut aussi indiquer que vous aspirez à un voyage loin de toute civilisation.

Antiquités : vous allez redécouvrir des ambitions et des espoirs oubliés qui, pourtant, vous sont précieux.

Antenne : le désir de transmettre des informations importantes.

Appareil photo : vous devriez être vigilant en ce qui concerne des secrets personnels qui ne regardent que vous.

Applaudissements : vous recherchez les éloges et la reconnaissance d'autrui, soit en compensation, soit pour renforcer votre confiance en vous-même.

Apôtres : ce sont des pêcheurs d'hommes, des guides spirituels.

Après-midi : un rêve qui se passe l'après-midi fait référence à une époque particulière. Cette partie de la journée désigne la cinquantaine.

Araignée :
— Elle évoque la figure féminine dont la tendresse est dévorante.
— La mère qui nie sa liberté d'expression familiale.

Arbres : des affaires de famille.

Arc : un arc sans flèches signale que vous ne pouvez pas atteindre vos objectifs pour le moment ; un arc avec des flèches vous indique qu'il est temps de vous fixer un but et de faire mouche.

Arc-en-ciel : un signe d'espoir.

Arche : une arche représente une protection en période de troubles. C'est aussi un refuge.

Archer :
— Un archer incarne une personne qui a un but dans la vie.
— Un être né sous le signe du Sagittaire.

Archevêque : la vue d'un archevêque et son identification signifie que vous allez recevoir des encouragements de la part de personnes haut placées.

Argent :
— Des objets de valeur autres que des biens financiers.
— Trouver ou recevoir une somme d'argent est le signe que vous allez être récompensé de vos actions passées.
— Le métal argent est associé à l'intelligence et fait allusion à des flashs d'inspiration.

Armée :
— Une armée fait état d'une vive opposition.
— Être membre d'une armée témoigne que vous manquez d'individualité et que vous êtes comme un aveugle suivant d'autres aveugles.

Artiste : il personnifie la créativité qui est en vous.

As : il y a de grandes chances pour que vous fassiez un triomphe ; succès assuré.

As de carreau :
— Vous étudiez actuellement le projet d'une entreprise et d'une carrière commerciales.
— Il est temps maintenant de vous lancer dans de nouvelles affaires.

As de cœur : amour et romance vont, dans peu de temps, jouer un rôle important dans votre vie.
Des amis vous seront d'un grand soutien dans les moments difficiles.

As de pique : cette carte vous met en garde contre des choses immuables. Attendez-vous à des obstacles et à des difficultés.

As de trèfle : voir cette carte dans un rêve veut dire que votre sécurité financière est assurée.
Une multitude d'amis et beaucoup de compréhension porteront leurs fruits.

Ascenseur :
— Le fait de prendre un ascenseur qui monte signifie qu'une inspiration va vous aider à surmonter des problèmes et que vous allez faire ainsi l'expérience de la réussite.
— Prendre un ascenseur qui descend vous prévient d'une perte de prestige et du risque de vous sentir un peu déprimé.

Asie : hormis d'éventuels souvenirs personnels, ce pays évoque les choses inconnues, mystérieuses et exotiques de la vie.

Asperge :
— Il y a une poussée en tête, aussi maintenez-vous au niveau des autres.
— Une mise en garde contre la fainéantise.
— Manger des asperges est un signe de réussite sociale.

Assassin : la vue d'un assassin dans un songe constitue un sérieux avertissement contre des adversaires connus et inconnus.

Asticot : attendez-vous à d'importants changements.

Astronaute : il fait référence à l'aventure, à la jeunesse et à l'espoir. C'est un signe d'immaturité masculine.

Atomes :
— Les structures de la vie et de la destinée.
— N'attachez pas trop d'importance au détail.

Atre :
— Un endroit chaleureux. Votre chez-soi.
— Le centre de la famille, où vous trouverez réconfort et tendresse.

Attaque : une mise en garde contre une blessure. Il peut s'agir d'une agression psychologique ou émotionnelle.

Aube : chaque nouveau jour fait place à de nouvelles espérances même si l'aube est grise.

Australie : mis à part d'éventuels souvenirs personnels, ce continent évoque la jeunesse et fait état d'un nouveau départ et de nouvelles occasions.

Autel : un autel étant traditionnellement un symbole d'abnégation, il vous met en garde contre la tentation de jouer les martyrs. D'un point de vue spirituel, il révèle que vous vous apprêtez à sacrifier vos propres intérêts au profit d'autrui.

Automne : le temps vous manque, aussi profitez au maximum de la vie. Ayez de l'audace et soyez positif. Récoltez ce que vous avez semé avant qu'il ne soit trop tard.

Automobile :

— Elle symbolise votre dynamisme intérieur.

— Être au volant d'une automobile dénote une accélération de votre vie.

— Une voiture qui tombe en panne vous signale des ennuis de santé pour cause de surmenage.

— Faillir ou être écrasé par une automobile vous avertit qu'une personne va se trouver sur votre chemin.

Autoroute : un symbole de votre chemin de vie.

Autruche : ne pratiquez pas la politique de l'autruche.

Avalanche :

— Elle vous annonce que vous allez être victime des circonstances.

— Une avalanche peut faire allusion à des structures familiales ou sociales fragiles.

Avare : une propension personnelle à l'avarice ou que vous avez observée chez quelqu'un d'autre.

Aveugle : être aveugle veut dire que vous ne pouvez pas voir la vérité.

Aviateur :

— Si vous êtes une femme, un aviateur incarne votre animus ou l'homme de vos rêves.

— Si vous êtes un homme, c'est la figure d'un héros.

Avion :

— Que dans un rêve vous voyiez un avion voler dans le ciel révèle des ambitions extravagantes.

— Le fait que l'avion s'écrase au sol vous incite à apporter plus de réalisme à vos projets qui, sinon, risquent de n'être que des objectifs en l'air.

— Un voyage en avion reflète une précipitation du rythme de votre vie et montre que vous êtes sur le point de toucher à votre but.

Avocat :
— Attendez-vous à ce que votre santé s'améliore.
— Des activités sociales accrues.

Avoine : appétit sexuel.

Avortement :
— Des projets vont avorter, mal tourner.
— Assister à un avortement indique que vous allez éprouver des regrets par la suite.
— Le fait que vous soyez complice d'un avortement vous met en garde contre des ennemis persuasifs. Méfiez-vous d'une erreur judiciaire.

B

Babouin :
— Il symbolise un être particulièrement puéril, égoïste et matérialiste et reflète des tendances régressives.
— Un babouin avec lequel vous vous retrouvez nez à nez peut correspondre à un reflet de vous-même et révéler une tentative de votre part pour vous communiquer quelque chose.

Bagages :
— Traditionnellement, ils sont liés au mariage.
— Des bagages soulignent également que des qualités personnelles superficielles nuisent à vos progrès.
— Le fait de porter de lourds bagages indique que vous auriez tout intérêt à commencer à vous défaire de vos responsabilités.

Baie : une baie symbolise le fruit de votre travail.

Bâillements : vous avez besoin d'un exutoire pour échapper à une situation ennuyeuse.

Baïonnette : prenez garde à une agression verbale ou physique qui pourrait faire mouche.

Bain : prendre un bain fait état d'une purification morale et du balayage de peurs et de péchés anciens.

Baiser :
— Une marque de reconnaissance.
— Tendresse, amour et franche amitié.

Balai : voir un balai dans un songe est de bon augure ; il indique le besoin de faire table rase afin d'apporter certains changements qui, en fin de compte, se révéleront positifs.

Balcon :
— Être sur un balcon montre que vous êtes bien placé pour faire le point de votre situation.
— Pour des amoureux, rêver d'un balcon laisse présager de tristes adieux.

Baleine :
— Les instincts et le Moi féminin.
— La matrice de Dame Nature.

Ballet :

— Un ballet (danse et musique) est l'expression d'une facette harmonieuse de votre vie.

— Assister à la représentation d'un ballet révèle que vous allez avoir maintes occasions de jouir des plus belles choses de la vie.

— Une approche trop artistique de l'existence pourrait s'avérer peu réaliste, aussi efforcez-vous de garder les pieds bien sur terre.

Ballon :

— Un ballon de baudruche est une invitation à traiter un problème à la légère et, si possible, à le dépasser.

— Voyager dans un ballon révèle que vous êtes capable de surmonter vos difficultés et que vous êtes souvent très bien placé pour analyser votre situation financière.

Banane :

— Ce fruit vous prédit une période fructueuse.

— Symboliquement, la forme allongée d'une banane évoque celle d'un phallus.

Banc de rivière : être debout sur le banc d'une rivière vous rend attentif à la vie qui passe ; mettez-vous dans le mouvement ou jetez un pont sur les choses.

Bandit : méfiez-vous de ceux qui se croient au-dessus des lois.

Banjo :

— Il symbolise la tête et le cou.

— Cet instrument fait référence à un mode de vie campagnard. Prenez garde à l'insouciance des autres, de même qu'à la vôtre.

Banque :

— Des ressources physiques et mentales sous la forme d'une multitude d'expériences, gardées en mémoire.

— Vous vous sentez émotionnellement en sécurité grâce à une expérience passée.

Banquet : le fait de ne rien vous refuser et un certain bien-être ne satisferont que temporairement vos besoins.

Baptême (cérémonie d'initiation et d'acceptation ancestrale et universelle) : synonyme de renaissance ; c'est la fin d'une étape de votre vie et le commencement de la suivante. Place à la nouveauté. C'est une expérience qui peut dans un premier temps choquer, mais qui vous prépare à toutes les éventualités futures.

Baptême du feu : la recommandation pressante d'éviter tout conflit (aussi bien émotionnel que physique).

Barbe :

— La force de vos convictions personnelles est soumise à un examen rigoureux.

— Méfiez-vous des apparences extérieures qui masquent des caractéristiques intérieures peu charitables.

Baromètre : prenez garde à vos sautes d'humeur et à celles des autres.

Barrage : vous avez besoin d'un exutoire émotionnel, afin de permettre aux émotions intériorisées de se manifester sans entrave.

Barrière : un obstacle à surmonter d'une manière ou d'une autre.

Bataille : préparez-vous à livrer bataille à une facette de vous-même, ou à un affrontement avec une tierce personne.

Bateau :

— Votre présence sur un bateau fait référence à votre chemin de vie, ce voyage que vous accomplissez d'un bout à l'autre de l'océan de la vie, caractérisé par ses eaux profondes et ses passages difficiles. Les autres circonstances du rêve vous fournissent des précisions sur la nature de cette traversée qui peut être rude ou tranquille.

— L'arrivée au port est le signe qu'une phase particulière de votre vie s'achève.

— Le fait de ramer indique soit que vous faites beaucoup d'efforts physiques dans l'existence, soit que vous devriez vous impliquer plus physiquement.

— Un bateau vous met également en garde pour que vous ne manquiez pas le coche.

Bâtiment : à moins d'illustrer une véritable construction, un bâtiment vous représente en tant que tout et, en même temps, souligne un trait de votre personnalité. Prenons des exemples : une usine représente votre côté travailleur, tandis qu'une église est le reflet de vos convictions et de vos aspirations.

Bazar : attendez-vous à un événement qui vous réserve des surprises et vous portera bonheur.

Bébé :

— Il évoque la naissance d'une idée nouvelle et prometteuse.

— Il met votre créativité personnelle en évidence.

— Un bébé qui grandit rapidement laisse augurer du développement d'un certain projet. S'il est malade, attendez-vous à des problèmes.

Bélier : une prédominance masculine excessive.

Bétail :

— Nos soi-disant instincts bestiaux peuvent être représentés par n'importe quelle bête de somme.

— Dans la mythologie et dans l'héraldique, le bétail symbolise des forces archétypales.

Betterave : ce légume étant rouge, il se rattache à des expressions telles que *« le rouge aux joues »*, *« le rouge au front »* et peut révéler de la timidité et de la culpabilité.

Beurre : croyez en des temps meilleurs.

Bibelots : ils représentent de fausses valeurs.

Bible : voir une Bible signifie que vous cherchez la vérité.

Bijouterie : le fait de se parer dans le seul but de susciter l'attention d'autrui.

Bijoux : habituellement, les trésors de l'esprit ; une idée lumineuse ou un projet qui se concrétise.

Biscuits : d'agréables souvenirs.

Blaireau :
— Un travailleur de nuit travaillant durement pour un maigre salaire.
— La peur de devenir chauve.

Blanchisserie : vous pouvez maintenant recommencer une nouvelle vie.

Blé : abondance et fertilité.

Blessure : être blessé physiquement dans un rêve vous met en garde contre une blessure émotionnelle.

Boa constricteur : ce serpent représente vraisemblablement un ami ou une connaissance qui essaie de restreindre votre libre arbitre.

Bœuf :
— La viande de bœuf fait référence à l'aspect sensuel et sexuel de l'existence.
— Une carcasse de bœuf symbolise la mort et donne une impression d'irrémédiable, quelquefois associée au commencement d'une maladie.
— Des tâches ingrates et de lourds fardeaux à porter dans la vie.

Bohémien :

— La vue d'un camp de bohémiens et d'un membre de cette communauté constitue un avertissement.

— Montrez-vous respectueux envers des talents cachés.

Bois : les familles et les communautés dans leur ensemble.

Boisson : un besoin de nourriture sous une forme ou une autre ; boire à la source du savoir et de la sagesse ou s'imprégner d'une ambiance.

Boiteux : la vue d'un boiteux laisse présager de progrès lents et pénibles.

Bombe :

— Une menace pour votre sécurité physique ou pouvant nuire à votre mode de vie.

— L'explosion d'une bombe vous met en garde contre un déferlement soudain d'émotions.

Bombe A :

— L'imminence d'une situation explosive et très dangereuse.

— Les rêves collectifs de la bombe A prouvent l'existence d'une prise de conscience collective du danger qu'elle représente pour l'ensemble de la planète.

Bonne sœur : une personne très particulière, aimée et respectée de tous.

Boomerang : c'est l'arroseur arrosé.

Bottes : des bottes neuves signifient que l'avenir vous réserve de nouvelles voies à suivre, alors que de vieilles bottes vous signalent que vous devriez prêter attention à des affaires personnelles.

Boucher : méfiez-vous des gens capables de sacrifier autrui à des fins personnelles.

Boucle d'oreille : la personne qui en porte une dans votre rêve se verra accorder une marque d'estime exceptionnelle.

Boue : d'une situation, qui à l'heure actuelle vous tracasse et vous cause des problèmes, vous allez retirer des avantages qui ont leurs inconvénients.

Bougie : allumée, une bougie est un signe de force et de vie ; éteinte, elle vous avertit d'une déception.

Bouilloire : il y a de l'orage dans l'air ; prenez garde, ça va barder.

Boulanger : bon augure ; les choses finiront par s'arranger.

Boule :

— La Terre.

— Une boule en or, semblable à celle des contes de fées, est un symbole de révélation et de grande compréhension.

Bouledogue :

— L'esprit archétypal anglais.

— Par rapport à vos circonstances, vous devriez songer à vous protéger.

Bouquet : vous allez être généreusement récompensé de vos efforts et d'un travail passés.

Bovins : un troupeau de bovins étant un symbole de la majorité, faites attention de ne pas perdre votre identité en devenant un mouton aveugle.

Bracelet : un bracelet reçu en cadeau laisse présager d'une idylle amoureuse.

Branches : les branches d'un arbre représentent les ramifications ou les membres d'une famille.

Bras : traditionnellement, un bras symbolise un membre de votre famille. En jouant sur les mots, il correspond à un membre indispensable de celle-ci ou d'un groupe.

Briques :
— Des briques désignent différents aspects d'une situation globale.
— Des briques posées l'une sur l'autre vous mettent en garde contre un enthousiasme excessif et un comportement de bâtisseur d'empires.

Brise : attendez-vous prochainement à des changements agréables.

Broderie : le fait de voir de la broderie vous rend attentif à l'exagération.

Brouillard : l'expression *« être dans le brouillard »* se passe d'explication. Pour l'instant, ce que vous cherchez (la vérité ou autre) est hors de vue.

Brûlé :
— Sentir le brûlé est un signe d'avertissement très clair.
— Il se pourrait que quelque chose de dangereux se trame dans les coulisses.

Bureau : d'un point de vue symbolique, un bureau représente les archives de la « résidence de l'âme », à savoir la mémoire.

Bus :
— Le fait de voyager dans un bus montre que votre destinée est liée à celle des autres et que vous devriez faire preuve de plus d'indépendance et voler plus souvent de vos propres ailes.
— Attendre un bus veut dire que vous ne devriez pas laisser passer votre chance, lorsque enfin l'occasion se présente.

C

Cadavre :

— D'un point de vue métaphorique, une personne sans vigueur.

— Le fait de vous voir comme un cadavre signifie que vous devriez sans plus attendre entamer une nouvelle étape dans votre existence ; votre ancien Moi est mort.

Cage : indépendamment du contexte, elle indique clairement des restrictions et une inhibition.

Caisse :

— Une caisse désigne souvent un cercueil et, par conséquent, révèle un désir de mort qui commence à s'imposer.

— Elle évoque également un secret intime ou une heureuse surprise.

Calendrier : il fait référence à l'écoulement du temps et vous rappelle une date importante, par exemple un anniversaire.

Calice : ce récipient contient les eaux de la vie qui apportent la guérison du corps, de l'esprit et de l'âme.

Calvitie :

— Si vous êtes un homme, un individu chauve est le signe que vous devez rester vigilant.

— Si vous êtes une femme, rêver d'un homme chauve vous signale qu'un type obsédé par le sexe va essayer de vous courtiser.

Cambrioleur :

— Au sens propre, méfiez-vous des intrus.

— Un cambrioleur peut personnifier une particularité gênante de votre personnalité que vous cherchez à tenir en échec et qui pourtant, une fois admise en tant que telle, pourrait vous rendre plus mature et plus compréhensif.

Caméléon :
— Méfiez-vous de ceux qui dissimulent leurs vraies natures.
— Il se peut également qu'une certaine situation ne corresponde pas aux apparences.

Canal : il se rapporte à la naissance et à l'accouchement.

Canari : si cet oiseau chante, il vous annonce un bonheur futur. Un canari silencieux vous avertit d'un danger.

Cancer :
— La peur d'une maladie grave.
— Une personne née sous le signe du Cancer.

Cannibalisme :
— La vue de cannibales révèle des intentions autodestructrices.
— Le cannibalisme vous met en garde contre une situation de complète tyrannie à votre égard ou de votre part à l'égard d'une autre personne.

Canoë :
— Un canoë, comme un bateau, fait allusion à votre destinée.
— Être seul dans un canoë signifie que vous êtes maître de votre destin.

Cañon :
— Méfiez-vous des avis partagés qui peuvent faire beaucoup de mal.
— Un désaccord.

Cantiques : le fait que vous entendiez des cantiques témoigne que vous jouissez d'une protection divine.

Cape :
— Porter une cape veut dire que vous êtes protégé du mal et des attaques verbales.
— Le fait qu'un tiers en porte une révèle que cette personne dissimule quelque chose qu'elle désire tenir secret.

Capitaine : vous pouvez vous attendre à une promotion, qui s'accompagnera cependant de responsabilités supplémentaires.

Capuchon : une silhouette encapuchonnée est traditionnellement apparentée à la mort.

Carotte : la signification freudienne d'une carotte est évidente. Toutefois, elle peut aussi évoquer une récompense, une tentation, un pot-de-vin ou un appât.

Carpette : si des gens marchent dessus, vous êtes vraisemblablement opprimé, sinon elle vous signale qu'un échange de points de vue avec d'autres personnes vous serait extrêmement salutaire.

Carré : cette forme symbolise une situation quitte de toutes perturbations, révélant un mode de vie stable et parfaitement rodé.

Carrefour : vous êtes arrivé à une étape primordiale de votre vie où vous devez décider de la future direction à prendre.

Carrière : faites tout votre possible pour découvrir la vérité, car la réponse est dans la pierre.

Cartes : un jeu de cartes évoque le jeu de la vie et chaque couleur en dépeint un aspect particulier : le cœur désigne l'amitié et l'amour, le carreau vos projets et vos ambitions, le trèfle les récompenses et les richesses et le pique les inévitables obstacles auxquels chacun de nous se trouve une fois ou l'autre confronté.

Casser :
— Le fait de casser quelque chose est une mise en garde contre l'irrévocable.
— Un objet cassé constitue une incitation à sauver ce qui est sauvable, puis à recommencer.

Castor : une personne travailleuse qui va récolter les fruits de ses efforts passés.

Castration : elle trahit la peur de perdre sa virilité, son prestige ou de n'être plus respecté.

Catastrophe : indépendamment de l'événement concerné, une catastrophe vous avertit d'un bouleversement, qu'il soit de nature matérielle ou émotionnelle. Dans les deux cas, attendez-vous à des changements plus ou moins importants.

Cathédrale : cet édifice représente vos idéaux spirituels les plus nobles.

Cauchemar : c'est un mauvais rêve motivé par des angoisses d'origines très diverses : la peur de la maladie (symbolisée par une créature dévorante), une situation qui vous terrifie (illustrée par exemple par un horrible maraudeur), etc.

Cave :
— En tant que sous-sol de la « résidence de l'âme », une cave renferme souvent des pensées et des souvenirs sombres.
— Des instincts élémentaires, des peurs refoulées ou des sentiments profonds mais rarement exprimés sont mis en lumière.

Cèdre :
— Des affaires de famille sont en discussion.
— Cet arbre étant associé à la mythologie celtique, intéressez-vous aux origines celtiques.

Ceinture : une ligne de démarcation doit être tracée entre deux factions ou deux aspects d'un même problème.

Célibataire :
— Si vous êtes un homme, rêver d'une célibataire équivaut à un avertissement ; vous devez éviter d'entretenir des relations trop intimes avec les femmes.
— Si vous êtes une femme, un tel rêve révèle votre quête de l'homme idéal, un être vierge qui corresponde à l'image de votre animus.

Cellule :
— Une pensée isolée ou un petit espoir.
— La peur d'être emprisonné.

Cendres :

— Des souvenirs passés que vous pouvez vous remémorer, mais que vous ne pouvez pas revivre.

— Elles peuvent faire état d'une perte de confiance en soi, comme lorsqu'on se sent contrit.

— Une dégradation.

Centre :

— Le recentrage de vos objectifs personnels.

— Le centre d'une ville indique que vous touchez au but.

Cercle :

— Le Moi le plus profond, au centre du cycle de la vie.

— Le monde, l'univers et le temps.

Cercueil :

— Une situation sans issue.

— Vous voir allongé dans un cercueil signifie que vous êtes au terme d'une phase de votre vie et que vous devriez vous attaquer immédiatement à l'étape suivante.

— D'un point de vue métaphorique, un cercueil reflète l'idée « *si seulement j'étais mort* », une déclaration à ne pas confondre avec un réel désir de mort.

Cerf : un célibataire.

Cerf-volant : la vue d'un cerf-volant dans le ciel veut dire métaphoriquement que ce n'est pas la modestie qui vous étouffe.

Cerises : ne vous laissez pas tenter par le romantisme.

Cerveau : la vue d'un cerveau révèle que, pour faire des progrès ou résoudre d'une manière satisfaisante un problème, une réflexion intelligente est essentielle.

Chaînes : des liens invisibles, mais néanmoins puissants, vous lient à quelqu'un ou à quelque chose.

Chambre : une pièce ou un aspect de la « résidence de l'âme » ; la pièce concernée (salle de bains, salon, cuisine, cave ou grenier) vous permet d'identifier une caractéristique ou un point de vue particuliers.

Chambre à coucher : elle représente des souvenirs et des secrets personnels, généralement associés à des relations sexuelles.

Chameau : vu que ces animaux servent habituellement de montures et doivent travailler durement, prenez garde de ne pas vous surcharger, que ce soit de votre plein gré ou à l'instigation d'autrui.

Champs :
— Un domaine d'intérêt comme la peinture, la science, l'art...
— De vertes prairies laissent augurer d'un avenir meilleur.

Champignons : des connexions mystiques vous éclairciront sur la signification de certaines choses.

Champion : un champion (ou une championne) sportif correspond à la projection de votre propre image. Vous pouvez atteindre des objectifs même ambitieux.

Chant : un signe d'encouragement et de soutien d'un niveau supérieur.

Chants de Noël : une bonne année en perspective.

Chapeau : il révèle que vous souhaitez être reconnu et respecté.

Chapelle : une pièce sacrée de la « résidence de l'âme » et, par conséquent, une facette de vous-même ayant des convictions particulières.

Charbon : voir une mine ou un morceau de charbon dénote une grande force intérieure et un dynamisme considérable.

Charrue : vous allez être récompensé de tous les efforts que vous avez faits pour progresser, et plus particulièrement lorsque cette progression était ardue.

Chat :
— Cet animal représente soit une personne de nature psychique que vous connaissez, soit un aspect psychique de votre personnalité.
— Un chat noir est un signe de chance.

Château : en tant qu'édifice, un château vous décrit comme un être ayant des objectifs déterminés.

Chaton : voir un chaton jouer peut être une incitation pour que vous preniez un chat. Il peut également symboliser une personne espiègle.

Chaud : avoir chaud dans un songe est un avertissement, afin que vous ne vous trouviez pas trop intimement lié avec une certaine personne.

Chaussures :
— Vous êtes invité à marcher sur les traces de quelqu'un.
— Essayez de vous mettre à la place d'une autre personne et de comprendre son point de vue.

Chauve-souris : voir une chauve-souris signifie que vous devriez vous préoccuper davantage de votre situation et de la direction que vous prenez dans la vie. De plus, les chauve-souris étant réputées posséder un sens de l'orientation exceptionnel, voyez si vous ne pourriez pas découvrir ce qui a été caché si loin de vous.

Cheminée : le centre de la famille ; celui ou celle en qui chacun a confiance.

Chêne :
— Cet arbre symbolise une certaine fermeté au sein de votre famille.
— Une influence druidique.

Chenil : à moins que vous ne vous occupiez de chiens, un chenil fait allusion à un mauvais coucheur.

Chenille : cet insecte reflète certes des difficultés momentanées et un sentiment d'infériorité, néanmoins il vous prédit un avenir prometteur.

Cheval : indépendamment de l'action, un cheval est l'expression de votre vitalité. Le fait d'être à cheval montre que vous avez maîtrisé vos impulsions intérieures.

Chevalier : l'image vaillante et chevaleresque du Moi.

Cheveux : le type et l'état des cheveux sont des signes révélateurs quant à la virilité de la personne et à sa séduction.

Chien : s'il est affectueux, un chien symbolise un ami ; sinon il évoque un empêcheur de tourner en rond ou une personne de nature opiniâtre.

Chine : ce pays fait référence à une atmosphère ou à des perspectives orientales.

Chou :
— En tant que légume, le chou désigne une existence végétative qui vous fait perdre du temps.
— Un chou peut faire allusion à une personne bornée.

Chouette : un symbole de Marie, mère de Dieu, aussi bien qu'une marque de sagesse.

Christ :
— Le fait que vous rêviez du Christ signifie que protection et assistance sont à votre portée et que, par conséquent, vous devriez retrouver la foi.
— En tant qu'archétype de la perfection, il témoigne de l'immortalité de l'âme et de la guérison du corps physique.

Chute :
— L'impression de tomber survient en phase de premier sommeil et correspond à la sensation de sombrer dans le sommeil.

— Rêver d'une chute en bas d'une falaise ou du haut d'un bâtiment élevé dénote un sentiment d'insécurité et une perte de faveur ou de pouvoir.

Cicatrice : elle fait état de la guérison d'une blessure émotionnelle ancienne et révèle que celle-ci n'a pas été oubliée.

Ciel :
— Tout est possible, aussi soyez confiant et croyez-y.
— Votre version du paradis.

Cigarette : voir des cigarettes ou en fumer une signifie que vous avez besoin de loisirs et de plus de détente.

Cimetière :
— Un cimetière est souvent associé à des parents ou à des amis décédés et au passé révolu.
— La peur de mourir et le fait de perdre espoir.

Cirque :
— La vie proprement dite, et plus particulièrement par rapport à des rencontres insolites.
— Prenez garde de ne pas tourner en rond.

Ciseaux : vous devriez rompre avec toutes vos relations stériles et briser toutes vos attaches inutiles.

Clef : suivant les circonstances dans lesquelles elle apparaît, la clef d'un problème ou celle du bonheur.

Clocharde : elle incarne une prostituée ou une femme désagréable.

Cloche :
— Un coup de sonnette à la porte vous rappelle quelque chose que vous avez oublié et qui, peut-être, alarme votre conscience.
— Un carillon laisse présager de l'imminence de bonnes nouvelles.

Clôture : un facteur inhibiteur ; vous vous êtes imposé des restrictions qui engendrent une frustration.

Clou : des clous vous avertissent d'un danger d'origine extérieure, dont lentement la menace devient plus pressante.

Cloué sur place : voir *Paralysie*.

Clown : faites attention de ne pas vous ridiculiser.

Coccinelle : bien qu'il s'agisse d'un insecte, une coccinelle n'évoque pas une contrariété ; elle indique une réussite possible, néanmoins modeste.

Cochon : une personne avilie, du moins à vos yeux.

Cœur : l'intuition et l'inconscient.

Coffre : un coffre (qu'il soit ouvert ou fermé) symbolise votre esprit, de même que les trésors individuels qu'il renferme sous forme de capacités personnelles.

Coiffeur :
— Le fait qu'un coiffeur vous coupe les cheveux est l'expression d'un problème de santé ; voyez si vous perdez des forces, de l'énergie et de la vigueur.
— Une opération ou des mesures radicales pourraient s'avérer nécessaires.

Coléoptères :
— En tant qu'insectes, les coléoptères font référence à de petits mais persistants tracas.
— Un scarabée vous dépeint comme une personne impressionnante.

Collier :
— Une succession d'événements sociaux vous procurera une grande satisfaction personnelle.
— Un collier cassé vous instruit de promesses non tenues.

Colline :
— Le fait de grimper une colline vous montre que vous faites des progrès dans le but d'atteindre un certain objectif, alors que la descendre vous prévient que quelque chose est en perte de vitesse.

— Être au sommet d'une colline indique que vous êtes à une apogée de votre existence et que maintenant les choses vous paraissent beaucoup plus claires.

Collision : une collision vous met en garde contre des discussions et une attaque de plein front.

Colombe :
— Votre esprit intérieur.
— Le Saint-Esprit.
— Espoir et secours sont proches, toutefois un effort personnel est nécessaire avant d'accéder à une totale tranquillité d'esprit.

Combat : une bagarre physique peut faire référence à un conflit mental.

Comète : elle vous prédit de futures difficultés.

Comptes : d'une part ils vous mettent en garde contre les dépenses excessives et, d'autre part, ils vous rappellent que vous devrez tôt ou tard rendre compte de vos actions. Celles-ci pourraient d'ailleurs s'appliquer à des circonstances personnelles.

Conduire :
— Conduire une voiture ou un autre véhicule indique que vous suivez votre propre voie sur l'autoroute de la vie.
— Être conduit par quelqu'un d'autre signifie que d'autres personnes font route avec vous, mais que vous devez rester vigilant afin qu'elles ne prennent pas entièrement votre destinée en main.

Conférence : soyez prêt à écouter la personne qui va s'adresser à vous.

Confettis : en dehors de leur association avec le mariage, les confettis sont un signe de réussite sociale.

Convive : un convive inconnu fait allusion à des possibilités méconnues.

Coq :
— Un coq annonce des restrictions.
— D'un point de vue freudien, il est l'expression manifeste d'un désir sexuel.

Coq nain : voir *Poule naine.*

Corbeau : voir *Corneille.*

Corbeille : un récipient contenant des bienfaits et des moyens de subsistance.

Corde : un profond attachement à une personne ou à un lieu.

Corneille :
— Un messager des morts.
— Brân, le fils de Llyr (dieu de la Mer) et le héros d'une descente aux enfers dans la Mabinogion (romans de chevalerie antérieurs au cycle du roi Arthur).

Cornemuse :
— Cet instrument fait état des vibrations terrestres qui stimulent les énergies physiques.
— Elle fait référence à un défilé, à de la provocation et peut-être à de la bagarre.

Corps :
— En général, un corps vous représente dans votre globalité.
— Un corps sans vie vous informe d'un manque d'entrain ou de vitalité ou d'une perte d'énergie.
— Le fait d'être nu révèle que votre véritable nature est sur le point de se manifester.

Cou : ne prenez aucun risque.

Couleurs : l'intensité des couleurs tisse la toile de fond d'un rêve. Des teintes sans éclat sont l'expression d'un état dépressif et d'un cadre de vie négatif, alors que des couleurs vives laissent présager de l'amélioration d'une situation. Elles reflètent également vos humeurs et vos états d'âme. Tous les rêves en noir et blanc sont à l'origine en couleur, cependant (comme les rêves eux-mêmes) les teintes s'effacent très vite de la mémoire. Chaque couleur symbolise une énergie ou un principe de la vie avec ses bons et ses mauvais côtés :

ARGENTÉ : le clair de Lune et les émotions sentimentales. Une très grande féminité.

BLANC : inspiration, innocence et pureté. Une vie terne.

BLEU : un formidable espoir et de grandes inspirations grâce à l'énergie spirituelle. Froideur et prévoyance.

BRUN : la signification de cette couleur dépend beaucoup de la forme de l'objet et des sentiments personnels auxquels elle fait référence. Pour certains elle évoque la dépression, alors que pour d'autres elle a une connotation profondément religieuse et monastique. Traditionnellement, le brun est associé à la terre et désigne aussi bien une certaine stabilité que des gains financiers. Dévouement au devoir.

DORÉ : Soleil et bonheur. Une énergie masculine toute-puissante.

JAUNE : inspiration, lâcheté.

NOIR : souvent associé à la mort, au deuil, aux ténèbres, à la mélancolie et au découragement. Cette couleur peut être chaude et réconfortante lorsqu'elle évoque la Terre, la Mère nourricière passive, réceptive et maternelle. « *Être dans le noir* » veut dire que quelque chose vous est caché et que la lumière doit être faite sur une situation très peu claire.

ORANGE : le raisonnement intuitif, aussi bien que la gaieté. La banalité.

POURPRE : vitalité. Fureur, rage.

ROSE : des choses agréables et chaleureuses. Un bonheur éphémère et des sentiments superficiels.

ROUGE : de l'énergie et des forces physiques. De la colère.

VERT : de la détente par des moyens naturels et propres à la vie. De la jalousie.

Couloir : il existe un lien entre deux situations ou deux faits ; toutefois des restrictions vous seront imposées en chemin.

Coup de vent : un avenir meilleur ; vos difficultés actuelles ne vont pas tarder à disparaître.

Coups : entendre des coups est un signal d'alarme ; il faut vous attendre à une surprise ou à un choc.

Courir : il se peut soit que vous vous acheminiez vers un but, soit que vous soyez en train de fuir une chose à laquelle vous ne parvenez pas à faire face.

Couronne : un symbole de gloire, de reconnaissance et de réussite.

Course :
— Votre rythme de vie s'accélère inutilement.
— Une rivalité entre vos parents ou quelque autre concurrent et vous.

Cousin, cousine : vous pouvez vous attendre à recevoir le soutien d'un membre de votre famille ou d'un ami proche.

Couteau : attendez-vous à des querelles, aussi bien qu'à des coups bas.

Couture : du zèle.

Couverture :
— Méfiez-vous de la possessivité excessive et des sentiments étouffants.
— Cherchez des sens cachés.

Crabe :
— Des manœuvres détournées.
— Un regain d'espoir.
— Une personne née sous le signe du Cancer.

Crépuscule : ce moment de la journée vous signale qu'il est plus tard que vous ne le croyez.

Cristal : un potentiel de guérison et l'illumination spirituelle.

Crocodile : méfiez-vous des opérations en sous-main et des situations périlleuses.

Croix :

— L'emblème archétypal de la chrétienté, de même que les quatre éléments de la création et l'équilibre de la nature.

— Un signe de protection.

Croix ansée : l'une des plus anciennes formes de la croix, également connue sous le nom de croix ankh (une croix suspendue à une anse). C'est un mélange de symboles masculins et féminins qui représente l'union entre le ciel et la terre, le Soleil (le Père) et la Terre (la Mère). C'est le symbole archétypal de la vie, appelé aussi clef de la vie.

Cuir : un symbole matérialiste défavorable.

Cuisine : le fait qu'une cuisine serve de toile de fond à un songe signifie que le thème de celui-ci se rattache à des affaires de famille.

Cuivre : vu que ce métal désigne les affaires financières, des bibelots en cuivre vous mettent en garde contre de fausses transactions.

Cygne : un symbole de la Déesse blanche, l'aspect maternel de la création.

D

Danse :

— Un prélude à des relations sexuelles.

— Vos activités sociales, de même que vos loisirs, vont en augmentant.

Date :

— La vue d'une date spécifique signifie que, d'ici à ce jour, vous devriez avoir fait ou terminé quelque chose.

— Lire la date de sa propre mort n'est pas prophétique, c'est plutôt une invitation à jouir de chaque instant, afin qu'au jour de votre mort existent des preuves tangibles de tous les efforts que vous aurez faits dans la vie.

Dé : ne prenez aucun risque.

Décapité : prenez garde de ne pas perdre la tête. Faites en sorte que votre cœur et votre tête (vos émotions et votre mental) soient en harmonie.

Dédale : votre destinée, la voie que vous suivez dans l'existence.

Déguisement : essayez de pénétrer les intentions de quelqu'un ou de voir clair dans quelque chose, car les apparences sont trompeuses.

Déluge : des pluies torrentielles ou une inondation vous préviennent que vous allez être submergé par des émotions.

Dentelle : un secret bien gardé.

Dents : attendez-vous à des changements dans votre vie.

Désastre : indépendamment de sa nature, un désastre vous met en garde contre des ennuis sous une forme ou une autre. Il est nécessaire que vous preniez la tangente.

Descendre :

— Que vous descendiez des escaliers, une colline, avec un ascenseur, dans une mine ou dans un gouffre, l'interprétation reste la même ; un déclin s'impose dans le but de nouer des relations stables et pourra s'accompagner, temporairement, d'une perte de prestige.

— Sondez votre inconscient dans lequel sont enterrés des souvenirs passés.

Désert : cette terre aride fait certes allusion à la solitude et à la désolation, néanmoins le temps passé en ces lieux devrait tourner à votre avantage : cherchez votre véritable Moi.

Déshabillé : à moins de les garder bien cachés, des secrets personnels risquent d'être dévoilés.

Dette : vous devez quelque chose à quelqu'un ; il ne s'agit pas d'argent, mais plutôt d'une dette karmique.

Deuil : être en deuil de quelqu'un dans un rêve signifie que, si vous ne faites pas amende honorable avant qu'il ne soit trop tard, vous allez avoir des regrets.

Diamant : votre personnalité intérieure avec ses multiples facettes. Le Moi.

Dieu :

— La vision de Dieu reflète l'image que vous avez du Créateur.

— Le besoin d'être protégé et secouru par Dieu.

Dieux et déesses : ils personnifient des forces et des principes archétypaux.

Dirigeable : de folles envolées de votre imagination pourraient vous faire voyager à l'intérieur de vous-même, dans un décor magnifique et romantique. Si vous êtes artiste, des idées brillantes et originales vous viendront à l'esprit.

Distance : voir dans le lointain est une incitation à considérer l'avenir en toute confiance et avec optimisme.

Divorce :

— Le rêve de votre propre divorce correspond probablement à une peur. D'un point de vue symbolique toutefois, il vous met en garde contre un clivage d'idéaux et de principes. Cette cassure peut avoir lieu au sein de vos propres convictions et de vos propres principes ou entre vos idéaux et ceux d'un tiers.

— Une tentative d'indépendance.

Doigts :

— Une certaine dextérité ; ils vous montrent la voie pour une carrière manuelle ou un passe-temps qui en vaut la peine.

— Gardez-vous de vous mêler des affaires des autres, vous risqueriez de vous y brûler les doigts.

Dos :

— N'apercevoir que le dos d'une personne constitue un avertissement ; ne concluez pas sans réflexion.

— Traditionnellement, un dos nu fait allusion à une perte de pouvoir ou à la perte de contrôle d'une situation.

— Le fait qu'une personne vous tourne délibérément le dos vous prévient d'une rebuffade.

Douleur : éprouver une douleur dans un songe peut aussi bien viser à vous rendre attentif à votre santé physique que se rapporter à une blessure émotionnelle douloureuse.

Dragon :

— Cette créature mythologique symbolise une angoisse intérieure inaccessible à la compréhension humaine.

— Une puissance archétypale dont vous devez tenir compte.

Drame :

— Un film, une pièce de théâtre ou une émission de télévision représentant un épisode de votre vie.

— Le théâtre de l'esprit où se jouent et se rejouent en imagination des peurs ou des projets futurs, aussi bien que des drames passés.

Drapeau : nationalisme et patriotisme.

Drogues : elles vous mettent en garde contre des influences trompeuses.

Droite : voir *Gauche/Droite*.

E

Eau : le Moi inconscient. Des sentiments profonds et sincères. Les eaux spirituelles de la vie.

Échecs : le jeu de la vie dans lequel la destinée, de même que la volonté divine, interviennent lorsqu'on s'y attend le moins.

Échelle : le lien entre le conscient et l'inconscient.

Écho : l'audition d'un écho vous met en garde contre la répétition excessive de quelque chose qui ne devrait pas être perpétué.

Éclipse : gardez-vous de ne pas barrer le chemin à quelqu'un ou, inversement, faites attention à ne pas rester dans l'ombre.

École : les écoles désignent les multiples expériences qui composent la vie et desquelles nous sommes supposés tirer les leçons pour progresser.

Écorce :
— Une écorce d'arbre abîmée doit vous rendre attentif à une certaine vulnérabilité et à un manque de protection.
— Une écorce saine et solide révèle que vous pouvez agir en toute confiance.

Effroi : avoir peur dans un rêve constitue un avertissement et, par conséquent, ce sentiment doit être rattaché à quelque chose de spécifique, de manière à ce que des mesures autodéfensives puissent être prises.

Église :
— Votre côté religieux, vos convictions et vos idéaux moralistes.
— Un lieu sûr et un symbole de paix intérieure.

Électricité : vous êtes entouré d'énergies sous diverses formes, néanmoins soyez prudent au moment de les capter. Méfiez-vous également de personnes puissantes, capables de mettre le feu aux poudres.

Éléphant : quelqu'un de gros, mais de gentil. Une personne maternelle et sur laquelle vous pouvez compter.

Émeraude : cette pierre peut engendrer une guérison psychologique.

Emprunt :
— Un emprunt vous avertit d'une diminution graduelle de vos ressources personnelles et d'un manque d'organisation et de prévoyance.
— Le fait qu'une personne vous emprunte quelque chose signifie que vous êtes considéré comme une source de soutien moral et d'assistance.

Enceinte : être enceinte ou voir une femme qui l'est témoigne que les idées que vous avez eues sont prometteuses.

Encens : l'odeur de l'encens fait référence à la guérison et à un soutien.

Enclume :
— La naissance d'une amitié.
— Vous retrouvez progressivement vos forces physiques, éventuellement à la suite d'une maladie.

Encre : une écriture à l'encre vous invite à dire clairement ce que vous pensez.

Enfant :
— L'enfant qui est en chacun de nous ; aussi faites attention de ne pas vous comporter de manière puérile.
— Vous avez déjà progressé, afin d'atteindre un certain niveau dans la vie.
— Un groupe de plusieurs enfants indique que vous pouvez vous attendre à des moments excitants et mouvementés.

Enfer : entrevoir l'enfer dans un rêve laisse augurer des temps très difficiles.

Ensorcelé : être ensorcelé signifie que vous êtes sous la domination d'une personne ou éventuellement d'un aspect de vous-même. Ne vous laissez pas impressionner par les influences illusoires d'autrui.

Enterrement : la fin d'une amitié ou celle d'une phase de votre vie.

Entrailles : voir des entrailles peut certes être hideux, cependant une telle vision vous exhorte à découvrir sans délai le fin fond de quelque chose.

Entrepreneur des pompes funèbres : en voir un révèle que vous devez entreprendre une tâche ingrate.

Enveloppe : une enveloppe cachetée évoque un danger invisible ; ouverte elle montre que vous saurez bientôt tout.

Épée : plutôt qu'un signe d'attaque, un signe de défense.

Équitation : monter à cheval ou sur n'importe quel autre animal veut dire que vous avez conquis une personne, maîtrisé un don, une pulsion ou même surmonté un handicap.

Éruption : l'éruption d'un volcan vous avertit qu'une querelle pourrait éclater sous peu.

Escalier :

— Le fait de monter un escalier met en évidence une promotion, une hausse de prestige, une réussite et des acclamations.

— Descendre un escalier dénote une perte de confiance et de reconnaissance.

Est : le soleil se levant à l'est, un nouvel espoir se dessine.

Étang : des émotions et des sentiments de joie.

Étoile :

— Le destin.

— La naissance d'un enfant.

Étranger : une silhouette étrangère peut correspondre à votre ombre et refléter un talent, une qualité ou un défaut de caractère méconnu.

Étroit : un chemin ou un couloir étroit trahissent certaines restrictions actuelles ; il ne vous reste qu'à continuer.

Évêque : vous éprouvez du respect à l'égard d'une personne, mais ce sentiment est teinté de peur.

Excrément : c'est un signe de chance, même si les excréments sont considérés comme sales.

Expédition : la vue d'un groupe d'explorateurs vous rappelle que, pour qu'une cause sous-jacente se manifeste, il faut examiner toutes les possibilités.

Explosion : attendez-vous à des surprises et à une situation explosive.

Extraterrestre : il représente une menace qui pèse sur votre sécurité personnelle.

F

Faillite : une faillite est généralement associée à une dépression et vous signale que vos réserves personnelles sont très réduites. Vous n'avez pas accumulé suffisamment d'expériences dans le passé.

Faim : le fait d'éprouver une sensation de faim signifie que vous avez probablement faim et soif de quelque chose (connaissances, compréhension, explication...).

Falaise : le fait de regarder au loin depuis le sommet d'une falaise dénote que vous êtes relativement en sécurité pour l'instant, mais que si vous n'êtes pas sur vos gardes vous pourriez dans l'avenir vous retrouver confronté à un danger.

— Être au pied d'une falaise veut dire que vous faites face à un obstacle de grandes dimensions.

Famille :

— Vous vous interrogez sur vos relations avec le reste de votre famille.

— Relations et rivalités au sein de la famille.

Fantôme :

— La vue d'un fantôme à votre chevet correspond à la visite d'un défunt.

— Votre nature spirituelle.

Fée : la nature de la messagère de votre rêve.

Fer : votre volonté, votre endurance et votre détermination vont être mises à l'épreuve.

Fer à cheval :

— Un signe de chance.

— Le symbole de la déesse Lune qui, selon la tradition, pousse à la romance.

Ferme : la vie domestique en général.

Ferry-boat :

— Le fait qu'une personne vous fasse franchir une étendue d'eau est un avertissement pour que vous ne permettiez pas à autrui d'en faire trop pour vous.

— Le lien entre la vie et la mort.

Festin : il est temps de vous estimer heureux et de réparer vos torts.

Fête : des activités sociales et de nouveaux amis.

Feu : habituellement, le feu illustre le réveil des passions et des émotions ; c'est l'expression naturelle d'un amour, d'une haine ou d'un désir brûlant.

Feuille : si la feuille est sur un arbre, votre existence sera florissante ; si elle est tombée, vous allez devoir faire face à des épreuves.

Figues : l'illumination ; Bouddha était assis sous un figuier et il y en avait un dans le jardin d'Éden.

Fil : la destinée et le karma.

File d'attente : la vue d'une file d'attente vous montre qu'en faisant preuve de beaucoup de patience vous finirez par trouver ce que vous cherchez.

Filet : un piège évident, aussi prenez garde de ne pas tomber dedans.

Fille :

— Si vous êtes une femme, votre fille est un reflet de vous-même vous invitant à aborder la vie avec un esprit plus jeune.

— Si vous êtes un homme, elle personnifie votre anima.

Film : que vous jouiez dans un film ou que vous en regardiez un, il s'agit généralement de la reconstitution d'un événement ancien de votre vie, présenté de manière symbolique et théâtrale.

Fin de monde : en rêver indique que vous avez peur d'échouer et que vous redoutez la fin d'une phase particulière de votre vie.

Flammes : méfiez-vous des passions effrénées.

Flèche :
— En tant qu'arme, une flèche représente une manière primitive de combattre.
— En tant que représentation schématique, elle désigne une voie qui vous rapprochera du but. Dirigée vers la droite ou la gauche, elle montre la direction à suivre ; pointée en direction du ciel, c'est le signe que vous atteindrez vos objectifs ; pointée vers le bas, elle vous prévient que si vous persistez dans la même voie il faut vous attendre à de fâcheuses conséquences.
— En tant que symbole, elle fait référence aux flèches de Cupidon et à la libido masculine.

Fleurs :
— Les plaisirs de la vie avec les joies de l'amour et de l'amitié.
— Des fleurs écrasées évoquent un chagrin.

Floraison : vous pouvez vous attendre au bonheur et à l'euphorie, mais cet état pourrait n'être qu'éphémère.

Fontaine : la vue d'une fontaine — et plus particulièrement le fait de s'y désaltérer — équivaut à boire les eaux curatives de la vie.

Fonts baptismaux : une source de nourriture spirituelle d'où jaillit une énergie d'autoguérison.

Forage : cette action indique que vous cherchez une réponse ; il est toutefois peu probable que vos recherches aboutissent.

Forêt : d'un point de vue métaphorique, assurez-vous que les arbres ne vous cachent pas la forêt.

Forge : des personnes fiables vous redonneront confiance.

Forgeron : pour que votre situation s'améliore, des efforts physiques de votre part seront nécessaires.

Formes :
— Le langage élémentaire de l'esprit.
— La vie proprement dite qui se conforme à des structures précises.

Fortune : être nanti dans un rêve révèle une grande sagesse.

Fossé : avant de pouvoir atteindre votre objectif ou satisfaire vos ambitions, vous devrez surmonter quelque chose.

Fougère : un remède naturel.

Foule : des gens qui, en général, ne pensent et ne voient pas la vie comme vous.

Fourmi :
— Les insectes désignent habituellement des contrariétés.
— La fourmi est un symbole d'application, de solidarité communautaire et de vertu.
— Vous semblez attacher beaucoup d'importance au travail (amour du travail) et, par conséquent, les bourreaux du travail se méfient.

Foyer : savourez les commodités féminines et maternelles de la vie et, si nécessaire, améliorez-les.

Frein : que vous ayez recours à un frein ou non, il vous exhorte métaphoriquement à la modération en ce qui concerne une certaine situation.

Frère : si vous êtes un homme, votre frère aborde la question de la rivalité ou, suivant le contexte dans lequel il apparaît, du soutien de famille.

Froid :
— Le fait d'avoir froid met en évidence une grande dureté émotionnelle, des sentiments d'abandon ou fait état de frigidité sexuelle.

— Une peur refoulée qui vous glace.
— Un paysage froid fait allusion à un environnement lugubre dans lequel chaleur et amour font défaut.

Fumée : de la fumée qui s'élève doucement en volutes est un signe de mort.

Fumier :
— Le cycle de la vie, au cours duquel rien n'est jamais perdu.
— Richesses et abondance.

Furet : protégez-vous des regards indiscrets et des intentions malveillantes.

G

Galoper : attendez-vous à ce que votre rythme de vie s'accélère.

Gants :
— Une certaine situation nécessite d'être abordée avec circonspection.
— Porter des gants montre que quelque chose vous répugne et que, métaphoriquement, vous ne désirez pas vous salir les mains.

Garçon : si vous êtes un homme et que vous rêvez d'un jeune garçon (que vous le reconnaissiez ou non), il incarne votre Moi juvénile et puéril.

Garde-manger : il symbolise une réserve d'émotions réconfortantes qui vous donnent matière à réflexion.

Gare : vous réfléchissez actuellement à votre destinée et à la direction que vous devez prendre ; arrêtez-vous donc et patientez un instant avant de poursuivre votre chemin. Il pourrait s'avérer nécessaire que vous suiviez une autre voie.

Gargouilles : des protecteurs psychiques.

Gâteau :
— De bonnes mais éphémères affaires sont à l'étude.
— Prenez garde aux excès d'indulgence.

Gauche/Droite :
— Une comparaison entre deux concepts ou deux possibilités de choix.
— Les scènes oniriques étant des images-miroir de la réalité, les notions de droite et de gauche sont inversées. Cette caractéristique se manifeste assez clairement lorsque vous êtes au volant d'une voiture : le volant et le siège du conducteur sont à gauche au lieu d'être à droite.

Gaz : une odeur de gaz vous avertit d'un danger invisible.

Gazon : un gazon vert augure de frais pâturages, tandis qu'un gazon desséché et brunâtre indique que vous allez devoir travailler très dur pour joindre les deux bouts.

Geai : cet oiseau passe pour être un messager des morts.

Géant :
— Un souvenir d'enfance, lorsque les adultes vous paraissaient gigantesques en comparaison.
— Un principe archétypal puissant.

Genou : le fait qu'un genou ou des genoux attirent votre attention dans un rêve augure traditionnellement d'une rencontre avec quelqu'un d'important.

Giroflée : celui ou celle qui est en reste.

Glace : un manque total de sensibilité, d'émotions et de sentiments.

Glaçons : un danger manifeste ne va pas tarder à s'estomper.

Glands :
— Les glands sont d'excellents augures ; l'avenir vous réserve des perspectives élargies.
— Un gland isolé étant un signe de fertilité, si vous êtes une femme et que vous désirez un enfant, vous pouvez vous attendre à ce que votre vœu se réalise.

Glissade : le fait de glisser sur quelque chose ou de voir un toboggan vous met en garde contre une perte de contrôle.

Gnome : un esprit de la nature qui protège votre foyer et vos biens personnels.

Golf : le golf est un jeu qui reflète la vie et la présente comme une épreuve solitaire truffée de handicaps.

Gorille : peut-être le portrait grossier d'une personne que vous n'aimez pas ou que vous considérez comme inculte.

Graines : un avenir prometteur, à condition que les graines soient semées au bon moment. Le grain symbolise les fruits que vous allez récolter de l'abondante moisson de la vie.

Grange : une réserve de souvenirs pouvant être rappelés aux heures difficiles.

Gravir :
— Gravir des escaliers, une montagne ou escalader une falaise montre que la vie est une lutte ardue, mais que malgré tout vous faites de nets progrès.
— Des efforts pour surmonter un problème ou s'élever socialement.

Grenier :
— Les combles de la « résidence de l'âme », dans lesquels sont accumulés vos nobles idéaux.
— Il évoque l'âme, l'intuition, les instincts, l'intelligence, la conscience et l'altruisme.

Grenouille : une transformation complète du tempérament, à l'image de la grenouille qui se transforme en prince.

Grotte : une grotte symbolise le royaume intérieur, c'est-à-dire l'inconscient. Le fait d'entrer dans une grotte dénote un retour à la période prénatale et rappelle des souvenirs passés.

Guêpe : l'avertissement que des adversaires sont proches.

Guerre : un conflit et une agression.

Gui : hormis le fait qu'elle vous annonce que la période de Noël sera un moment très important pour vous, cette plante représente une pensée pernicieuse.

H

Hache : cet outil vous avertit d'un licenciement.

Haie : une restriction qui ne vient pas de vous et que, par conséquent, vous pouvez surmonter facilement.

Haillons : vous êtes dans le besoin, mais en faisant un effort votre situation peut s'améliorer.

Harnais : le fait de voir un cheval attelé révèle que vous êtes un bourreau du travail.

Harpe : une influence céleste, aussi bien que galloise.

Hémorragie : une perte de sang vous met en garde contre une perte d'énergie, de vitalité et de force.

Herbes (fines) : les fines herbes vous rappellent que vous devez faire très attention à votre santé.

Héros / Héroïne :
— Le Moi.
— Une personne que vous admirez et qu'inconsciemment vous imitez. Dans certains cas, une célébrité ou un personnage de renommée servent de modèle à cet idéal.

Hiver : une période de repos.

Homard : une timidité que vous devriez vaincre.

Homme :
— Si vous êtes une femme, il incarne le compagnon idéal, votre animus. Un homme désagréable symbolise un trait de caractère masculin dont vous avez peur.
— Si vous êtes un homme, il représente un aspect ou une facette de votre personnalité.

Hôpital : il évoque un hospice et l'hospitalité. Prenez-le comme un avertissement signalant que, pendant un certain temps, vous avez besoin qu'on s'occupe de vous, qu'on vous aide et qu'on vous divertisse.

Horloge : le temps prend de l'importance dans votre vie. Il est peut-être plus tard que vous ne le pensez.

Hôtel : le fait d'être dans un hôtel indique que vous souhaitez perdre votre identité pour vous fondre dans la masse.

Huile : voir de l'huile est une invitation à jouer les conciliateurs et à ramener le calme.

Huître : le monde est à vous.

I

Iceberg : méfiez-vous de la partie cachée de l'iceberg.

Icône : cette image sainte peut faire référence au culte que vous vouez à une personne que vous aimez.

Idole : ne mettez personne sur un piédestal.

If : vous ne pouvez rien faire pour changer certains faits se rapportant à votre famille.

Ile :
— Le sentiment d'être isolé et seul.
— Une situation idéale d'autosuffisance.

Imposteur : il vous personnifie certainement, aussi soyez avant tout honnête avec vous-même.

Impotence :
— Cet état révèle probablement votre hantise d'un tel handicap.
— D'un point de vue symbolique, elle vous avertit de votre incapacité à vous en sortir.

Infirme :
— Une personne qui a besoin d'une aide pratique ou d'un soutien émotionnel.
— La peur d'être mis dans l'incapacité de poursuivre vos activités.

Inoculation : le fait d'être inoculé vous prémunit contre un chagrin et des difficultés futures.

Inondation : le côté destructeur des émotions lorsqu'elles vous submergent. Le fait d'être envahi par ce flot émotionnel dénote que des croyances longtemps chéries ont été balayées.

Insectes : ils désignent les petits, mais néanmoins très contrariants, contretemps de l'existence. Balayez-les.

Instituteur : il incarne l'être avisé qui est en vous.

Intestins : les voir trahit des problèmes digestifs, aussi bien que des soucis.

Inventeur : vous-même. Il révèle votre originalité et vos talents cachés.

Invisibilité : des opportunités ou des problèmes invisibles.

Iris : cette fleur symbolise la déesse Iris qui est une des messagères des dieux.

Ivre : vous voir ivre vous prévient que vous vous grisez de votre propre exubérance.

J - K

Jade : ne vous fiez pas aux opinions d'autrui.

Jardin :
— Votre jardin d'Éden personnel.
— Le jardin qui entoure la « résidence de l'âme » et, par conséquent, votre environnement ; l'état de ce parc est important, car il en est le reflet.
— La présence d'un intrus en ces lieux correspond à des gens qui s'immiscent dans votre vie privée.

Jasmin : des qualités féminines plus particulièrement liées à la guérison.

Jérusalem : un symbole d'éternel espoir.

Jésus :
— Le Dieu qui est en vous et le Dieu extérieur.
— Être visité par Jésus dans un rêve guérit et redonne confiance et espoir.

Jeu du palet : de l'avis de Freud, ce jeu désigne le jeu habile de l'amour et, du point de vue de la chance, celui de la vie.

Jeune fille :
— Si vous êtes une femme, une jeune fille incarne la personne que vous étiez auparavant. C'est aussi une image d'éternelle jeunesse.
— Si vous êtes un homme, une jeune fille inconnue symbolise la femme de vos rêves.

Jeux d'argent : il est temps de prendre des risques.

Jeux de balle :
— Le jeu de la vie. D'un point de vue métaphorique, le jeu de balle est considéré comme un divertissement, et plus particulièrement lorsque vous désirez traiter vos problèmes à la légère et prendre les choses avec philosophie.

— Les jeux de balle en équipe révèlent un manque de confiance en soi pour faire cavalier seul.

— Ils dévoilent une rivalité avec vous-même. De telles compétitions dégourdissent.

Jockey : un individu qui maîtrise parfaitement son destin et ses instincts.

Joker : cette carte ne devrait pas être prise au pied de la lettre. Ne vous laissez pas abuser par le côté badin du personnage dessiné sur cette carte, il est plutôt sérieux de nature.

Jongleur : plutôt que de renoncer à vos projets d'avenir, réexaminez-les.

Jonquille :
— Des connotations galloises.
— Le printemps et de nouveaux espoirs d'avenir.

Jour :
— Il fait référence au présent.
— Votre âge est en rapport avec une partie spécifique de la journée. Le matin correspond à la jeunesse, l'après-midi à l'âge adulte et le soir à la vieillesse.

Juge : ne jugez pas, de peur d'être jugé.

Jumeaux, jumelles : le double aspect ou les deux facettes d'un problème ou d'une situation.

Jumelles (optiques) :
— Vous essayez de vous tourner vers l'avenir pour voir ce qu'il vous réserve.
— Faites attention de ne pas espionner involontairement quelqu'un, car vous pourriez avoir à justifier votre attitude.

Kangourou : une personne agitée et fuyante qui ne tient pas en place.

L

Labyrinthe : vous devez élucider un mystère de la vie, toutefois cette élucidation n'est possible qu'en remontant la chaîne causale jusqu'à son origine.

Lac : l'avenir vous réserve une existence paisible et des temps meilleurs ; néanmoins souvenez-vous qu'*il n'est pire eau que l'eau qui dort.*

Laine : une protection contre les attaques verbales.

Lait : vous pouvez vous fier à la bienveillance et au soutien humains.

Laitue : vos difficultés ne dureront pas.

Lanterne :
— Une lanterne suspendue doit être interprétée comme une mise en garde.
— Si elle est posée sur une étagère ou sur une table, c'est un signe de bienvenue.

Lapin :
— La fertilité et les instincts de procréation.
— Un lapin blanc (comme dans *Alice au pays des merveilles*) vous emmène dans votre monde intérieur.

Larmes : elles évoquent un chagrin ou une frustration.

Lavage : effacez le passé.

Légumes : des besoins essentiels.

Lettre : des nouvelles de loin ; attendez-vous à recevoir une lettre ou un message d'une personne que vous n'avez pas revue depuis un certain temps.

Levure : la nature va suivre son cours.

Lézard : une personne qui n'est pas aussi redoutable qu'elle en a l'air.

Licorne : l'archétype de la pureté, de la virginité et de l'altruisme.

Lierre : prenez garde à des répercussions émotionnelles.

Lièvre : la vue d'un lièvre en déplacement signifie que vous avez une démarche mystique dans laquelle l'intuition et la révélation spirituelle progressent à pas de géant.

Lion : un être certes courageux, mais qu'il ne faudrait toutefois pas confronter à de trop dures épreuves.

Lis : le symbole de Marie, Mère de Dieu, et de la sainte Famille.

Lit : un lieu de repos.

Lit d'enfant : vide, il représente des espoirs déçus.

Livre : fermé, il vous invite à fouiller dans vos expériences et vos actions passées ; ouvert, il indique que vous pouvez tirer la leçon de vos expériences anciennes.

Loup : méfiez-vous des moments difficiles.

Lumière : la lumière intérieure, l'esprit. D'un point de vue métaphorique, voir la lumière révèle que vous allez comprendre ou prendre conscience de quelque chose.

Lune : la féminité et l'énergie maternelle intimement liées à l'inconscient. Maîtrisez vos émotions.

Lutin : un esprit des éléments agissant en tant que messager onirique.

Lynx : une personne à l'esprit vif, qui a la répartie facile.

M

Machine : une machine qui fonctionne représente les battements du cœur. Les autres circonstances du rêve vous donnent une idée précise de l'état physique ou émotionnel de votre cœur ou de votre esprit.

Magasin : il vous signale que plusieurs possibilités s'offrent à vous, aussi ne vous décidez pas trop hâtivement.

Main :
— Si une main sort des nuages, on dit que c'est la main de Dieu et qu'elle vous promet une aide imminente.
— Voir plusieurs mains est un signe de zèle et évoque un travail fait avec amour.

Maison : dans un rêve, une maison est habituellement un bâtiment composite, constitué de la maison de votre enfance et de votre domicile actuel. Elle vous symbolise comme une globalité corps-esprit et correspond à la « résidence de l'âme » dont chacune des pièces, chacun des couloirs, les escaliers, la cave et le grenier dépeignent différentes manières de voir la vie et de l'aborder.

Mal : un avertissement à l'égard de quelqu'un ou de quelque chose de vraiment mauvais.

Maladie : le fait de vous sentir souffrant ou d'être malade dans un songe devrait être considéré comme un signal d'alarme littéral concernant votre santé.

Manger :
— Nous avons tous besoin d'être satisfaits et d'éprouver du plaisir dans la vie.
— Un repas pris en commun révèle un partage d'idées et l'assimilation en votre for intérieur de ces connaissances et de ces informations.

Manteau : une attitude que vous vous donnez en certaines occasions, pour impressionner les autres ou pour vous protéger de leur froideur.

Marbre : n'importe quelle forme ou objet en marbre évoque un monument dédié au passé.

Marché : plusieurs options s'offrent à vous, faites soigneusement votre choix.

Marche à pied : la marche à pied montre que vous suivez votre propre voie dans l'existence.

Marécage : prenez garde à des difficultés et à un danger invisibles.

Marée : le flux et le reflux d'émotions, liées à des événements et à des circonstances extérieurs.

Mariage : l'union de deux contraires compatibles ; le mariage mystique de l'âme.

Mariée : un symbole de féminité. Si vous êtes une femme, elle peut correspondre à l'image que vous avez de vous-même pour l'avenir ; à certains égards, il est possible que vous envisagiez de vous marier.

Marionnette : l'avertissement qu'une personne exerce son influence sur vous ; dès lors méfiez-vous de cette pression autoritaire.

Martyr(e) : faites la distinction entre l'abnégation volontaire et le fait de jouer les martyrs à contrecœur.

Masque :
— Votre visage vu par autrui.
— Prenez garde aux supercheries.

Mât : un poteau indicateur pour vous guider dans la vie.

Matin : cette partie de la journée se rattache à la jeunesse et au début de la vie. Elle fait également allusion à une nouvelle carrière ou à de nouveaux projets.

Médecin :
— Une figure autoritaire du père vers laquelle vous tourner dans les moments difficiles.
— Le guérisseur qui est en vous.

Médicament : une prise de médicament révèle que la vengeance est à l'œuvre, indiquant métaphoriquement que vous « avalez la pilule ».

Médium : un messager des rêves.

Méduse : une situation ou un concept mystérieux qui défient la logique.

Melon : les choses vont s'améliorer.

Membre :
— Se sentir paralysé des jambes et des bras est un état physique propre au premier sommeil. Cette sensation s'incorpore quelquefois dans un rêve dans lequel vous êtes cloué sur place, dans l'incapacité de bouger.
— Vous vous sentez dans une situation délicate.

Mendiant : en général, ce personnage vous incarne et met en évidence des sentiments de carence affective. Analysez vos besoins personnels et essayez de les satisfaire sans requérir aucune aide extérieure.

Menottes : elles symbolisent une union ou une réunion.

Mer : voir *Océan*.

Mère : Marie (mère de Dieu), les principes féminins et les instincts maternels.

Mère nourricière : l'archétype de la terre. Le principe féminin présent en chacun de nous et que l'on retrouve partout dans la nature.

Merle : un signal d'alarme en ce qui concerne des droits territoriaux. Prenez garde aux excès de possessivité.

Messe : la vue de cette cérémonie religieuse dans un songe est une expérience apaisante pour le corps et l'esprit.

Métal : méfiez-vous des pensées rigides qui, tôt ou tard, ont un effet restrictif.

Météore : un avertissement concernant des troubles futurs.

Meurtre :
— Être témoin du meurtre de quelqu'un veut dire que vous éprouvez beaucoup de haine à l'égard d'une personne.
— Le personnage que vous mettez à mort est une personnification d'une facette déplaisante de votre personnalité. C'est une tentative pour vous en débarrasser.

Microbes :
— Des microbes peuvent faire allusion à des problèmes de santé.
— Ils vous mettent en garde contre un empiétement sur vos droits.

Microscope : essayez de ne pas donner trop d'importance à une situation, car elle risque de vous paraître disproportionnée et, par conséquent, plus importante qu'elle ne l'est en réalité.

Miel : un symbole d'abondance.

Mi-homme, mi-animal : une créature mythologique symbolisant deux potentiels humains (l'instinct et l'intellect) en une figure.

Miroir :
— Un reflet du passé aussi bien que du présent.
— En tant que miroir de la vérité, vous allez probablement vous retrouver face à face avec vous-même.

Mobilier : le mobilier est un reflet de votre personnalité et représente vos biens personnels, ainsi que le confort de votre foyer.

Moine : un messager onirique et le sage qui est en vous.

Moineau : une personne gaie.

Moitié : vous êtes à mi-chemin de quelque chose.

Monstre : il est le symbole d'une abominable angoisse. Ces créatures apparaissent fréquemment dans les rêves d'enfants. Être pourchassé par l'une d'entre elles veut dire que vous fuyez afin de ne pas faire face à la terrible vérité.

Montagne : un obstacle qui semble immobile. Elle désigne également une apogée ou, en d'autres termes, une position qu'il n'est pas aisé d'atteindre dans l'existence.

Monte-charge : voir *Ascenseur*.

Monter : vous faites des progrès. Monter en ascenseur ou par les escaliers indique que vous allez surmonter des obstacles ; restez optimiste.

Montre : elle vous rend attentif à l'écoulement du temps.

Mort :

— Dans les rêves, la mort revêt habituellement un sens métaphorique et ne correspond ni au désir de mourir, ni à une prémonition ; elle annonce la fin d'une phase de votre vie. Le message est donc le suivant : place à la nouveauté.

— Être témoin de votre propre mort est l'indice que vous devriez mettre un terme à une manière de vivre particulière et jouer un nouveau rôle ou donner une nouvelle image de vous-même. Pour y parvenir et pour renaître, un changement radical s'impose.

— Le fait de voir une personne décédée (parent, ami, relation...) peut être l'expression d'une attitude hostile à son égard.

— Voir votre époux (ou votre épouse) mort(e) est le signe que l'amour ou l'affection que vous lui portiez se sont éteints.

Motocyclette : une accélération considérable de votre destin et de votre vie.

Moulin : de l'eau et des moulins à vent sont révélateurs d'un avenir florissant et paisible.

Mouton : la vue de moutons vous invite à faire preuve d'individualisme et à ne pas trop laisser les autres décider pour vous.

Mouvement (en) : prenez des dispositions pour changer votre image de marque, en abandonnant l'image que vous avez actuellement de vous-même.

Munitions : elles correspondent à des messages dangereux et à des paroles cruelles. Évitez de faire des commentaires malveillants sur autrui.

Mur : un obstacle que vous devriez surmonter.

Mûre : ce fruit symbolise traditionnellement un contretemps. Cette définition vient peut-être du fait que les mûres étaient autrefois considérées comme la nourriture de Satan.

Musée : vous devriez renoncer à certaines idées vieillottes ou au moins les laisser à l'arrière-plan.

Musique : une musique entendue est le reflet des harmonies et des dissensions de la vie, de même que de ses notes hautes et de ses notes basses. D'un point de vue métaphorique, il se peut que vous deviez braver la tempête (et « en avant la musique ! ») ou que quelqu'un joue avec vos sentiments.

N

Nage : les efforts que vous avez faits dans l'existence sur le plan émotionnel.

Naissance :

— Se voir naître dans un songe peut certes correspondre au souvenir de l'événement réel ; cependant, il est plus probable que cela mette en évidence le fait qu'il vous est possible d'échapper à certaines circonstances.

— Être témoin d'une naissance évoque une renaissance ou une seconde chance dans la vie, caractérisées par un nouveau départ.

— Dans un rêve, le message principal d'une naissance est l'assurance d'un avenir prometteur.

Naviguer : le fait de naviguer sur une mer calme laisse augurer d'un avenir meilleur, alors qu'un vent fort et une mer houleuse sont à interpréter comme des avertissements.

Nègre : la couleur et la somptuosité vont entrer dans votre vie.

Neige : froideur émotionnelle, austérité et manque de chaleur.

Nid : le foyer, le chez-soi.

Nièce : une jeune féminité et un soutien de famille loyal.

Noces : l'union des contraires, celle du conscient et de l'inconscient.

Noël : un symbole de rassemblement, de miséricorde et de joie, aussi bien que l'annonce de bonnes nouvelles d'ici et d'ailleurs.

Nœud : traditionnellement, un nœud fait référence à un mariage ou à une union.

Noix : vous ne manquerez de rien, mais sans superflu.

Nombres :

— L'esprit du dormeur étant un calendrier inconscient, les nombres signalent des dates, des anniversaires et de futurs rendez-vous.

— Un numéro spécifique peut évoquer un nombre d'années, de jours ou de mois, comme dans le songe des sept vaches et des sept épis de Pharaon. D'ordinaire, c'est l'événement proprement dit qui permet de vérifier la justesse de l'interprétation proposée.

Noms : des amis et des relations peuvent jouer un rôle dans un de vos rêves uniquement à cause de leurs noms, et ceux-ci vous rappeler d'autres personnes.

Nord : les ténèbres, l'hiver et les choses les plus sinistres de la vie, la mort y comprise.

Nourriture : une nourriture spirituelle, une autosatisfaction sexuelle.

Nouvel an : cette période de l'année vous encourage à repartir à zéro avec un regain d'espoir pour l'avenir.

Noyade : avoir l'impression de se noyer vous avertit du risque d'être submergé par des émotions, par les pressions de l'existence ; pour survivre, il vous faudra vaincre tout cela.

Nu(e) :

— Être nu révèle que vous avez mis votre vrai Moi, votre personnalité, vos traits de caractère, vos manies et vos secrets à nu, afin que les autres les voient.

— Vous renoncez aux faux-semblants et la vérité jaillit au grand jour.

Nuages : le présent pourrait être assombri par une certaine forme de négativité.

Nuit : pour vous, être conscient de la nuit montre que vous êtes dans l'ignorance et que vous devriez essayer de jeter un peu de lumière sur ce qui vous gêne.

Nymphe : un esprit de la nature et une messagère des rêves.

O

Objets : en général, les objets symbolisent des situations ou des sujets. Une tasse, par exemple, représente une source de nourriture et par conséquent fait allusion au principe féminin. Une tasse fêlée peut désigner des conflits mère-enfants.

Observatoire : regardez bien au-delà de l'horizon, afin d'avoir une vision globale des choses.

Océan : un énorme potentiel émotionnel reflété par des sentiments superficiels, passionnés ou calmes.

Œil : le regard intérieur et la sagesse. L'œil de l'âme qui voit tout.

Œillet : en tant que fleur, l'œillet fait référence à l'épanouissement de votre personnalité.

Œuf :
— L'embryon d'une idée qui a beaucoup d'avenir.
— Pâques et, par conséquent, une période qui permet à l'espoir de renaître.

Ogre : un archétype de la figure menaçante du père.

Oiseau :
— Un vol d'oiseau dépeint une envolée extravagante et fantaisiste d'idéaux et d'espoirs d'avenir.
— Un oiseau isolé témoigne d'une inspiration et d'un objectif, de nature souvent noble.
— Un oiseau en vol symbolise la liberté de l'esprit et l'individualisme.
— Un oiseau en cage révèle que vous vous sentez prisonnier et que vous ne parvenez pas à vous exprimer pleinement.
— Des ailes cassées ou attachées sont un signe de retenue.
— Si vous êtes un homme, dans un rêve un oiseau peut représenter une femme.

Olives : un lien avec la Terre sainte et un symbole de guérison.

Ombre : généralement, une ombre fait référence à une facette de vous-même que vous négligez. Suivant les circonstances du rêve, elle peut toutefois évoquer une peur qu'un tiers vous a transmise.

Oncle : un ami digne de confiance dans les moments difficiles et qui a de l'expérience.

Opale : une mise en garde contre des circonstances fâcheuses.

Opération : une ingérence et un empiétement sur des droits personnels.

Opium : gardez-vous d'être dupé, puis contraint à la soumission.

Or : un souvenir qui vous est cher.

Orchestre : veillez à rester en accord et en harmonie avec les autres.

Orchidée : un amour passionné.

Ordinateur : le cerveau et la réflexion logique et intellectuelle.

Oreille : guettez les bonnes nouvelles, évitez les potins et ne faites pas circuler des bruits susceptibles de semer le trouble.

Orge : cette céréale est un symbole de santé et de force.

Os :
— Les temps sont durs.
— Il est nécessaire que vous alliez à l'essentiel.

Ouest : du côté de l'Atlantide ; un espoir pour l'avenir du monde.

Ouragan : des forces destructrices se préparent.

Ours :
— Une force écrasante, principalement de nature féminine.
— Cet animal symbolise également l'U.R.S.S.

Ovni : la recherche individuelle de votre lumière intérieure.

Oxygène : inspiration et impétuosité.

P

Pain :

— En tant qu'offrande spirituelle, le pain donne matière à réflexion.

— Partager le pain signifie que vous allez être récompensé.

Paon : une prédominance masculine et une mise en garde contre la vantardise.

Pansement : un avertissement en ce qui concerne des blessures, aussi bien émotionnelles que physiques. Prémunissez-vous contre les accidents et devenez insensible aux agressions verbales.

Papillon : la psyché. L'âme d'un ami ou d'un parent défunt.

Papillon de nuit : vous pouvez vous attendre à un bonheur éphémère, et plus particulièrement à la nuit venue.

Paquet : la vue d'un paquet laisse augurer d'une agréable surprise.

Parachute : vous avez la possibilité de fuir, toutefois cette attitude pourrait s'avérer être une manière très périlleuse de revenir à plus de réalisme.

Paralysé : l'impression de paralysie qui survient pendant le sommeil ne correspond pas à un rêve, mais à une prise de conscience de l'immobilité physique à laquelle chacun de nous est soumis en phase de premier sommeil. Lorsque cette paralysie se mêle à un songe, vous vous sentez comme cloué sur place.

Parapluie : dans un rêve, un parapluie vous invite à chercher à vous mettre à l'abri des tempêtes intermittentes de la vie.

Parents : des attributs hérités, aussi bien que des qualités inférieures. Celles-ci sont d'ailleurs accentuées dans les rêves centrés sur vos parents, dans l'espoir que vous parveniez à les identifier en vous-même.

Parfum : une influence s'exprimant par l'odorat. Un parfum est généralement associé à des odeurs qui vous rappellent des souvenirs.

Pari : le fait de parier est une incitation à prendre des risques calculés, tout en sachant que qui ne risque rien n'a rien.

Pas : le fait de marcher sur les traces des autres dénote un manque d'originalité. Remarquer des pas est une invitation à suivre une certaine voie dans la vie.

Pâte : de l'argent.

Pays : d'éventuelles expériences à l'étranger, dont la nature est symbolisée par les caractéristiques nationales du pays concerné.

Pays étranger : attendez-vous à un voyage imprévu, à des événements et des aventures inhabituels ou à l'étranger.

Pêche : des souvenirs aigres-doux.

Pelouse : efforcez-vous de voir les choses avec calme et sérénité.

Pendre : la vue d'une personne pendue vous met en garde ou fait référence à l'isolement.

Péniche : naviguer sur une péniche indique que votre vie sera sans histoires et ennuyeuse.

Perdant : être perdant dans un jeu vous avertit que quelqu'un est en train de triompher de vous ou de vous dépasser.

Perdre : le fait de perdre un objet révèle que vous êtes distrait et que vous devriez vous préoccuper davantage de vos affaires personnelles.

Perdu : être perdu dans une ville ou ailleurs met en évidence un sentiment d'insécurité à cause duquel vos projets d'avenir sont imprécis ou même inexistants.

Père :
— L'archétype masculin à vos yeux si vous êtes un homme et, par conséquent, un reflet de vous-même.
— Un symbole de pouvoir et de domination.
— Si vous êtes une femme, il est l'image de votre animus.

Perles : des larmes de la déesse Lune.

Perroquet : des bavardages répétés et sans valeur.

Persil : cette herbe est traditionnellement liée au principe féminin de la nature, d'où la croyance que « seule une épouse dominante peut faire son persil » (c'est-à-dire se promener avec ostentation pour se faire admirer).

Petit coup : entendre un léger frappement veut dire que quelqu'un essaie d'entrer en contact avec vous ou d'attirer votre attention sur quelque chose.

Phare : une version de la « résidence de l'âme », abritant vos ambitions les plus démesurées. Celles-ci parviendront à résister aux tempêtes les plus violentes de la vie.

Photographie : le souvenir d'un être ou de quelque chose.

Pie :
— Selon la tradition, une pie isolée porte malheur, alors qu'en apercevoir deux porte bonheur.
— Un plumage noir et blanc fait allusion à une situation confuse.

Pièces de monnaie : en général, vous pouvez vous attendre à ce que votre situation financière s'améliore ; néanmoins, des pièces de monnaie peuvent vous prédire de nombreuses occasions et beaucoup de bonheur et de compréhension, des atouts stockés dans la banque de l'expérience humaine.

Pièce de théâtre : un épisode de votre vie.

Pieds : voyez où certains chemins mènent et faites attention. Essayez toujours de garder les pieds sur terre.

Pieds nus :

— Le fait de marcher nu-pieds sur le sol ou sur les rochers vous met en étroit contact avec la vérité. Vous avez trouvé un bon équilibre.

— Des pieds nus vous invitent à vous montrer très prudent lorsque vous abordez certains sujets.

Pierres : sévérité et manque de compassion.

Pierre tombale : une auto-évaluation ou une auto-analyse.

Pigeon : les influences de la ville et de la campagne à différents endroits.

Piliers : vous serez toujours soutenu.

Pingouin : les oiseaux qui ne peuvent pas voler indiquent que vos projets les plus extravagants sont soumis à des restrictions.

Placard : un placard fermé fait référence à de l'étroitesse d'esprit ou à un honteux secret de famille.

Plafond : bien que vous n'ayez pas encore atteint vos objectifs, ni satisfait vos ambitions, vous êtes pour l'instant arrivé à un plafond. Si vous envisagez une percée, des changements seront nécessaires.

Plage : il vous faut trouver un juste milieu entre la terre et l'eau, la tête et le cœur, l'intellect et l'intuition.

Plan : votre avenir et votre destinée sont tout tracés.

Plantes : la vie proprement dite. L'état de la plante symbolise le succès, la croissance et la santé.

Plastique : les objets en plastique vous mettent en garde contre les sentiments artificiels ou faux.

Plonger : cherchez une aide, des informations ou des réponses en plongeant en vous-même.

Pluie : voir de la pluie est de bon augure, car c'est le signe que vous n'allez pas tarder à être lavé de toutes vos peurs, de toutes vos inquiétudes et de tous vos ennuis.

Plume :
— La plume est plus puissante que l'épée.
— Des plumes désignent les plaisirs de la vie et sont un symbole de protection.

Poignard : méfiez-vous de la tricherie et des critiques dans votre dos.

Poireau :
— Le poireau, comme les oignons d'ailleurs, est un indice de parfaite santé.
— Un symbole gallois.

Pois : vous devez faire un choix qui va toutefois s'avérer délicat du fait de la similitude des deux options proposées.

Poisson : votre esprit, de la nourriture et la puissance du renouvellement.

Police : les forces de police font référence aux notions d'autorité, de loi et d'ordre. Les circonstances proprement dites du rêve vous permettent de voir si ces règles morales se rattachent à des habitudes d'ordre intérieur ou à votre environnement.

Pommade : un baume cicatrisant.

Pommes :
— Étant le fruit avec lequel le serpent aurait tenté Ève, la pomme est synonyme de tentation.
— Si vous mangez une pomme dans un rêve, attendez-vous à une contrariété.

Pommes de terre : elles correspondent aux réponses que l'être humain donne aux problèmes fondamentaux du matérialisme.

Pont :
— Un pont révèle l'existence d'un lien entre deux problèmes, deux solutions ou deux aspects d'un certain état de fait.
— Se trouver sur un pont montre que vous avez le choix entre deux possibilités et que vous avez de la peine à trancher.

Porcelaine : le fait de casser de la porcelaine vous instruit d'idéaux détruits et de promesses violées.

Port : cherchez un endroit protégé et sûr, afin de vous réorganiser et de retrouver confiance.

Portail :
— Un portail témoigne d'une occasion.
— Une porte qui donne accès dans l'autre monde est un lien entre le conscient et l'inconscient.

Porte : une porte représente avant tout une opportunité. Si la porte est verrouillée, il vous faut trouver la clef. Si elle est ouverte, assurez-vous que vous ne laissez pas passer une excellente occasion.

Portefeuille : l'équivalent masculin du sac à main ; en d'autres termes, il évoque des convictions et des idéaux personnels, de même que des réflexions individuelles.

Pot : votre avenir est plus prometteur que vous ne le pensez ; aussi réjouissez-vous à l'avance de ces temps meilleurs.

Poule :
— Une poule noire vous informe que pour atteindre un but, un objectif... vous devrez faire des sacrifices.
— Une poule blanche indique que le succès va bientôt vous sourire.

Poule naine :
— Une personne de petite taille, mais pleine d'entrain.
— Une idée insuffisamment ambitieuse. Les poules naines ne volent pas très haut, elles ne parviennent jamais vraiment à quitter la terre ferme.

Poulet :

— Un poulet montre que vous avez des projets et des ambitions mais que, vu l'incapacité de cet oiseau à s'envoler, ceux-ci auront beaucoup de peine à décoller.

— Manger du poulet dans un rêve vous met en garde contre la lâcheté.

Poupée : un objet d'affection, même si cette tendresse ne va que dans un seul sens.

Poursuite :

— Être poursuivi par un inconnu est l'expression d'un conflit intérieur entre deux facettes de votre personnalité.

— Le fait qu'un animal féroce vous poursuive pourrait indiquer que vous essayez d'échapper à la colère de votre Moi élémentaire, que vous n'avez pas encore reconnu.

— Vous fuyez une situation difficile ou terrifiante à laquelle vous ne pouvez pas faire face.

Pratiques religieuses : il importe que vous exprimiez (éventuellement par la pratique) vos convictions religieuses.

Prière : un appel à l'aide et une demande de conseils.

Primevère : agissez avec délicatesse en ce qui concerne des relations sentimentales, ainsi qu'une histoire d'amour passionnée.

Prison : la vie peut ressembler à une prison ; les règles et les restrictions que vous vous imposez peuvent en effet engendrer des inhibitions.

Profond : de l'eau, des grottes ou un puits profonds désignent les profondeurs insondées de l'inconscient.

Propreté :

— Lorsque propreté s'oppose à saleté, cette notion permet de comparer deux situations.

— Des vêtements propres sont le reflet d'une certaine moralité.

Prune : l'avenir est prometteur. Dans tous les domaines, des conditions idéales se révéleront propices à des améliorations.

Public : un public met en évidence un besoin d'attention.

Publicité : la publicité indique que vous désirez attirer l'attention d'autrui sur vous. C'est aussi un appel à l'aide.

Puits : des sentiments profonds.

Pyramide :
— Un symbole de l'Égypte.
— D'un point de vue individuel cependant, une pyramide vous révèle que, pour atteindre le but auquel vous aspirez, vous auriez tout intérêt à partir d'une base solide, afin de vous acheminer lentement mais sûrement jusqu'à la réussite.

Python : ce serpent est un messager des rêves car, dans la Tradition, il est le symbole de Pythie, la prêtresse d'oracles grecque.

Q - R

Quai : profitez au maximum du calme ambiant avant qu'une tempête ne se déclare.

Quatuor : les quatre éléments de la création et la nature quadruple de la vie.

Rabbin : une influence judaïque ; un rabbin fait penser à l'Ancien Testament.

Racines : stabilité, confiance et détermination.

Radeau : le fait que vous soyez sur un radeau montre que vous avez été tiré d'un mauvais pas. Gardez-vous néanmoins de vous retrouver piégé par de nouvelles difficultés.

Radio : des messages télépathiques et les influences extérieures en général.

Rame : les efforts que vous faites dans la vie.

Ramoneur : traditionnellement, cette figure est un signe de bonheur et annonce un mariage.

Rayon X : des énergies invisibles, responsables de changements considérables, sont à l'œuvre.

Recette : une prescription ou une directive, car il importe que votre santé s'améliore.

Règne animal :

— Le règne animal se rattache à la nature élémentaire de l'être humain, à savoir son besoin physique et instinctif de nourriture et de sexualité.

— D'un point de vue psychique, il correspond au domptage de vos potentialités personnelles. C'est également une énergie inconsciente dont vous prenez conscience.

— Les animaux préhistoriques témoignent d'un souvenir passé qui, s'il n'est pas remis dans son vrai contexte, peut ne pas être compris.

— Les animaux sauvages vous avertissent des dangers que représentent certaines personnes ou des forces émotionnelles destructrices.

— Le fait de manger un animal équivaut à l'assimilation de l'énergie.

— En tuer un révèle votre cruauté et montre que vous seriez capable d'anéantir votre propre vitalité.

— Avoir peur d'un animal met en évidence un manque de conscience de soi.

— Les animaux supérieurs, tels que la chouette (symbole de sagesse), l'éléphant (symbole de mémoire), le bœuf (symbole de puissance)... désignent des enfants.

— Les jeunes animaux dépeignent des êtres immatures, égoïstes et insensibles.

Reine :

— Une reine d'antan ou les femmes de gouvernants d'aujourd'hui incarnent le principe féminin et la grande Dame Nature.

— Le fait de bavarder avec la première dame de votre pays (femme de président, reine...) dénote une certaine familiarité avec la famille présidentielle ou royale.

Repas : le fait de partager un repas avec d'autres gens manifeste un besoin de communication et de partage de connaissances et d'idées.

Réservoir : il représente une réserve d'énergie physique, émotionnelle et spirituelle.

Résidence : l'être dans sa totalité corps-âme-esprit.

Restaurant : de la matière à réflexion ; une énergie provenant d'une source extérieure vous serait profitable.

Réveiller (se) :

— Se réveiller dans un rêve signifie que ce songe tente de vous impressionner par le biais d'un message important.

— Vous allez vous réveiller et prendre un peu plus conscience de ce qui vous entoure.

Revenant : un revenant correspond soit à un souvenir, soit au fantôme d'une personne décédée.

Rhinocéros : traditionnellement, cet animal est un sex-symbol.

Rideau : un obstacle qui vous empêche de progresser et vous masque les choses, mais que vous pouvez balayer sans peine.

Rires :
— Un signe de bonheur.
— Des rires vous conseillent également de ne rire que de vous-même et de vous garder de vous moquer d'autrui.

Rivière : la vie s'écoule dangereusement, éperdument à certains moments et sereinement à d'autres.

Riz : de bonnes nouvelles au niveau de votre famille.

Roi : la figure archétypale du père, de même qu'un principe souverain.

Ronces : vous allez peut-être vous heurter à des obstacles et à des difficultés mineurs qui vous empêcheront d'atteindre vos objectifs.

Roses : un message d'amour sincère.

Roue : le cycle de la vie ; prenez toutefois garde de ne pas tourner en rond.

Rouge-gorge : un message d'une personne aimée, aujourd'hui défunte.

Rougir : le fait de rougir reflète des sentiments de culpabilité.

Route : votre chemin de vie, ainsi que toutes les joies et les peines rencontrées sur votre route.

Ruche :

— Une ruche symbolise un groupe de personnes travaillant ensemble pour une même cause.

— Une ruche en pleine activité est un indice de prospérité et de réussite, grâce à des efforts collectifs.

— Une ruche vide laisse présager de difficultés financières.

Ruisseau : un ruisseau représente l'écoulement aisé, autonome et pourtant sinueux de la vie.

S

Sable : du sable sec fait allusion à d'insignifiantes contrariétés qui ne durent pas.

Sable mouvant : c'est un signal d'alarme précis augurant d'un danger ; aussi méfiez-vous de ne pas vous laisser piéger par quelque épouvantable situation.

Sac : la vue d'un sac vous annonce un avenir plus prometteur qu'il n'y paraît pour l'instant.

Sac à main : des pensées et des convictions très personnelles.

Sacrifice : être témoin d'un sacrifice signifie que vous ne devriez pas craindre de sacrifier vos intérêts pour les autres.

Saint : un saint est une personne sur laquelle vous pouvez compter en toutes circonstances.

Salade : de la matière à réflexion de nature philosophique et spirituelle.

Sang :

— Dans un rêve, du sang est une preuve de vie et d'animalité. Il est associé à la colère (rouge de colère), au désir sexuel et à la peur (celle qui fige le sang dans les veines).

— Le fait de perdre du sang vous prévient d'une perte d'énergie, de vitalité ou de virilité.

Sanglier :

— Si vous fuyez un sanglier, préparez-vous à une déception.

— Il peut dépeindre une personne que vous jugez ignorante, égoïste, gloutonne ou possédant d'autres qualités peu séduisantes.

— D'un point de vue métaphorique, l'expression « jeter des perles aux pourceaux » peut convenir.

Saphir : cette pierre, de même que toutes les pierres précieuses, reflète le Moi intérieur, l'âme.

Satan : la vue de Satan est un avertissement clair en ce qui concerne des influences néfastes pouvant tout aussi bien venir de l'intérieur que de l'extérieur.

Satellite : méfiez-vous de ceux qui, à la périphérie, pourraient prendre une situation en main.

Sauge : cette herbe est un symbole de guérison physique.

Saule : des problèmes familiaux liés à une tristesse passagère.

Saumon : les Celtes vénéraient ce poisson ; vous devriez étudier les origines de ce groupe de peuples.

Saut : sauter du haut d'un bâtiment ou du sommet d'une falaise vous informe qu'il existe des moyens plus sûrs, autres que ceux que vous avez en tête, pour descendre.

Scie : le fait de se servir d'une scie signifie que vous allez être remis à votre place.

Scientifiques : la tête et les principes intellectuels ; il est nécessaire que vous laissiez votre cœur et votre intuition s'exprimer.

Séisme : une perturbation entraînant des bouleversements. Vos anciennes habitudes et vos anciennes croyances sont chamboulées, tandis que votre esprit se prépare à un nouveau mode de vie.

Sel : traditionnellement, il évoque l'essence de la vie.

Selle : être en selle dénote que vous êtes maître de votre destin et que, par conséquent, vous devriez savoir où vous allez.

Serpent :

— Un serpent, et plus particulièrement s'il se tortille dans tous les sens, est le symbole d'un enchevêtrement émotionnel dont il est difficile de se libérer.

— Les reptiles représentent différentes formes d'énergies humaines, allant des pulsions sexuelles aux élans ambitieux. Ce sont également des symboles de guérison.

Serrure : à moins qu'une clef ne soit dans la serrure, celle-ci vous signale un obstacle.

Serveur : être garçon de café dans un rêve montre que vous êtes au service des autres.

Sexe :
— D'un point de vue freudien, le sexe est toujours l'expression d'une impuissance, de tendances homosexuelles ou de quelque autre déviance de la prétendue normalité.
— Il peut néanmoins suggérer un sentiment de culpabilité n'ayant aucun rapport avec le sexe.

Siège : un siège vide correspond à un poste vacant. Vous pouvez l'interpréter comme une possibilité de promotion ou, suivant vos circonstances personnelles, comme un triste préjudice.

Sifflement : un signal d'alarme.

Silhouette :
— Elles désignent souvent des facettes négligées de votre personnalité.
— Des silhouettes indistinctes évoquent des personnes que vous ne connaissez pas ou que vous ne comprenez pas très bien, bien que vous soyez persuadé du contraire.

Singe :
— Le singe met en évidence des tendances régressives, des comportements enfantins et de vilaines pensées.
— La vue d'un singe dans un décor humain vous met en garde contre des imitations peu flatteuses.

Sirène : un esprit aquatique, symbole d'un amour perdu.

Sœur :
— Le soutien féminin en général.
— Un quelconque différend avec l'une de vos sœurs fait allusion à un manque d'harmonie intérieure.

Soie : l'avenir vous réserve une existence de plus en plus facile dans le luxe et les richesses.

Soir : la fin de la vie, ce qui veut dire qu'il ne vous reste plus beaucoup de temps pour accomplir tout ce que vous avez projeté.

Soldat :
— Il peut symboliser votre héros.
— La discipline militaire à laquelle ce personnage fait référence vous prévient de certaines restrictions et de certaines contraintes dans votre existence.

Soleil : un signe d'espoir, d'éclat et de bonheur.

Sorcière : une désillusion avec quelqu'un ou avec vous-même.

Souci (la fleur) : un symbole de Marie, Mère de Dieu.

Souris : essayez de passer inaperçu, restez calme et tenez-vous à carreau jusqu'à ce qu'un danger soit écarté.

Sous-sol : le niveau le plus bas de la « résidence de l'âme », à savoir l'inconscient.

Sport :
— La vie est une épreuve sportive dans laquelle vous concourez contre vous-même et contre les autres ; vous gagnez et vous perdez.
— Chacune de vos expériences correspond à une activité ludique spécifique s'apparentant aux divers aspects de la vie et chacune d'elles fait appel à votre sportivité.

Squelette :
— Attaquez-vous au problème de fond réduit à sa plus simple expression.
— En général, un squelette désigne la honte cachée de la famille.

Statue : une personne que vous avez mise sur un piédestal et que vous idolâtrez.

Sud : il laisse présager d'un avenir plus ensoleillé et plus chaud.

Suffocation :

— Il est assez fréquent d'avoir l'impression de suffoquer dans un rêve, et cette situation est plus souvent imputable à des symptômes physiologiques qu'à des symptômes psychologiques. Toutefois, si cette sensation devait persister, parlez-en à votre médecin.

— Un état de suffocation peut symboliser un état de fait qui donne lieu à des inquiétudes ou à une tristesse considérables. L'expression « étouffer des sanglots » s'applique parfaitement à ce genre de situation.

T

Table :

— Un autel sur lequel reposent vos croyances, vos réflexions et vos espoirs.

— Un symbole d'abnégation.

Tableau : vous pouvez envisager votre situation de deux façons : abstraite ou symbolique.

Tambour : quelqu'un essaie de vous dire quelque chose, cependant vous n'avez pas encore saisi le contenu de ce message.

Tante : cette figure évoque une influence féminine qui vous est d'un grand secours.

Tapis :

— Un motif de tapis compliqué fait référence aux complexités de l'existence.

— Un tapis ordinaire vous prévient du risque d'être sur la sellette.

Tarentule : elle vous désigne comme étant votre pire ennemi.

Tasse : une source d'énergie vitale qui vous soutiendra aux heures difficiles.

Taupe : un espion ; aussi, méfiez-vous d'une personne sur laquelle vous ne pouvez pas compter.

Taureau : un être incapable de contenir sa colère et qui devient dangereux lorsqu'il est harcelé.

Taxi :

— Un taxi témoigne d'une attitude indécise et d'un manque de confiance. Vous devriez éviter autant que possible de dépendre des autres, car un tel appui n'est que temporaire.

— Profitez de l'aide offerte par autrui, tout en sachant qu'en fin de compte ce sont vos initiatives personnelles qui sont les plus précieuses.

Téléphone : mettez-vous en contact avec votre Moi intérieur, pour de l'aide ou un conseil. Écoutez la voix tranquille qui est en vous.

Temple : un lieu intime à l'intérieur de vous-même, où vous retirer et où méditer sur le monde extérieur.

Temps : les heures, les jours, les mois ou les années font allusion à l'écoulement du temps, vous rendant attentif à son cours rapide.

Ténèbres : un sentiment de découragement par rapport à des facteurs inconnus, l'impression d'avoir été laissé dans l'ignorance.

Terre : un principe élémentaire associé à la mère nourricière. Les principes fondamentaux de la vie.

Terres : le cadre d'une situation ou de circonstances particulières.

Tête : la volonté intellectuelle et consciente.

Thé : le fait de boire ou de servir le thé symbolise une amitié sans arrière-pensées.

Théâtre : le théâtre de l'esprit où des images offrent un récit mimé de vos pensées.

Tigre : un symbole d'énergie physique, de vitalité et d'enthousiasme.

Tissage : la trame du destin se tissant avec le temps et au fil de l'expérience.

Tissu : le tissu évoque la structure de la vie ; ses motifs reflètent les expériences complexes qui la constituent et sa qualité fait état de la rudesse ou de la douceur qui les caractérisent.

Toile d'araignée :
— Les restrictions auxquelles vous êtes contraint étant mineures, vous devriez pouvoir les balayer d'un geste.
— Prenez garde à un enchevêtrement de circonstances ou à un piège auxquels vous aurez toutes les peines à échapper par la suite.

Toilettes :
— Les toilettes désignent vos besoins les plus élémentaires, et plus particulièrement les plus intimes.
— Elles évoquent également le bannissement de souvenirs désagréables, liés à de mauvaises expériences.

Tombe :
— Un avertissement vous signalant que des restrictions vous contraignent de toutes parts et que vous devriez les briser le plus tôt possible.
— Votre passé devrait rester enterré.

Tonnerre : un signal d'alarme puissant et autoritaire.

Tour : des ambitions démesurées qui tendent à vous isoler dans un monde à part.

Tourniquet : vous avez manqué une occasion.

Train : un déplacement en train symbolise votre destinée, votre chemin de vie.

Traîneau : comme d'autres véhicules, il vous représente en train de mener votre vie. Le fait que les traîneaux n'aient pas de freins vous prévient du risque de commencer quelque chose et de ne pas pouvoir l'arrêter ensuite.

Trame : la manière dont se noue et se dénoue la trame de votre destinée au fil de vos expériences diverses.

Traversée : la signification traditionnelle d'une traversée est un déplacement à l'étranger ; toutefois, elle évoque également votre périple sur les eaux calmes ou tumultueuses de la vie.

Trèfle : voir du trèfle pousser ou voir quelqu'un en cueillir est un signe encourageant.

Trésor : des inspirations uniques et inestimables, de même que des pensées et des souvenirs chéris.

Triangle : stabilité et protection garanties.

Tricot de corps : un tricot de corps inadapté indique que vous manquez de confiance en vous et que vous avez peur d'être mis à nu.

Tricotage : en fonction des autres éléments du rêve, cette activité révèle que la trame de votre destinée prend forme ou qu'inversement tout s'embrouille.

Trottoir : le fait de descendre d'un trottoir, puis de se réveiller en sursaut correspond à une secousse myoclonique.

Trou : un avertissement précis soit pour que vous ne commettiez pas d'erreurs, soit pour que vous ne sombriez pas dans le désespoir.

Troupeau : la vue d'un troupeau de bovins est une mise en garde, afin que vous ne deveniez pas un mouton de Panurge.

Tunnel : un lien entre cette vie et la suivante et entre le conscient et l'inconscient.

U - V

Uniforme : le respect de l'autorité.

Université : une université fait référence à d'anciens hauts lieux du savoir qui vous sont propres.

Un rêve dans un rêve : le fait de rêver que vous êtes en train de rêver accentue la signification et le message de ce songe.

Urine :
— La vue d'urine fait état d'un soulagement suite à une période de tension.
— Le fait que de l'urine soit déversée sur vous est un signe de dénigrement.

Urne : une urne remplie de cendres est un symbole de réincarnation.

Usine :
— En tant que variante de la « résidence de l'âme », une usine reflète le côté répétitif et monotone de votre existence.
— Le fait de travailler à l'usine laisse supposer que votre vie est routinière et ennuyeuse.

Vacances : elles font allusion à un entracte dans le cours routinier de votre vie.

Vaccination : être vacciné signifie que vous êtes immunisé contre les agressions verbales et émotionnelles.

Vache :
— Si vous êtes un homme, une femme que vous n'appréciez pas.
— Une femme avec des caractéristiques de bovin.

Vaisselle : de la vaisselle fait mention d'aménagements domestiques, nécessitant des soins particuliers.

Vallée : pour l'instant votre vie est limitée et vous ne pouvez que poursuivre dans la même voie.

Vautour : méfiez-vous d'un concurrent pervers qui guette le moment propice pour intervenir et faire son choix.

Veau : il symbolise un amour juvénile, de même qu'un manque de maturité.

Vedette : lorsque le héros du film, l'actrice ou la pop star est du même sexe que vous, il incarne un être que vous admirez et qu'inconsciemment vous imitez.

Vélo : faire du vélo montre que vous ne devez vos progrès qu'à vos seuls efforts. Vous êtes sur la bonne voie et, bien que le chemin soit parfois escarpé et difficile, vous finirez par y arriver.

Velours :
— Prenez garde à la partie cachée de l'iceberg.
— Il vous met en garde contre une main de fer dans un gant de velours.

Vent :
— Le souffle de la vie et de l'esprit.
— Préparez-vous à des changements.

Vente : si vous êtes à une vente, vous pouvez vous attendre à ce que des occasions se présentent.

Vente aux enchères :
— Méfiez-vous des ventes de biens précipitées et des amis qui se mettent trop hâtivement à votre disposition.
— La concurrence et le troc.

Ver de terre : Les énergies terrestres.

Verger : en tant que partie constitutive du jardin d'Éden, vous allez récolter les fruits de la vie.

Verre :
— Une situation claire, mais néanmoins fragile.
— Casser un verre ou du verre vous avertit que vos idéaux et vos espoirs risquent d'être brisés.

Vêtements :

— Votre personnalité et votre façade vues par autrui.

— Le fait de s'habiller indique un changement d'image, et plus particulièrement aux yeux des autres.

— Être complètement nu(e) veut dire que vous fuyez la compagnie et que vous ne voulez pas que les autres se mêlent de vos affaires personnelles.

— De vieux habits en mauvais état révèlent qu'il est urgent que vous amélioriez votre image de marque.

Viande : le fait de manger de la viande, de la chair animale, témoigne que vous êtes en train d'assimiler des idées qui ne sont pas de vous.

Vieil homme : le vieil homme sage qui est en vous et qui a tiré la leçon de ses expériences passées.

Vieille femme : la vieille femme avisée qui est en vous, qui réconforte et qui guérit.

Vigne : un patrimoine spirituel.

Villa :

— Une personnalité mature, vivant dans un milieu tranquille.

— Un rêve d'avenir.

Village : les bases sont saines, toutefois ce n'est que le début de quelque chose de plus colossal.

Ville : le monde extérieur et les relations que vous entretenez avec lui.

Vinaigre : ne vous laissez pas amener à croire d'une chose qu'elle est mauvaise, fausse ou épouvantable ; en fait c'est le contraire.

Viol : excepté l'évidente mise en garde, essayez d'éviter toute personne susceptible de vous contraindre à faire quelque chose contre votre gré.

Violettes : ces fleurs symbolisent l'esprit.

Violon : soyez optimiste quant à votre équilibre émotionnel.

Visage :

— Des visages (familiers et inconnus) apparaissent souvent pendant le premier sommeil. Ils sont connus sous le nom d'*images hypnagogiques* et sont considérés comme des portraits-robots, représentant plutôt des types de gens que des individualités. La plupart sont laids.

— Un visage particulier reflète votre humeur.

Voile : la vérité est sous-jacente, il ne vous reste plus qu'à la dévoiler.

Voisin, voisine : le Moi.

Voiture :

— La voiture désigne la force qui sous-tend la vie, à savoir l'énergie vitale.

— Votre manière de conduire, de même que la vitesse à laquelle vous roulez, font référence à des progrès, à un danger ou à des talents.

Voix : la plupart des voix que vous entendez dans vos rêves correspondent aux vôtres.

Vol : l'expérience qui consiste à se retrouver en état d'apesanteur et à s'élever au-dessus du sol est appelée projection astrale. Dans cet état, on admet que l'esprit quitte temporairement le corps physique. Les êtres qui en font l'expérience sont également capables de surmonter leurs problèmes et, par conséquent, ne sont presque jamais déprimés.

Volcan : une situation explosive, de nature vraisemblablement émotionnelle, est à prévoir.

Voleur : la peur de perdre la face, votre identité ou votre crédibilité.

Vomissement : une situation désagréable est sur le point de se régler.

Voûte :

— L'unification de deux principes, un mariage d'idées, un mariage...

— Le fait de passer sous une voûte signifie que des personnes, qui jadis vous ignoraient et doutaient de vos qualités, vont vous demander conseil ou chercher de l'aide auprès de vous.

Voyage : quel que soit le mode de transport utilisé, un voyage ou un déplacement symbolise votre destinée.

Vue : perspicacité intuitive.

X - Y - Z

Xylophone : efforcez-vous de rester en harmonie avec les autres et avec la vie en général.

Zèbre : vous avez autant de chances de réussir que d'échouer.

Zodiaque : renommée et chance sont en équilibre.

Zoo : le monde peuplé de nombreuses espèces différentes.

CONCLUSION

La vie n'est qu'un rêve

« De plus que personne n'a d'assurance — hors de la foi — s'il veille ou s'il dort, vu que durant le sommeil on croit veiller aussi fermement que nous faisons. On croit voir les espaces, les figures, les mouvements, on sent couler le temps, on le mesure, et enfin on agit de même qu'éveillé. De sorte que la moitié de la vie se passant en sommeil, par notre propre aveu ou quoi qu'il nous en paraisse, nous n'avons aucune idée du vrai, tous nos sentiments étant alors des illusions. Qui sait si cette autre moitié de la vie où nous pensons veiller n'est pas un autre sommeil un peu différent du premier.

« Et qui doute que si on rêvait en compagnie et que par hasard les songes s'accordassent — ce qui est assez ordinaire — et qu'on veillât en solitude on ne crût les choses renversées. Comme on rêve souvent, qu'on rêve entassant un rêve sur l'autre. Ne se peut-il faire que cette moitié de la vie n'est elle-même qu'un songe sur lequel les autres sont entés, dont nous nous éveillons à la mort, pendant laquelle nous avons aussi peu les principes du vrai et du bien que pendant le sommeil naturel. Tout cet écoulement du temps, de la vie, et ces divers corps que nous sentons, ces différentes pensées qui nous y agitent n'étant peut-être que des illusions pareilles à l'écoulement du temps et aux vains fantômes de nos songes. »

Extrait des *Pensées* de Pascal, inachevées à sa mort en 1669.

Table des matières

La composition et l'impression de cet ouvrage
ont été réalisées par CLERC S.A.
18200 SAINT-AMAND - Tél. : 48-96-41-50
pour le compte des ÉDITIONS DANGLES
18, rue Lavoisier - 45800 ST-JEAN-DE-BRAYE

Dépôt légal Éditeur n° 1737 - Imprimeur n° 4735

Achevé d'imprimer en Novembre 1991